中外语言文化比较研究丛书

丛书主编 许明武 谭 渊

天地映射：先秦龙文化演生的符号学阐释

王利芬 著

Heaven-earth mapping: semiotics of the evolving Pre-Qin dragon culture

WUHAN UNIVERSITY PRESS
武汉大学出版社

图书在版编目(CIP)数据

天地映射:先秦龙文化演生的符号学阐释/王利芬著. —武汉:武汉大学出版社,2024.12
中外语言文化比较研究丛书
ISBN 978-7-307-24165-7

Ⅰ.天… Ⅱ.王… Ⅲ.龙—民族文化—符号学—研究—中国—先秦时代 Ⅳ.B933

中国国家版本馆 CIP 数据核字(2023)第 229946 号

责任编辑:邓 喆　　责任校对:鄢春梅　　版式设计:韩闻锦

出版发行:**武汉大学出版社** (430072 武昌 珞珈山)
(电子邮箱:cbs22@whu.edu.cn 网址:www.wdp.com.cn)
印刷:武汉邮科印务有限公司
开本:720×1000 1/16 印张:20.25 字数:289 千字 插页:1
版次:2024 年 12 月第 1 版 2024 年 12 月第 1 次印刷
ISBN 978-7-307-24165-7 定价:99.00 元

中外语言文化比较研究丛书

前　言

跨文化交流往往同时导致异文化理解和本文化反思。自2015年初至2016年末，笔者在巴西米纳斯吉拉斯州(Minas Gerais)首府美景市(Belo Horizonte)联邦大学孔子学院(CI-UFMG，简称米大孔院)担任汉语教师，两年深刻改变了笔者对文化的理解。美景市区约有270万人口，是巴西第六大城市。当地盛产黄金、宝石、咖啡、水果、绿蜂胶等，是拉丁美洲的金融中心，也是时任总统罗塞夫(Dilma Rousseff，2011—2016年任总统)的家乡。足球是巴西人日常生活的一部分，我的居所毗邻可容纳六万多人的米内罗体育馆(Estadio Mineirao)，其规模位居巴西第二，举办了2014年世界杯和2016年奥运会足球赛。笔者对当地人引以自豪的这些城市特色大多满心欢喜，并充分理解和尊重。然而，文化冲击如期而至，其中让人难以释怀、须日日面对的问题来自相似符号的跨文化理解。

一件关于"龙"的课堂事件进一步促使笔者思考文化差异。龙是海内外华人文化活动的常见元素，如龙狮舞、龙袍服装秀、踩龙船等。米大孔院开学第一堂课往往要给学员播放汉语课程宣传片，其中一段视频中有"龙"形象。让人意外的是，一些人看到"龙"形象时表情有明显变化，有位女生甚至起身反对，神情激动。笔者在中国从教近30年，从未碰到学生在课堂上的类似行为。经过其他学生解释，笔者停止了播放。"龙"的葡萄牙语译文是dragao，与英语dragon对应。关于dragon与"龙"的翻译对应关系，国内微弱的反对声音无法阻挡国内、国际的通行译法。稍有点跨文化知识的人都知道，西方文化的 dragon 一般意指邪恶，原型动物是蛇，如伊甸园大蛇、海底蛇怪利维坦（leviathan）、魔鬼撒旦（Satan）等。其中，撒旦在印欧语系文化中最广为人知。撒旦的拉丁语和希腊语分别为 diabolus 和 diabolos，意指诽谤者或责难者，这两个词语均与 devil（魔鬼）有词源学关系（Pohlsander，2004：30）。这个小插曲使笔者顿时明白，2008 年奥运会吉祥物不能挑选"龙"形象。后来，米大孔院常客——移居巴西近 30 年但仍未入籍的福建人李正文分享了一个与"龙"有关的更典型的例子。2011 年美景市 IMAM 中医学院组团访问北京中医药大学，其中的一位巴西人到中国后一直把自己关在酒店房间，拒绝出门，并且用报纸把窗户密封起来。他声称看到了"龙"，害怕出门。后来，巴西大使馆人员把他接到大使馆，并帮助他提前回国。这个故事令人哭笑不得，但也促使笔者思考符号的强大影响力和相似符号在全球化中的跨文化理解。

"龙"在世界各地是基于多样性的相似神兽。神兽一般不符合动物分类，兼具多物种特点，往往激发神秘感。视情景不同，有些文献称之为异兽、怪物等。世界各地神兽不尽相同，但具备蛇躯的神兽很普遍。在跨文化交流中，世界各地蛇躯神兽的英语翻译几乎都是 dragon 或 serpent。在汉语翻译中，印欧语系的蛇躯神兽被译为龙或蛇，两个词语的汉语意义也部分相似。基于印度人对树和蛇的崇拜，苏格兰人弗格森（Fergusson，1873：54-55）提出婆罗门教和佛教的"龙"起源于两河流域，与雅利安人有关，中国的"龙"起源于印度佛教。弗格森显然混淆了"龙王"和"龙"，前者可能来自印度，如《西游记》中的"四海龙王"，后者根植于本土文化，作为史前天文学符号的"龙"出现在中国新石器时代诸多遗址中。翻译的归化（domestication）策略在一定程度上增加了误解，但那位把中国"龙"和"撒旦"联系起来的巴西人并未受到翻译的误导，两者共同的蛇躯才是主因。所以，以"龙"之名叙述世界各地蛇躯神兽未免不可，全球化需要关于类似符号的跨文化理解能力。"龙"常见于亚欧大陆的古代文化，从两河流域的怒龙（Mushussu）到北欧的海龙

(Midgard Serpent)，从印度的多头宇宙蛇王舍沙(Shesha 或Śesa)到佛教中表现死亡、再生、不朽之轮回的护法龙王那伽(Naga，蛇的梵文)，从古希腊巨龙提丰(Typhon)到世界卫生组织会徽上的蛇杖。蛇也是美洲和非洲的神兽，如古埃及的眼镜蛇神瓦吉特(Wadjet)和冥神阿佩普(Apep)、西非达荷美(Dahomey)王国的蛇崇拜、南美洲玛雅人(Maya)的羽蛇神(feathered serpent)、北美洲霍皮人(Hopi)的响尾蛇祖先等。中国考古学者在各文化区系发现了石块、蚌壳、陶器、绿松石器、玉器、青铜器等媒介上的"第一龙"，变化之"器"承载的不变之道体现了文化连续性。在中华文明的王朝时代，"龙"是与皇权有关的主导符号，并有一套禁忌制度。"龙"也频频出现在古代中国的祭祀、庆典、节日中，但相关仪式并没有一个正式名称。现代中国也可见各种"龙"形象，有的涉"龙"活动甚至有娱乐性。

"龙"可能反映了某种人类精神特质或者知识形态。古今中外普遍存在各种神兽，透过符号、仪式、行为、信仰等外部形式解读隐藏的社会现实和意义系统是学者的社会责任。涉"龙"研究是陈旧话题，中外学术界相关研究持续了一个多世纪，主要笔墨聚焦探索"龙"的原型，蛇、鼍、鸟、天象、雷电、龙卷风、马、彩虹、猪、熊等都是选项，关于它的起源、传播、意义变迁等的研究鲜有共识。古典人类学图腾论曾经是涉"龙"研究的常见范式，是社会进化论的体现，现代人类学图腾论仅用于解释次要、衍生而地方性的文化现象。以地方性的图腾论阐释普遍性龙形象并不妥当，既混淆了分析层次，也混淆了因果。有两种常见错误，要么以本土文化概念释义异文化，要么以异文化释义本土文化。一些学者至今仍用图腾论研究遍及中国及亚洲民间历史悠久的四兽(四象)、八卦等文化现象中的神兽，这既有方凿圆枘之嫌，也缺少联系本土知识链条的关键环节。中国考古学界基本证实了四兽的原始天文学渊源，八卦也是无字天书时代的符号。这些符号可能曾是中国先民的常识，绝地天通导致的知识垄断、时间流逝走的社会记忆、知识分科壁垒等各种原因导致现代人难解其意。其他古文明的天文学也以动物符号描画星空，大众熟悉的黄道十二星座直接源于古希腊，间接源于更早的两河流域古巴比伦文明和尼罗河流域古埃及文明(郑文光，1979：3)。现代天文学已进入抽象模型时代，但星座命名仍以动物符号为主。黄、赤道带共有22个星座，以蛇命名的星座有蛇夫座、巨蛇座、长蛇座；北天拱极星座共有5个，天龙座也与蛇有关。可见，蛇比任何动物都更多地被用于冠名星座。每个星座都有对应神话，一些蛇躯神兽原本是古代天文学符号。中国学者必须提出基于中华文明土壤的研究问题，同时参照异文化找出龙的普遍意义和特殊意义。

既然“龙”的原型和起源之争无法平息，不如换个视角提问。例如，神兽如何形成？为什么蛇躯形的神兽是世界古代文化的普遍要素？四大古文明中，唯独中华文明保持了相对连续性，“龙”如何衔接无字时代和有字时代？

本书旨在以先秦“龙”文化演生为线索，基于地下(考古发现)、地上(古籍记载)和天上(天文软件模拟)三重证据，用符号学方法探究动物形象记录和传承的史前天文学，并解释“龙”从一个新石器时代中晚期的天文学像似符上升为三代王权象征的历史文化动力。天文学是所有古文明最早的自然科学，帮助人们理解时间尺度、季节变化、生业方式等与日月星辰运动的关系，农耕尤其以天文学为前提(郑文光，1979：1-3)。中国的疑似“龙”形象产生于新石器时代中晚期，略晚于黄河流域粟作和长江流域稻作的出现。农耕文明有对应的知识体系，天文历法是必备内容，天文和人文紧密关联。从文明进程看，中国在约6000年前开始了基于阶级分化的社会复杂化，历经古国、王国、帝国等三个重要阶段(李伯谦，2016)。古国阶段尚未有成熟文字系统，器物、纹饰、传说等构成了知识体系，考古发现中反复出现的动物形象记载了古国历史。甲骨文被认为是第一个成熟文字系统，象形字是形成会意字和形声字的基础，一些动物是象形字的所指。卜辞中大量出现“帝令龙”，甲骨文“龙”看似有长吻、蛇躯、犄角、尾巴的动物，卜辞显示了龙与王权、农耕生计的紧密关系。嬴政结束春秋战国诸侯纷争后，自称秦始皇，也称祖龙(《史记·秦始皇本纪》)，他试图通过“车同轨，书同文，行同伦”实现统一政权。其中，龙的意义与“行同伦”有关。所以，“龙”的符号化跨越了前文字的古国和有文字的王国阶段，其释义要借鉴神话传说、考古发现和后世文献等多重证据。

首先，“龙”的地方意义取决于所属文化。神兽往往根植于特定民族文化，在历史中确立、传承和变迁。蛇广泛分布世界各地，这可能导致蛇躯神兽的普遍性，但它们的地方意义迥然不同。符号、语言和自然之间有紧密联系，包括“龙”在内的动物符号可能就是该联系链中的一个环节。各种“第一龙”的冠名策略成功地吸引了大众的考古学热情，也激起文化自信，但这些“龙”的动物原型和符号意义在学界尚无共识。龙只是民族文化符号系统的一个成员，考古发现中的其他动物很少被冠名“第一”。单个符号没有意义，各种“第一龙”的意义取决于其所在文化系统。言语、仪式、实物和图像等形式的文化比文献记载的文化久远得多，文献不是记载，而是固定龙的意义。文字促使文化系统化，并被代代传下去，据此可追溯出一个连续体：考古遗址中“龙”的符号系统与文字时代的龙文化。

其次，“龙”的普遍意义与神兽涉及的人类认知机制有关。龙是表达意义的符号，这是与“龙”的普遍意义有关的分析。世界各地无字时代的历史以传说、图像、器物等形式呈现，包括“龙”在内的神兽体系表达、传承了特定地理环境中的知识形态，本研究在这个意义上必须涉及其他文化中的“龙”。各种龙在外观、意义、历史发展等方面不尽相同，但它们都是人类心智在特定地理环境中的表现。

结构符号学(semiology)和逻辑符号学(semiotics)提供了不同而互补的研究视角。究其本质，包括“龙”在内的神兽体系是各民族建构的象征(symbol)，这是文化人类学不同流派的共识。象征是符号学概念，是符号(sign)的一种，两种符号学对符号的定义和分类不尽相同。20世纪80年代以来，认知心理学关于范畴(category)的研究和认知语言学关于隐喻(metaphor)的研究为两种符号学搭建了对话桥梁。隐喻视角降低了精确分类各种符号的必要性，更凸显符号意义的历史变化。“龙”在各文化中具有结构符号学意义上的聚合关系和组合关系，两种关系形成了以“龙”为中心的词网(word web)。从逻辑符号学视角看，“龙”所在的两种关系形成了一个体验域，其中有稳定的基本范畴，在不同历史时期表现为各种具体范畴，具体范畴中的龙具有个性，各种龙通过范畴家族相似性(family resemblance)而被辨识。两种符号学都承认符号与人类认知有关，这是对话桥梁的基础。既然“龙”有其所属认知结构，如果让不同的“龙”形象回归各自文化系统，首先找出“龙”所在的聚合关系和组合关系，“龙”的文化意义就能明晰。符号在文化交流中不可能保持不变，它们会从系统中脱嵌，与异文化符号发生竞争、对抗、共存、融合等，意义可能变化。正因为如此，厘清“龙”和相关动物背后的知识体系有助于提升文化自觉和文化自信。

王利芬

2024 年 4 月

目　录

第一章　动物的文化意义：图腾论的重构和符号的凸显

动物的文化意义是人类学的核心议题。地理大发现中，西方人在非西方社会发现了广泛的动植物崇拜现象，动植物被称为图腾，动物图腾更常见。图腾动物与自然界动物最大的不同是浓厚的地方文化意义，包括自然动物和想象动物，蛇躯的想象图腾很常见。图腾动物具备和人互动的神秘性，外观上可有多物种的特点。所以，它们处于分类系统以外，归入神兽的范畴。古典人类学可分为心理学派、社会学派和阐释学派，各流派分别从智力、社会结构和文化等角度释义图腾动物，但社会学派涂尔干(Emile Durkheim)和阐释学派韦伯(Max Weber)显示了综合视角。现代人类学继承三大流派的同时出现了理论汇流，其中一个汇流点是符号，作为符号的动物可能关联了社会群体的知识状态、社会结构和文化系统。

第一节　古典图腾论中动物形象的释义

古典图腾论代表人物分别为泰勒(Edward B. Tylor)、涂尔干和韦伯。生物进化论广泛地影响了古典人类学，一方面，进化论联系了人和动物，人和动物都成为科学研究对象，另一方面，生物进化论被拓展成社会进化论，图腾现象被认为是低智力和低度发展社会的特点。

一、心理学派中图腾与智力的关系

智力是心理学派的出发点。在孔德(August Comte)的进化论和穆勒(F. Max Müller)的自然主义论(Naturism)的影响下，泰勒开启了英国人类学的建制时代。孔德(1996：68-70)提出人类理性发展分为神学、形而上学、科学三阶段，各学科的产生遵循数学、天文学、物理学、生物学和社会学的顺序。自然主义论(Müller，1891：119-120)提出一些自然现象能激发出吃惊、恐惧、奇迹、不可知等无限感(infinite)，能理解的自然现象则属于有限领域。例如，雷能致雨，也能夺命，雷能引发恐惧心理。泰勒(Tylor，1871：418-425)的泛灵论(Animism)认为原始人不具备理解自然现象和梦境的能力，图腾是低智力的产物，所有图腾将随智力发展而消失。作为英国人类学之父，泰勒培养了两个重要学者——兰格(Andrew Lang)和马雷特(Robert R. Marett)。兰格(Lang，1884：143-145)认为希腊神话中的非理性因素是普遍现象，也出现在其他文化和现代社会的儿童中，并以图腾为例提出了泰勒式解释：澳洲土著习惯性混淆亲属成员、星体、植物、动物、自然力量等，这些非理性因素都与原始人的有限智力有关。马雷特(Marett，1909：1-32)认为图腾是原始人对无法理解的神秘力量的情感体验，图腾仪式有助于释放压力，情感在前，仪式在后。马雷特没有界定神秘力量是自然现象、梦境或动物本身，他更强调图腾仪式的情感功能。

弗雷泽(James Frazer)也是心理学派的重要学者。在泰勒的影响下，弗雷泽(Frazer，1899：281-286)提出人类的理智统一有序，遵循心智发展关联社会发展的规律，图腾从属于原始人的伪科学，包括接触律(contagion)和相似律(similarity)，伪科学的应用实践产生巫术。他提出图腾包括三个不可或缺的因素：氏族的组织原则、以图腾物种命名氏族、氏族与图腾物种的联系等(Frazer，1910)。弗雷泽还从图腾中看出原始分类，不同图腾反映了原始人如何分类自然物体和社会群体，不同图腾之间存在类(genera)和属(species)的关系(Jones，2005：84-85)。弗雷泽的图腾论反映了当时流行的联系心理学（Associationalist Psychology），他提出的人神（human god）身兼知识分子和统治者双重身份，这体现了知识社会学视野，关于图腾和社会结构的观点启发了涂尔干。

精神病医生弗洛伊德（Sigmund Freud）认为图腾源于对异性父母的性欲和对同性父母的仇恨。通过分析乱伦恐惧、情感矛盾等心理特征，弗洛伊德在《图腾与禁忌》中声称发现了三大真理：梦是无意识欲望和儿时欲望的伪装式满足；俄狄浦斯（Oedipus）情结是人类普遍心理；儿童具有性爱意识和动机。他假设原始部落残暴而妒忌成性的父亲将所有女性据为己有，并驱离成年儿子们，后者联合起来杀死并吃掉父亲。弑父的儿子们意识到同样命运在等待自己而恐惧内疚，于是发明了两个与俄狄浦斯情结相关的禁忌：用某种动物代替父亲，禁止杀戮或食用该动物，并通过仪式赎罪；禁止氏族内部通婚。弗洛伊德认为对父亲既反抗又内疚的模糊情感贯穿人类历史，在俄狄浦斯情结中同时产生了图腾、社会和道德（Freud，1989：176）。简言之，弗洛伊德把图腾、社会和道德的起源归因于性本能、无意识等心理。

地方性材料和一般理论之间的张力导致了各种批评的出现。从方法论看，研究资料以二手为主。研究者大多没有参与实地调查，主要材料来自传教士、旅游者或殖民者，真假难辨，他们在安乐椅上描述同时代其他社会群体的智力状况，并以此建构社会进化论，于是理论和现实难免脱节。例如，弗雷泽试图用全世界的不同文化解释为什么古罗马内米（Nemi）的森林之王最终要被继任者用金枝杀死，这种做法无视文化特殊性。弗洛伊德认为前图腾时期的社会存在灵长类动物式的父女乱伦，这也是臆测，原始部落中残暴而妒忌的父亲是否真实存在，分食父亲和图腾餐之间的关系也很可疑。况且，有些图腾动物是想象的，无法分食。针对弗雷泽提出的图腾三要素，里弗斯（Rivers，1914：75）也提出了三因素：图腾区分社会群体，实行外婚制；群体从心理上认同图腾，图腾与群体是亲属关系；禁止成员杀害、食用甚至触摸图腾，群体举行仪式崇拜图腾。戈登威泽(Goldenweiser, 1910)质疑上述因素是否普遍存在于各原始社会，如果图腾是独立而零碎的现象，图腾的意义必须置于地方文化系统中。自然界动物是人类的食物来源，仅从食用图腾看，图腾餐显然不具普遍性。从认识论看，如果各地图腾现象缺乏普遍共性，研究者应该重视特定环境下图腾如何把各种异质现象联系成一个文化系统。

二、社会学派中图腾与社会结构的关系

心理学派关注个体，社会学派关注群体。社会学派认为，如果图腾是群体智力不足导致的错误和幻想，那么它不可能持续而广泛地存在。社会学派从图腾和社会组织之间寻找联系，产生了批评不断却开辟新视野的三位学者——麦克雷南(John. F. McLennan)、史密斯(William R. Smith)和集大成者涂尔干。

麦克雷南和史密斯首创了社会组织和图腾的联系。麦克雷南的扛鼎之作《原始婚姻》和《动植物崇拜》均问世于19世纪中叶，开创了图腾的社会学研究。基于澳洲的各种图腾现象，他提出史前人类的崇拜对象历史地进化，首先是动植物，然后是看似动物模样的星体(星座)(McLennan, 1869)。鉴于澳洲土著以动物命名，且与该动物关系密切，图腾氏族实行外婚制，麦克雷南(McLennan, 1886: 195-246)提出图腾是所有社会进化的必经阶段，与其对应的社会组织是外婚制和母系亲属关系制度。麦克雷南的学术兴趣本来在于社会组织，无意间介入了图腾研究，史密斯将其发扬光大。基于中东古代文献和当地语言亲缘性，史密斯(Smith, 1885: 80-84)证明早期闪族人和希伯来人各部落都有类似澳洲土著的图腾现象，图腾和社会组织有密切关系。以图腾餐为例，有血缘的古代闪族人通过食用图腾动物确认、强化人们之间以及人和图腾之间的亲属关系(Smith, 1972: 288-313)。换言之，氏族成员认为图腾动物也是亲属，且可以食用。

涂尔干在多重意义上是标杆性的学者。首先，他生活在世纪之交，

目睹了资本主义和殖民统治带来的巨大变迁和社会问题，关于社会秩序和社会团结的洞见至今仍有意义。其次，在学术脉络上，他是古典人类学的集大成者，又是现代人类学的开创者。他融会贯通了不同流派，把他归入社会学派并不意味他拒绝其他学派的观点。最后，他是进化论者，却对未来社会充满悲观。尽管承认图腾社会的原始性，他对当时的氏族团结仍充满敬意。

提出自己的图腾论前，涂尔干批判了心理学派的三个争议：图腾对象的确认、仪式情感的价值、方法论中的心理学解释。

对自然主义论的批评（Durkheim，1964：71-86）。自然现象可能会引起无限感，但无限感不一定导致图腾的产生，因为日复一日的自然现象会变得平淡无奇。况且，原始人不一定觉得自己比宇宙力量劣等。如果各种自然现象因其无限感变得神圣，诸如日月山川等宇宙力量应最先被神圣化，但事实上大部分图腾动物平淡无奇，有些动物甚至很卑微。

关于仪式情感的价值，涂尔干的观点并不一致。他在《社会分工论》中认为情感是社会事实的附生（epiphenomenal）特征，没有独立解释力（Durkheim，1984：30）。但是，关于图腾仪式促进社会团结和社会秩序的解释，他反复提及集体仪式的神圣性，后者本身就是一种情感。并且，神圣-世俗二元论是他研究图腾的基本立场。

研究方法是心理学或社会学？在从事图腾研究前，涂尔干已经出版了《社会学方法的准则》，其中他力推社会学方法。简单来说，图腾是一种社会事实，必须用另一种社会事实来解释，不能还原成心理现象。在具体方法上，他把社会事实区分为基本形式和衍生形式，基本形式类似韦伯的理想类型，体现了在多元而复杂的不同原则中区分真正原初基本要素和后来附生要素的考虑，基本形式的方法论把涂尔干指向了此前已被大量研究的澳洲图腾现象。

基于图腾和社会群体划分、婚姻制度、集体信仰、仪式等的关联，涂尔干提出图腾对象就是社会。弗雷泽、史密斯均提及了图腾体现的神圣-世俗之分，涂尔干视其为核心，神圣-世俗之分本质上是集体-个体之分，由此衍生好坏、对错、身体-精神、逻辑-非逻辑等人类基本思维结构，该结构经过一段时间将在人类心智中以世俗化的方式成为原因范畴(Durkheim, 1964: 206-231)。涂尔干认为原始人很难把握多维度、多部件的复杂社会，图腾以可见的形式象征氏族，符号关联了社会生活的方方面面和历史过往。简而言之，人类必须依赖社会，图腾是社会的符号，社会和个体处于神圣-世俗的两端，其他思维结构由此衍生。

涂尔干把图腾视作社会的符号，他关于神圣性的解释也是社会的。他认为社会生活有两极——集体幸福和集体不幸，两极对应两种神圣性：邪恶神圣性是悲哀、困惑和愤怒等情感的集体表征，仁慈神圣性则相反。邪恶力量和仁慈力量的界限模糊，只要对其外部环境稍作修改(Durkheim, 1964: 409-411)。毕竟人们借助图腾内化社会生活，图腾仪式涉及集体情感。

三、阐释学派中图腾和知识的关系

基于两个考虑，韦伯被单列一节。首先，他是古典人类学时期百科全书式的跨界学者，但其认识论、方法论及理论词汇与心理学派或社会学派鲜有承续关系。其次，在不懂中文、没有实地经历的情况下，韦伯对中国文化提出了一些思考，如东方理性主义。韦伯的图腾论散见在《宗教社会学》中，相关论点小结如下：

图腾对象是超自然力量(supernatural power)。原始人认为某些自然或人造物、动物或人可能被存在(beings)附体，这些存在是某种不确定，是物质的却不可见、非人类却不知何故具有意志的精神(spirit)。通过附体，精神赋予宿体独特力量，一旦精神脱离宿体，后者就会失去超凡魅力(charisma)。拥有秘密知识(secret lore)的人就是巫觋，其事业(enterprise)目标是通过仪式表征或策划超凡魅力。精神信仰衍生了灵魂(soul)概念，后者可以解释失去意识、死后和梦境中的人。为了表征看不见、摸不着但有影响力的超自然力量，人们用具体物体象征它们，图腾由此产生。其中，大部分图腾是动物。韦伯并未界定超自然力量，精神、超凡魅力、灵魂、鬼魂、神化的英雄(deified hero)、神仙(deity)等似乎都可归入这个范畴。

韦伯从多重因素分析超自然力量的符号化。从心理上看，超自然力量对社会生活意义重大，却很抽象难懂，人们需要借助具体物体象征。图腾关联了社会分工、群体分类、婚姻制度、社会纽带、亲属关系等，禁杀图腾和分食图腾构成了相反的禁忌。由于社会生活的方方面面都指向图腾，图腾几乎等同于社会，其符号化自是必然。韦伯认为充分发展的符号概念领域的思维基础是神话思维，其中最重要的是类比(analogy)，尤其是类比产生的寓言，基于理性命题的演绎性概念建构后来逐渐代替类比思维。从社会分工看，巫觋是这一领域最早分化出来的专业人士，他们根据个人体验决定是否、如何符号化精神。巫觋的阶层化伴随着信仰的理性化，前者关注信仰中的智力和伦理思想，后者满足客户的具体物质结果。换句话说，巫觋成功地通过图腾向人们灌输社会生活的方方面面，他们从中获得了权力和超凡魅力。

知识分子(intellectual)是韦伯图腾论的关键词之一。韦伯是知识社会学的先驱之一，这在一定程度上显示了社会进化论的影响。韦伯认为知识分子总体上不关注世俗事务，且越来越在社会经济上精英化，最终成为特权阶层。各文明知识分子要么关注救赎，要么关注得道，文明中的理性主义差异与此有关。各古文明的信仰系统都关注星体和天神，星体运动由神圣秩序调节。印度和中国文明的理性主义关注得道，尤其关注星体运动规律、气象规律、祭礼、泛灵论思维，等等。例如，中国的自然神祭礼由皇帝主持，公共神祭礼由官员主持，祖先祭礼由家长主持。

作为阐释学派宗师，韦伯的图腾论兼具心理学和社会学特点。关于图腾起源，他强调了人们在焦虑、不安等心理因素驱动下解释运气的意义诉求；关于图腾的心理学，他强调了类比产生的符号论(Symbolism)取代自然主义论的必然性；关于图腾的阶层差异，知识分子拥有秘密知识，普通人只能是客户。人类共享星空和星体，星象关联气象，气象关联生活，古代知识分子对星空的关注其实在更高层面服务世俗生活。四大古文明的星空被描画成各种动物形象，这种思维不一定与精神、梦境有关，可能是原始知识表征的特殊形式。韦伯关注秩序和意义，星体运动规律对于原始知识分子何尝不是秩序和意义？图腾毕竟是人类心智的建构，它既关联了社会生活的方方面面，也反映了特定的知识状态。简而言之，韦伯的图腾论兼顾了社会学和心理学视角，精神、知识分子、符号、抽象化、意义等概念不同程度地被现代人类学采纳。

第二节 现代图腾论中动物形象的释义

现代人类学以科学和人文的整合视角检视动物的文化意义。古典人类学三大流派都有现代继承人，他们不再拘泥于一个视角，理论综合化趋势明显。古典图腾论三大流派在认识论和方法论上的分歧产生了个体-集体、心理学-社会学、情感-实践、主观-客观等二元论，这些要素以不同组合形式被现代人类学者继承。列维（Claude Lévi-Strauss）糅合了心理学、索绪尔（Ferdinand de Saussure）的符号结构主义和涂尔干的社会结构主义，霍顿（Robin Horton）、格思里（Stewart Guthrie）和博耶（Pascal Boyer）等的图腾论更具备认知心理学特色，马林诺夫斯基（Bronislaw Malinowski，后文简称马氏）是两个时代承上启下式的学者，他重视个体、情感和功能，布朗（Alfred Radcliffe-Brown）重视社会、结构和功能，道格拉斯（Mary Douglas）、特纳（Victor W. Turner）和吉尔兹（Clifford Geertz）重视符号、意义、结构和文化。

一、图腾的社会文化心理机制

作为 20 世纪下半叶少有的百科全书式学者，列维融合了人类学、哲学和心理学等。他成长于存在主义哲学（Existentialism）的兴盛年代，但其学术思想与存在主义相左。存在主义在欧洲历经丹麦人克尔凯郭（Soren A. Kierkegaard）、德国人雅斯贝尔斯（Karl T. Jaspers）和海德格尔

(Martin Heidegger)的发展，“二战”后萨特(Jean-Paul Sartre)在法国确立其重要地位。存在主义以非理性的个体取代黑格尔的绝对精神和马克思的客观物质作为哲学出发点，以非理性的个体情感代替对外部世界的理性认识作为研究内容(考夫曼，1987)。存在主义的主体意识理论与弗洛伊德的无意识理论针锋相对，后者在欧洲同样后继有人，其代表人物就是列维。此外，列维还受索绪尔的结构主义符号学影响，后文将简介。

在研究图腾前，列维致力于探索世界各地神话的深层结构。通过兼顾亲属关系的社会性、生物性以及两者的相互渗透，他揭示了兄弟姐妹、父母子女、夫妻和甥舅等亲属关系的原子结构(Levi-Strauss，1949)。所有民族都有神话，主要内容与创世、古代英雄、生死、星体等有关，所有神话看似是想象或荒诞，但列维从中看到了神话的普遍结构。受索绪尔的结构主义影响，列维以二元概念分析各地神话。语言对应神话规则，言语对应具体叙事，共时性是神话的水平静态特征，历时性是神话的历史变化特征，作为语言的神话是永恒的，作为言语的神话是历史的。正如词语由词素组成，列维提出了神话的组成部分——神话素(mytheme)。索绪尔从能指-所指的符号关系中揭示语言结构，但毕竟神话只像语言，并不是语言，列维从神话素的关系集或关系束揭示神话结构。他发现神话素的基本组合方式是二元关系(dualism)，如俄狄浦斯神话中的“过分强调血缘关系/过分轻视血缘关系”。神话素是神话的最小结构单位，一个神话包含一系列二元关系，神话素的不同组合关系形成神话结构，也赋予神话意义(Levi-Strauss，1963)。结构主义分析回应了世界各地神话的相似性，传统人类学争论独立发明或共同起源，在列维看来，看似想象或荒诞的神话都受普遍结构影响，神话结构就是人类的集体无意识。

基于亲属关系和神话的结构分析，列维的图腾论指向了人类心智。前面已述，戈登威泽质疑图腾的完整性和系统性，但列维从不完整、不系统的图腾现象中看到了其背后的心智：原始人的图腾与分类系统有关。图腾是联系自然和文化的媒介，自然和文化各自选择概念区别集体和个体两种不同存在模式，自然序列包括范畴（category）和细节（particular），文化系列包括群体和个体（Levi-Strauss，1991：16）。列维（Levi-Strauss，1991：104）在《图腾制度》的结尾写道：

> 所谓的图腾与理解有关，理解所回应的需求和满足该需求的理解方式首先是一种智力。在这个意义上，图腾既不古老，也不遥远。图腾的形象是被投射的，而不是被接受的，它并非从空穴来风获得实质。如果该幻象包含一点真理成分，它不是外在于我们，而是内在于我们。

在结构主义视野下，世界神话的相似和各地图腾现象都取决于共同的深层结构——人类的心智结构，后者是只有经过复杂分析才显示出来的无意识。结构主义厘清了古典图腾论中的西方中心论，有些图腾现象具有神圣性，另一些则没有。就心智而言，原始人和现代人一样理性。

认知心理学视角试图解释图腾"人类化"（anthropomorphism）。各地图腾现象表明，图腾具备了人类属性，有的还被视作社会成员。霍顿（Horton，1960）提出人类化就是用人类关系模式的范畴推断人类-非人类关系，于是图腾既像人，也像兽，人类关系包含操控性（manipulative）关系和交融（communion）关系，前者是目的-手段关系，后者的目的是关系本身及内在于该关系中的愉悦，人与图腾之间兼具这两种关系。格思里（Guthrie，1999）认为人类化是人的感知结构和机制本身，人类在进化过程中获得一种认知特性，把事物人类化的认知特性使人类认为自然和社会都像人类一样拥有个性、意志、目的，人们在星座中看到人的样子，把彗星理解为天象，把瘟疫理解为惩罚，所有这些信息、组织和道德秩序原本不存在。人们对星空感兴趣，星空本身对于生存很重要，星空中的动物形象可能是认知过程中的知识形态。格思里的观点非常有价值，毕竟所有古代星象学都把星空理解为动物（包括人和动物）世界。对于霍顿，人类化是人有意识地、理性地认识非人类领域的智力工具；

对于格思里，人类化是人在进化过程中获得的深层基本感知能力，其过程是自动的、无意识的。

博耶结合发展心理学解释了图腾人类化的认知基础。人类必须认识自然和社会，概念化由此产生，但感知人类化和概念人类化之间存在理论空白(Hamilton，2001：36)。发展心理学认为人类祖先的地理环境使他们形成有利于生存的特定偏好：对身边的物，识别种类(动物、植物、物体)即可；对身边的人，必须识别个体属性，便于合作(Rozin，1976：123-134)。博耶发展了格思里关于人类在进化中获得的人类化特性，关乎人类生存的决定因素是信息和合作，鉴于信息获取也依赖于与他人的合作和互动，因此“理解人”是人类进化过程中最复杂的认知过程，“理解人”为理解世界提供了认知框架(Boyer，2001：110-122)。人类化特点不是人类的一般特点，而是具体特点，尤其是人类心智。人类认为动物、植物或任何事物都拥有人的心智，都有活性(animacy)和能动性(agency)，与其说人们在云彩中看到了动物，不如说人们感知到了“动静”，自然界中的“动静”事关生死存亡(是成为猎物还是捕获猎物)，人们在和想象的“动静”作用者的互动中学会鉴别敌友(同伴或猎物或敌人)，从而训练了心智成长(Boyer，2001：144-150)。以此观之，认知对星空运动的推断必定产生星空动物，后者具备自然动物的外观和活性，不具备排泄、餐饮、被猎杀等特点。

既然图腾是心智的产物，就有一套心理过程。电脑是基于电子技术模拟人脑的物体，心智、程序、模板、实体范畴(ontological category)、推断系统(inference system)、信息等词语可用于解释图腾相似性的心理机制。人类心智就像一台装有多程序的电脑，心智由很多专业化的解释装置——推断系统——组成，每个推断系统适合特定领域的事件，其中一种解释装置叫模板，是具体概念的抽象，它们能让心智自动、直觉地解释本领域的类似事件(Boyer，2001：第1章)。模板是具体概念的上位概念，属于实体范畴。例如，动物是实体范畴，老虎、狮子、猎豹等是具体概念，心智对不同动物的表征各不相同，但都共有动物特性。同理，世界图腾多种多样，但其表现形式和范围十分类似，是基于相似性的多样性，因为人类的实体范畴范围有限，所产生的超自然力的范围也有限。超自然力必须满足两个条件：其一，违反实体范畴的特定预期，即包含与实体范畴提供的信息相冲突的信息；其二，保留实体范畴的其他预期（Boyer，2001：62）。显然，这个视角可用于分析兼具人兽特点或多种动物特点的图腾。

博耶以变形（metamorphose）为例阐述了实体范畴的制约。古典人类学者记录了各种变形，变形媒介是仪式。原始人讲述自己的祖先由某图腾动物变形而来，该图腾就是部落神，自己兼有图腾和人的双重身份，变形媒介是某个超自然力量。世界各地成人礼仪式中，当事人身份经历了从少年到成年的变形，变形媒介是象征两个世界的一系列仪式。上述变形的描述或解释有一个共性，即两种不同范畴借助某种媒介联系在一起。博耶观察了变形的两个特点：首先，从变形前后的两个范畴特征看，变形一般不彻底，变成青蛙的王子仍然保留了人的心智，青蛙和王子在实体范畴层次共有动物特性。其次，大部分变形发生在两个接近的实体范畴之间，遵循结构化路径（Boyer，2001：68）。图腾是人又不是人，他们拥有人类心智，人们以自己的心智和他们互动，同时，他们拥有人没有却渴望拥有的信息、能力或资源。

通过综合田野调查和实验心理学，博耶使人类学兼具科学和人文特色。他放弃了古典心理学派的臆测方法，古典心理学派的词汇基本被抛弃，其理论与其说是人类学，不如说是社会文化心理学。在认知心理学视野下，图腾与大脑认知系统、情感程序、社会性等多个次系统相联系，任何单方面定义注定会阻碍对图腾的正确理解。实体范畴的制约论对于蛇躯神兽的释义特别有价值，因为蛇遍布世界各地且引人注意，适合成为图腾的实体范畴。

二、图腾的各种功能

基于新几内亚岛的田野调查，马氏提出图腾功能论。登岛后，马氏没有看到弗雷泽描述的热衷于解释梦境的原始人，岛民们倒是忙于垂钓、园艺、部落活动及节庆，并有条不紊地根据场景应用不同知识体系，各种场景无非分成两大类，自然的或世俗的，超自然的或神圣的，两者间界限分明(Malinowski，1948：8-19)。当地是母系社会，男孩主要由舅舅管教，俄狄浦斯情结无处觅踪，弗洛伊德关于图腾的性压抑起源论顶多是西方社会的特殊文化(Malinowski，1987)。当地人最大的压力源是死亡，死亡引发危险和破坏性情绪，瓦解社会关系，破坏正常生活模式，动摇道德基础。马氏发现，动植物从荒野到肠胃，再到心智和情感的历程实在很短，图腾有助于当地物种多样性、填饱肚皮、缓解焦虑、重建社会关系等，氏族繁衍和自然增产的仪式是统一的，自然增产就能带来氏族繁衍(Malinowski，1948：27)。马氏受过自然科学训练，他的实地调查向西方人展现了真实的所谓原始人，对民族志研究方法贡献巨大。

布朗也是功能论者，但功能只是附属概念。受涂尔干影响，布朗明确反对心理学方法，更强调抽象的社会结构。氏族团结和绵延的前提是成为人们心怀情感的对象，图腾的首要功能是表达和维持社会团结，动物属性中的相似和相异形成了某种概念结构，该结构被用来理解社会，于是，食腐肉/食鲜肉、水生物/陆生物等自然秩序可以用来理解友谊/冲突、团结/对抗等对立社会状态(布朗，1999：129-146)。布朗把图腾的功能归为表达性的，现代社会也有各种图腾，如国旗。虽然反对心理学解释，但布朗的图腾论体现了自然秩序和社会秩序的关联，用动物属性理解社会结构必然涉及自然社会化和社会自然化的心理过程。布朗仅承认图腾的表达功能，不同意涂尔干的图腾神圣性观点，因为安达曼岛人、因纽特人与自然物种有关联的仪式与图腾无关。换句话说，图腾只是表达载体，载体背后的社会才具备神圣性，社会也是图腾仪式的真正对象。

布朗的学生普里查德(Edward E. Evans-Pritchard)兼顾了社会学和心理学的功能论阐释。普里查德的主要调查对象是非洲阿赞德人(Azande)

和努尔人(Nuer)，基于两个民族的主位研究闪现了西方学者中少见的公正。他发现非洲土著看似杂乱无章的观念实际上构成了一个内部自洽的整体，主位视角下的各种奇风异俗都有内在理性，这个体系既有科学的因果解释，也有非科学的臆测(普理查德，2006：358-359)。普里查德印证了马氏在新几内亚岛的工作，两者都体现了文化自成一体(sui generis)的研究原则。以西方社会的惯常标准看，努尔人毫无疑问是原始人，但他们思想之敏感、精细、聪明和复杂性毫不逊色于西方人(Evans-Pritchard，1956：311-323)。他建议，依据格式塔(Gestalt)心理学倡导的文化整体论，文化必须被看作一个整合系统内各要素间的关系，每个要素只有在与其他要素的关系中才有意义(Evans-Pritchard，1965)。依此看，只有在文化系统内才能释义图腾。

图腾功能论的发展见证了一个研究范式的危机。马氏的图腾功能论与生物学有关，显然难以解释想象动物，如玛雅人的羽蛇和中国的龙，有些图腾在当地无明显功能价值，如古埃及的甲壳虫和古罗马内米的金枝。他认为集体仪式能缓解和疏通不确定性带来的情感压力，但忽视了有些压力本身就源于集体，个体只是载体。布朗的功能论假设社会是整合的、封闭的，图腾表达并维持集体情感，它无视社会变迁和冲突，也无视群体和个体差异。普里查德试图克服上述缺陷，把历史因素和个体因素引入解释体系，由此得出原始人和现代人一样理性的结论，这种文化相对论似乎不太符合现代人类学声称的自然科学客观性。普里查德提议比较研究，但并没有提出可行的研究方案，毕竟研究者和被研究者的立场分别是主位和客位，他最著名的学生是道格拉斯，她的盛名与阐释学派有关，与她同一师门的特纳也转向了阐释学派。

三、基于地方文化的图腾释义

现代阐释学派继承了古典时期的综合或折中。在人类学的百余年历程中，图腾研究的议题主要包括了起源、心理机制、功能、意义等，它们时而交叉，时而并行。现代阐释学派中可以同时看到韦伯、涂尔干、弗洛伊德等的影响，道格拉斯、特纳和吉尔兹、萨林斯（Marshall Sahlins）等把符号作为核心词汇描述文化的复杂画卷。

道格拉斯致力于在污秽和禁忌现象中探索符号如何再现、强化社会秩序。污秽用于描述肉眼可见的卫生问题，也用于描述人的行为，诽谤是泼脏水，贪污是腐败，均为社会规范不容。污秽还描述禁忌，那么，污秽概念如何描述不同领域？道格拉斯在其成名作《洁净与危险》中以涂尔干式社会结构主义思路从分类和秩序的视角理解污秽。涂尔干阐述过人类对环境进行分类的本能倾向，由此产生个体必须接受的自然秩序、社会秩序和超自然秩序。世界本是混沌一体，人们从中建构出种种秩序，但总有一些难以分类的模糊东西。例如，没有鳞鳍却会游泳的龟、是人却不行动的尸体、像人却没有肉体的精神。这些东西挑战了秩序观，让人害怕，人们需要重建秩序。如何重建？答案是把它们当作污秽从原有系统中清除出来，放入神圣领域。因此，污秽是系统秩序化和事物分类过程中排斥不合适因素产生的副产品，洁净或纯洁就是系统的秩序井然，污秽概念由一套秩序化的关系和违反该秩序的事物共同构成，去除污秽是人们整理环境的积极努力（Douglas，1966：2）。这个观点显然具有英国结构功能论的特点，但整合了认知中的情感因素。以此观之，原始人的禁忌规则和现代人的卫生规则都是各自符号系统的副产品。若把洁净理解为秩序，把污秽理解为失序，一些禁忌的争议可迎刃而解。

第一个问题关于神圣的模糊性。史密斯发现古代人的神圣（洁净）和不洁界限模糊，两者同为禁忌（Smith，1972：445-452）。如前所述，受其影响的涂尔干（Durkheim，1964：第 8 章）认为社会生活既幸福也不幸，幸福和不幸构成彼此，神圣的模糊性与此有关，禁忌既仁慈、受尊敬，也危险而污秽，差别化的阐释与结构秩序有关。道格拉斯（Douglas，1966：41，70）认为仪式中的模糊符号（难以归类的事物）把邪恶、死亡与善良、生命整合进一个宏大的统一模式，提醒人们其他生存层次，从而丰富了仪式意义，神圣和世俗之间并非泾渭分明，原始人通过仪式创造出符号上一致的、标准化的单一宇宙，其模式规则更强大、更具综合性，现代人的经历是碎片的，他们不会把一个情境下的符号带到别的不同情境，其模式规则只应用在分离的生存领域。古典人类学者嘲笑澳洲原始人傻傻地不能区分动物、星体、植物、自身和祖先，前者罔顾后者宇宙秩序的内部关联，“以己度人”不见得更文明。

第二个问题与第一个问题相关，为什么禁忌或者污秽五花八门？努尔人把畸形婴儿称为“海马孩”轻轻放入水中，一些西非部落遗弃多胞胎，印度人用母牛粪清洗污秽，这些现象必须置于各自环境才能得到理解。如果禁忌是地方性共识，其背景是地方社会的分类系统，那么人类学者或外人就不能用自己的分类系统去理解对方的污秽或禁忌规则。原始人生活中无处不在的禁忌与他们尚未分化的社会生活有关，现代分工社会中的人们生活在特定分类系统中，其对污秽或危险的感知也是特定的。污秽概念普遍存在，但其表现形式和内容因文化而异，相关符号可能导致跨文化理解的障碍。

总体看，道格拉斯的理论闪现了不同流派的影子。她从涂尔干、布朗、普里查德继承了结构分析，但后者的结构是社会性的，她的结构兼具心理性和社会性，明显受到索绪尔和列维的二元论影响，污秽的普遍性与人类的思维本质有关。这种融合了思维普遍性和社会特殊性的结构使道格拉斯在文化普遍论和文化相对论之对立空间游刃有余，这种模糊结构丰富了她的理论框架，既见微见细，又宏大开阔。她从日常生活各种符号行为中发现了结构化的社会，社会是符号建构的结构，符号将人们的认知模型、社会结构和宇宙观联系起来。她证明了不同社会之间道德对话的基础，为理解人性的复杂性提供了创造性视角。在方法论上，她结合主位和客位的视角研究社会结构和符号的相互建构，描画了符号化的社会力量和社会经由符号控制个体的双车道。

特纳与道格拉斯师出同门，他从符号与社会过程的关系视角研究文化。和道格拉斯一样，他的思想展现了当时同台竞技的不同流派。其中，格拉克曼（Max Gluckman）的冲突功能论和盖内普（Arnold van

Gennep)的通关仪式(rite of passage)理论明显影响了他。特纳以赞比亚土著部落恩登布人(Ndembu)为对象，以社会戏剧(social drama)和共融(communitas)阐述当地仪式过程。通过分析当地各种仪式，他把通关仪式三阶段概念化为三种阈限(liminality)——阈限前、阈限中和阈限后，并深入研究了阈限中。他认为阈限中并不是一种“状态”，而是处于结构的交界，是在两种“状态”之间的转换过程，人们用体现其利益、道德、权力的各种符号表现其“反结构倾向”，是一场真实的“社会戏剧”(Turner，1966)。阈限理论似乎可呼应前述涂尔干关于外部环境修改和社会生活两级转换的观点，阈限状态由不同的符号或符号关系界定。特纳(Turner，1967：31-32)的一个重要贡献是区分符号系统内的工具(instrumental)符号和主导(dominant)符号，前者是实现某一特定目标的手段，后者简明扼要地凝练多个符号的意义，在系统中有高度的自主性(autonomy)和一致性(consistency)。这种区分对蛇躯神兽研究的意义在于：龙在不同文化中的符号地位可能不同；工具符号和主导符号的区分可能随历史环境变迁。

吉尔兹糅合了欧洲的韦伯传统和美国的文化模式论。与欧洲阐释学派强调社会关系或社会结构相比，吉尔兹更倾心文化解释。直接影响吉尔兹的学者是结构功能论社会学者帕森斯(Talcott Parsons)和人类学者克拉克洪(Clyde Kluckhohn)。这两人是当时美国社会学和人类学的标杆，并于1955年共同宣布社会和文化的概念区别。帕森斯是涂尔干学说的美国继承人，也是韦伯作品的译介者，他对符号的强调影响了吉尔兹的方法论。克拉克洪的主要理论贡献是文化模式和价值理论研究，他区分了文化的显性模式和隐性模式，社会成员很少意识到后者，但其作用与前者同样重要(Kluckhohn and Hoebel，1943)。韦伯、克拉克洪、帕森斯三人提出了关于文化的不同问题：文化是什么？如何理解文化？文化在哪里？吉尔兹将这三个问题整合为：如何在日常生活中通过符号理解文化？基于20世纪50年代在印尼爪哇岛近一年的田野调查，意义、符号等构成了他的理论关键词。吉尔兹基本上接受了“人是悬挂在自己编织的意义之网上的动物”之韦伯式认识论，文化是个符号系统，它促使人们建立强大的、普遍的、恒久的心境和动机，使人们的心境和动机看起来无与伦比地现实（Geertz，1966：4）。

吉尔兹认为文化是当地人共享的常识，不能用西方概念描述当地文化。当地人可能不会提出或分析关于超自然领域的命题，但以不同方式交流或谈及那些领域，明确的誓言、各种行为、故事、仪式及日常生活等都透露出文化线索。确切地说，当地人的常识是不言而喻、直接而明显的知识。常识有五个特点：1. 自然（naturalness），常识使事物看起来非常简单；2. 实用（practicalness），常识告诉人们如何应付；3. 通透（thinness），常识使事物看起来表里如一得真实；4. 非条理（immethodicalness），常识是无需精心阐明或动脑筋的理论；5. 易理解（accessibleness），常识能被任何人理解（Geertz，1983：85-91）。吉尔兹用有心理学色彩的“模型化”（modelling）概念解释“关于生存的一般秩序的概念”：人们需要一些概念理解世界的秩序和意义，文化通过符号既塑造又体现在连串的行为和生活模型中，为处理体验和管理行为提供躯体外的控制机制（Geertz，1973：17）。简言之，符号以模型化常识约束道德、价值和行动，对于当地人一点也不深奥。从方法论看，吉尔兹属于阐释学派，但心智、情感、结构、系统等词语显示了其综合不同流派的努力。

萨林斯的独特之处在于解读表现为神话的民族文化如何以历史的形式被再生产。神话是民族记忆，但不只供人讲述，还直接影响人们的思考模式和生活实践，神话的意义在实践中也会被重新阐释，文化连续性借此保持。萨林斯以索绪尔的结构符号学为出发点，以英国殖民统治时期库克船长（James Cook）在夏威夷从被奉为祖先降临到被杀害的事件为例，分析了历史在神话结构中的符号动力。库克船长在罗诺（Lono）神像巡游夏威夷岛期间以顺时针方向绕道航行并登陆，时间、地点和方式与传说高度一致，他被认为是罗诺神现身，但一周后重新登陆的行为挑战了罗诺神。结构具有内在连续性，神话体现了结构，神话英雄的经历被生者在类似环境中重新体验，生者也会成为神话英雄；库克船长处置土著的实践仪式和土著处置祖先的实践仪式是双方神话的现实和历史的隐喻，库克之死是历史事件和结构因素相互关系的结果。符号是各种事物的真实力量的直接或神秘化征候，符号表达历史连续性，为历史进程设置了条件，但也消解和重新表达于物质实践中，于是，历史通过社会形式和人们投入的实际资源形式成为现实，合理地即兴使用类比、隐喻或其他比喻等是建构历史的条件(Sahlins，1981：7-17)。神话虽然体现了结构，但所有神话都是模糊的，人们可以有不同解读，萨林斯突破了索绪尔符号学的结构主义特点，解释了符号历史性以及其中隐含的文化变迁。如果结构以符号的形式表现，那么符号意义变迁体现了个体实践过程中结构的历史和历史的结构，符号互动论兼顾了社会结构和个体能动性。

第三节　古代中国神兽的释义

西学东渐之际，古代中国神兽成为中国学者应用图腾论的主题。西方学者的图腾论材料主要出自殖民时期的澳洲和美洲，“图腾”一词源于北美印第安人。1903 年，严复先生把甄克思(Edward Jenks)的《社会通诠》中的“totem”音译为“图腾”，并把它和古代中国的荒诞动物联系起来。由于图腾分为动物、植物、想象物和物体，荒诞动物一般为想象物和具备人特点的自然动物，本书称之为神兽。四大古文明比西方人类学所谓的原始社会更久远，可能由于其神兽的原初形式和意义非常模糊，西方学者似乎避免提及。由于更大的时空距离，他们对古代中国神兽知之更少，遑论释义。不过，法国学者略有不同。涂尔干和弟子葛兰言(Marcel Granet)的早期工作都提及中国的天文四兽，前者的《原始分类》和后者的《中国宗教》把这些动物置于宗教领域。列维未直接研究中国的神兽，但他肯定知晓前两者的相关出版，他的理论与之针锋相对，更凸显图腾的知识或认知的价值。西学东渐之际，作为学科的文化人类学

(民族学)在20世纪三四十年代的中国已经成形，图腾论进入中国学术界。殖民体系瓦解后，图腾论在西方学术界从一般理论降为地方文化的零碎机制，本土学者对此持分裂态度，有的抱持旧范式，有的呼吁终结图腾的幻象。

一、中国古代神兽概览

神兽贯穿中华文明的无字、有字时代，主要与君王、贵族、巫觋有关。总体看，可分为如下几种情况。

感生说的媒介。古代文献中，君王和贵族的出生似乎与普通人相异，要么以动物为媒介，要么以天象为媒介。动物感生说包括：任姒感神龙而生炎帝；简狄吞玄鸟卵而生契；庆都感赤龙而生尧帝；女脩吞玄鸟卵而生大业。天象感生说包括：附宝感电而生黄帝；华胥履大人迹于雷泽而生庖牺；女枢感长虹而生颛顼；握登感大虹而生舜；修己感流星而生大禹；姜嫄感天而生后稷。西汉时期仍存感生说，《史记》记载刘媪感蛟龙而生刘邦。动物感生说类似图腾致孕说——图腾进入土著妇女的身体，不过，中国古代君王的感生媒介还有天象，两者可能有某种联系。

除了出生，一些部落首领似乎呈现人兽合一的特点。例如，炎帝人身牛首；包牺氏蛇身人首。我们不能怀疑古人区分人、兽的能力，毕竟该能力事关生存，尤其涉及蛇、虎等危险动物。现代社会常见人们携带动物特点，如纹身、服饰、玩具等。感生说要么与古人有限的生育知识有关，要么是一种神秘化部落首领的策略。需要考虑的问题是：感生说的两种媒介是否和人兽合一有关，毕竟它们都与部落首领有关。

动物氏族。一些动物仍然构成现代中国人的姓，但人们绝不会认为自己与该动物有真实的联系。这些动物姓与史前的动物氏族可能有关，《通鉴外纪》中的姓和氏是包含关系："姓者统其祖考之所自出，氏者别其子孙之所自分。"例如，东夷少皞氏部落以五鸟、五鸠、五雉和九扈命名各种氏族和官职，帝俊有八个儿子，其中四子是"伯虎、仲熊、叔豹、季狸”（《左传》昭公十七年、文公十八年）。先秦文献记载“同姓不婚”，同一氏族更不可能通婚。可见，以动物命名群体和外婚制也见于古代中国，与一些殖民地的图腾外婚制神似。除了部落和氏族，动物还用于命名三代时期的古国，如商朝的龙方、犬方、鱼国等。动物命名看似怪诞，若视作一种分类，并无不妥。动物命名反映了当时的生态、地理环境和社会结构，至于何种动物用于命名部落、氏族或官职，还有其他原因(详见第五章第一节)。

祀天仪式中的动物。古代中国祀天仪式的主持者往往是君王和贵族，其中的动物也神似西方人类学中的图腾。古代文献中，动物是史前祀天的必备要素，相关场景可大致分为五类：舞乐者，如三皇五帝传说中的百兽率舞；祭品，如《周礼》中的太牢和少牢；祭器纹饰，如鳄(龙)、虎、鸟、猪；占卜媒介，如商周的龟甲、牛骨；巫觋装饰品，如《山海经》中夏启的珥青蛇。这些祀天动物显然属于神兽，它们要么不属于自然动物，要么像人一样和首领互动，还具备沟通人神的超自然力。在甲骨卜辞中，龙不仅是负责降雨的神，还是商王和上帝的中介。

与气象、天象、历法有关的动物。由于气象、天象和历法的内在联系，这类动物很难进一步细分。最广为人知的天文四兽各由一组动物构成，该体系历经漫长时间形成，西汉时期南、北二宫和对应动物才定型。甲骨卜辞中最常见的受祭动物是龙、鸟(燕)、鱼、龟，十二地支兽也被祭祀(刘青，2008：第9章)。加上前三组神兽，动物似乎连接了古代中国的宇宙万象。在中华文明知识源头之一的《易经》中，自然和社会相互联系，八种动物对应八卦，八卦对应万物。其中，乾卦六龙在学术界聚讼已久。如果参照古典人类学的心理学派，古代中国人像澳洲和美洲的土著一样智力低下，无法区分人类、兽类、星宿和方位。即使在古典时期，西方学术界罕见此种观点。然而，英国现代人类学者胡司德(Roel Sterckx)是例外，他的《古代中国的动物与灵异》(The Animal and the Daemon in Early China)是现代版的西方中心论。时间久远导致四兽体系与现代知识的隔膜，至今很多国人像法国学者一样把它们归入宗教领域，该视角显然无视其中的科学。

需要指出，龙和蛇在古代文献中的意义差异逐渐形成。从物种看，龙和蛇似乎相提并论，均傍水居。《左传》襄公二十一年记载“深山大泽，实生龙蛇”，《孟子》滕文公篇记载“禹掘地而注之海，驱蛇龙而放之菹”。自秦朝以降，龙与皇权密切关联，唐人高适以“龙蛇争霸王”暗示“成者为龙，败者为蛇”。现代汉语保留了龙、蛇的成、败含义，如沈从文在《王谢子弟》中的“子弟龙蛇不一”。

二、中国学者对神兽的释义

神兽的释义是中国悠久人文传统的一部分。神兽产生之初必然承载首创者的释义，使用者会不断地注入新的意义，后者实际上是对前者的释义的再释义。中国的文化人类学基本上是西方舶来品，但这并不意味着古代学者无视神兽的存在。下文首先简述古代的动物吉凶论，然后简述 20 世纪三四十年代以来现代中国学者的图腾论及其反思。

古代的动物吉凶论是涉及动物学和人文价值的民族动物学。现代人的宠物丰富多彩，但以猫、狗、鸟为主，主要凸显其陪伴和安全的价值。古代君王也豢养动物，其价值主要在于仪式，《周礼》中的服不氏、射鸟氏、罗氏等是专职人员。《山海经》包括大量动物，其中不乏想象动物，描述内容往往包括外形、声音和吉凶，且吉凶是落脚点，其判断标准涉及食物、物候、危险性、药用等。最著名的吉物是凤凰，其羽毛呈现出“首文曰德，翼文曰义，背文曰礼，膺文曰仁，腹文曰信”，见则天下安宁(《南山经》)。凤凰是皇朝时代的瑞兽之一，鸟形象在考古学中一般也很重要。可见，常见的动物具有赓续文明的意义。

汉唐以来的经学家总体上延续《山海经》的动物吉凶论。例如，《尚书》和《吕氏春秋》中多次出现“百兽率舞”“凤凰来仪”等词语，他们的释义摘录如下：

孔安国传：备乐九奏而致凤凰，则徐鸟兽不待九而率舞。

孔颖达正义：百兽相率而舞，鸟兽感德如此，众正官长信皆和谐矣。

孔颖达疏：箫韶之乐作之九成，以致凤凰来而有容仪也。

作为殖民主义的产物，图腾论在中国学术界经历了 20 世纪 30 年代的勃兴、50 年代到 80 年代的沉寂、80 年代后的重新出现和 21 世纪的反思。

第一阶段正值中国积贫积弱之时，严复译介图腾后不久，顾颉刚、郭沫若、岑家梧、林惠祥、李泽刚等知名学者都有相关产出。龙在中国神兽中是特纳界定的主导符号，相关研究最多，内容涵盖原型动物、形象和意义的演变、民俗等。代表性著述是闻一多的《从人首蛇身像谈到龙与图腾》，他试图针对当时"文化的病症"开出团结救国的良方：原始的龙(一种蛇)图腾兼并了许多旁的图腾，而形成的一种综合式的虚构的生物，这综合式的龙图腾团族所包括的单位，大概就是古代所谓"诸夏"，和至少与他们同姓的若干夷狄(闻一多，2006：32)。如前所述，图腾论在欧美学术界形成的流派和支脉颇多，中国学者在缺乏整体图景的情况下应用，难免矛盾或疏漏。一方面，图腾论自带西方中心论，各种各样的图腾似乎说明中国一直都很落后；另一方面，学术界赋予图腾论以学术救国的使命。

经历了二十多年的沉寂，图腾论在 80 年代以非主流的学术范式重新出现。80 年代兴起大众文化，"龙的传人"话语在一定程度上实现了闻一多的理想，其代价是其他众多神兽文化的消失，这在一定程度上可能导致考古界各种明显不同物种的动物形象都被附会为龙。学术界相对理性，关于认识论和方法论的质疑和反思之声开始出现。以 CSSCI 数据库为例，用"图腾"关键词检索，1980—2024 年出现 116 篇论文，2000 年前、后分别出现 12、104 篇。其中，王纪潮(2003)、曲风(2004)、施爱东(2011)、张多(2023)等指出图腾论在中国的错用、无用和滥用。这些反思中，列维的结构主义是主要学术炮火。凑巧的是，列维在《结构人类学》中罕见地提及中国文化：澳洲土著赋予老鹰和乌鸦的知识价值如同中国文化的阴阳，男女、昼夜、冬夏等二元对立统一都是"道"

(Levi-Strauss, 1963: 88-89)。宗树人(Palmer, 2019)认为列维从葛兰言的著述获悉中国文化的"道"，据此认为"道"的本质是二元论。若比较图腾论和二元论，两者的概念层次不同，前者能解释某种动物、植物或物体在特定场景中的认知或知识价值，但难以担当文化解释的重任，二元论则是高屋建瓴的哲学思维，动物、植物或物体在其中从有形被抽象为无形。阴和阳是"道"的两个分析性核心概念，天文四兽、四方、四季、八卦、十二生肖、五行、颜色、吉凶、行星运动、气象、山川湖海等都可整合进阴阳之道，图腾论难以匹配这个错综复杂的宇宙观。

本土神兽的释义需以中华文明连续性为框架。神兽在中华文明中流传有序，自成体系，古代中国的动物吉兆论大体属于动物符号论，从中可见古人探索自然的努力，动物被赋予丰富的科学和人文意义。图腾是西方学术界针对同时期殖民地提出的意识形态概念，中国学者用它研究中国文化难免误用和错配。我们需根植于文明连续性，从神兽发轫和意义变迁的历史链条中发现本土知识，增强文化自信和文化自觉。

小　　结

作为人类学的重要议题之一，图腾论见证了学科范式的变革。在社会进化论框架中，古典人类学者基于理性主义提出了种种解释。心理学派认为图腾是低智力的产物，所有图腾现象将在未来给科学让位，社会学派认为图腾起源于社会崇拜，科学进步和社会原子化如影随形，西方社会将会面临科学进步和神圣感减少的两难境地，阐释学派视图腾为神秘力量的符号，是知识分子表征神秘知识、强化自身地位的媒介。现代人类学小心地权衡文化的普遍性和特殊性，如果不承认普遍性，就失去了研究前提，如果不承认特殊性，就重新落入西方中心论。从心智、社会和自然之联系的角度释义动物是文化普遍论，从地方文化系统的角度释义具体动物是文化特殊论。基于这种认识论和方法论，各文化的蛇躯神兽可能隐含了人性普遍性和文化特殊性，前者与认知机制有关，后者与具体地理环境中的生存条件和精神状态有关。

图腾论的百年历程为本研究提供了三点启发。第一，动物可以成为理解非动物的知识媒介，但是否获得图腾地位取决于所在符号系统影响集体生活的程度。例如，洪水的动物符号可能成为图腾，细雨的动物符号则不太可能，个体的宠物更不可能。第二，无论是否为自然物种，图腾都以具体可见的方式让人们形象地内化自然秩序和社会秩序，自然秩序以人类化的形式掺和了社会秩序，图腾体现了自然社会化和社会自然化的统一。不同流派的图腾论都体现了自然-社会二元论，分歧的本质是自然和社会的优先性。第三，图腾具有神秘性。神秘性与结构或秩序以外有关，图腾可能指向形成中的知识，一旦知识分子掌握相关知识，神秘性就会消失。例如，关于图腾的起源，心理学派认为是风雨雷电、梦境等令人恐惧的自然现象，社会学派认为是社会本身，阐释学派认为是超自然力量。韦伯、博耶、马氏等界定的超自然力量也包括星空和梦境，本质上也是自然现象。相关概念有：无法解释的梦境(泰勒)、无限感(穆勒)、神秘力量(马雷特、涂尔干)、超自然力量(韦伯)、神话(列维、萨林斯)、不确定性(马氏)、集体无意识(列维)、超自然力(博耶)、不符合分类的污秽(道格拉斯)、神圣的模糊性(史密斯、涂尔干和道格拉斯)、阈限中(特纳)。这些概念大抵与《易传》中的“阴阳不测之谓神”相通，其中的“神”意指难以描述，掌握阴阳之道的人是君子或圣人，即知识分子。所以，《易传》中的动物具有文化意义，龙也是其中之一。总体来看，自然和社会都抽象难懂，神圣感或神圣性是与神秘性相关的集体情感体验。

第二章　符号的认知机制：分类、范畴和隐喻

心智是人类学核心概念，认知心理学揭示了心智的符号表达。社会进化论者把生物进化论用于文化判定，他们认为符号能力体现了人兽之别和文化高下。符号是现代人类学的关键词，相关概念还有意义、阐释、仪式、历史、戏剧、角色等，研究者或多或少地受到符号学的影响。符号学有两大流派，分别滥觞于19世纪中叶大西洋两岸的索绪尔和皮尔斯(Charles S. Peirce)，相关概念是semiology和semiotics。两个流派的研究对象都与心理学、语言学有关，符号(sign)是共享的核心关键词，但两者提出了不同的定义和分类。索绪尔符号学也称结构符号学，皮尔斯符号学也称逻辑符号学，前者以二元概念分析符号系统特点，后者以三元概念阐释思维和意义。两位创始人都视符号学为普通科学——普通心理学或普通再现(representation)科学。符号和心智是表里关系，20世纪下半叶认知心理学的发展为两种符号学搭建了对话的桥梁，因为符号化、符号关系遵循认知规律。此外，认知心理学还推动了修辞学的认知转向，其中的隐喻、比拟、类比、转喻等均与象征有关，借此可把象征的释义框定在认知符号学范围内。

第一节　两种符号学关于象征和符号的界定

符号学的两个流派各有影响范围。皮尔斯早于索绪尔提出符号学，

两人在有生之年均未看到自己的学术影响力。结构符号学在索绪尔去世后不久就引领了西方学术界，逻辑符号学历经了一个世纪才获得承认。从学术影响分布看，两个流派大体对应欧洲和美国。结构符号学可能影响了涂尔干，索绪尔和涂尔干是同代人，肯定影响了列维、巴特(Roland Bartes)、阿尔都塞(Louis P. Althusser)等。他们各自定义的结构可能是心理认知机制、社会关系或物质关系等，但都可归入结构主义阵营。皮尔斯、詹姆斯(William James)、杜威(John Dewey)等是当时形而上学俱乐部(The Metaphysical Club)的核心成员，他们在不同领域的努力最终汇集成实用主义思潮，并成为符号互动论的先驱。符号人类学是人类学与符号学相遇的结果，其中的欧美流派体现了两种符号学的差异。

一、两种符号学中的象征

索绪尔把语言学视为符号学的一部分，试图建立以符号学为分母的人文社会科学。从他的定义来看，符号与社会、心理、语言等均有联系。

> 可以期待把符号(sign)置于社会内部来研究，它将是社会心理学的一部分，因此也是普通心理学的一部分，我们称之为符号学。符号学研究符号的构成和支配符号的规律……这些规律将适用于语言学，而语言学将在人类知识领域被赋予一个清晰定义(Saussure, 1959：16)。

索绪尔提出从事物的要素关系理解每个事物，这就是结构主义分析方法。基于此，他用多个对立统一的二元概念分析符号要素的关系(Saussure, 1959：Part 1)。符号包括能指和所指(signifier/signified)，能指是表示具体事物或抽象概念的听觉或视觉形象，所指是能指在大脑里唤起的与抽象概念或具体事物有关的概念，两者间没有逻辑关系，即任意性(arbitrariness)。任意性同时适用于能指和所指，且各自独立。以口语为例，不同语言通过任意分割声音连续体指代被任意分割的世界，由此形成两个系统——所指系统和能指系统。任意性与结构相辅相成，任意性受结构约束，符号意义取决于所指系统和能指系统的内部结构关系。两个以上连续语言单位的线性关系是组合关系(syntagmatic)，语言单位按某些共同点相互联系的潜在关系是聚合关系(paradigmatic)。索绪尔认为语法、语源、语音等方面均表明语言是集体习俗，人类语言具有抽象而稳定的语言规则。语言(langue)是符号关系的规则，言语(parole)是对规则的实际使用，语言不受个人意志支配，具有社会性；特定时间符号系统内各要素的关系是共时性(synchrony)，符号意义随时间变化是历时性(diachrony)，共时性对于语言使用者是真正唯一的现实。这些二元概念是符号学常识，对于语言分析也有价值，列维的结构人类学显然受此影响。

作为结构符号学基本原则的任意性颇具争议性。第一，任意性并不适用于所有符号。除了象声词，复合词也不符合任意性。以数字 10~19 为例，10 的声音形象和概念之间无逻辑关系，11~19 的声音形象则受到个位、十位数字的双重约束。第二，心理学者发现能指和所指的关系受体验世界和人的感知能力的双重约束，跨语言颜色词研究表明所有语言的基本颜色词语直接反映了人类神经反应的普遍范畴(Berlin & Kay, 1969)。例如，不同语言中普遍有黑、白、红等词语，因为它们是自然中的常见颜色，视神经的生理反应必定导致词语的产生。第三，任意性无法区分符号和象征。索绪尔用任意性区分符号(sign)和象征(symbol)，符号的能指和所指没有天然联系，象征和被象征物有天然联系，正义的象征是天平，而不是战车(Saussure, 1959: 68)。但是，象征和符号之间绝非界限分明。例如，大部分战车会打着正义的旗帜出征，战车只是正义的诸多象征之一。

结构符号学的成功和不足都对人文社会科学界影响深远。其成功之处在于使人文社会科学高度关注“结构”，即要素之间的系统关系，如涂尔干倡导的社会事实之间的关系。符号的组合关系和聚合关系启发了美国认知神经语言学者兰姆(Sydney Lamb)，后者将语言系统视作由符号关系连接而成的系统，并试图寻找其大脑的物质证据——大脑的微观神经网络。其主要不足在于忽视要素本身的发生机制、人和符号的关系以及要素历史变迁对结构的影响，这些催生了结构主义的竞争者——解构主义，皮尔斯符号学的新生与此有关。

19 世纪下半叶兴起的实用主义(pragmatism)是理解皮尔斯的起点。实用主义强调概念对生活方式和科学探究的实际影响，没有实际影响的概念毫无意义，其主要学术立场包括反笛卡儿主义、批判性继承康德的基本范畴遗产、反旁观者知识论等。反笛卡儿主义就是反对将心智视为主观、私人而靠不住，康德的基本范畴是阐释世界的框架，但实用主义不认为基本范畴神圣不可变，反旁观者知识论就是反对心智是等待描画的白板或等待光照的黑屋子，实用主义认为知识是从怀疑到信念的解决问题的积极过程(McDermid，2006)。逻辑(logos)是皮尔斯符号学的核心，其字面意义是词语，词语的产生涉及分类、因果、相关、无关等分析推断过程。因此，逻辑也意指思维规律，逻辑符号学研究符号体现的思维规律。

与索绪尔的二元概念相比，皮尔斯更多地使用三元概念。他的概念体系多次变化，早期的统领性概念是再现(representation)，并三分为模仿(copy)、符号(sign)和象征(symbol)，并把象征作为逻辑的讨论对象。逻辑的近似定义是普通象征科学，不过这个定义太宽泛，足以成为符号学或普通再现科学的定义，逻辑只是它的分支(Peirce，1865)。后来的概念体系更广为人知，符号(sign)成为统领性概念，并三分为像似符(icon)、指示符(index)和象征，一般简称为符号三元论。

逻辑符号学的基础是关于存在(being)的三个普遍范畴(universal categories)。一级存在(firstness)指自我独立的存在，皮尔斯称之为感觉状态(qualities of impression)，例如颜色，不论是否被人感知，颜色在自然界中客观存在，且没有时空规定；二级存在(secondness)是被感知物在具体时空中被个体感知的存在，例如某种蓝色被感知为宁静、悲伤或大海；三级存在(thirdness)是以中介、习惯、记忆、再现、交流等抽象形式使具体时空的外部事物获得新形态。三个范畴形成由低级到高级、由简单到复杂的递进关系，高级范畴包括低级范畴(丁尔苏，2000：51-52)。三个普遍范畴论既承认独立于人存在的外部世界，也承认具体时空中人的主观感知，从而避免了唯心论和唯物论、个体与社会或文化、本体论与认识论、内心世界和外在世界等二元对立，因为符号在其间充当了媒介。可以看出，逻辑符号学和现象学(phenomenology)有天然联系。

三个普遍范畴衍生了符号的三个表意元素。符号的表意元素有载体、对象、阐释(vehicle，object，interpretant)，相关理论十分晦涩。简单化解释，载体只有部分特征再现对象的特点，对象也只有部分特点被载体再现，对象的特征限定了如何被载体再现的条件，通过利用对象的某些特征，载体决定阐释如何理解对象。① 围绕符号和这三要素的关系，皮尔斯逐步建构理论。按照符号和对象的关系，像似符和对象具有物理相似，指示符和对象有时空相关或因果关系，象征与对象的关系需要借助其他符号来理解，使用和理解象征的能力专属于人类。举例说明，公共厕所门上的性别图像是像似符，下雨前的乌云密布或蚂蚁搬家是指示符，基督教十字架是象征。由阐释产生的理解本身进一步形成关于该对象的新载体，新载体也能通过一些特征来表意对象，由此产生新阐释，这些过程最终将导致无限载体链。可见，处于载体和对象之间的阐释能产生新载体，载体链联系了符号和认知，阐释联系了符号和逻

① 举例说明这段绕口文字，乌云(载体)是雨水(对象)的符号，乌云只有部分特征(例如颜色和密集)意指雨水，而乌云的成分、温度、声音等特征没有被考虑。同理，对象的部分特点决定了载体的形式，雨水的淅淅沥沥通过“雨”的四点再现，但雨水的纯净、温度、颜色等特征没有影响载体“雨”的外观。载体再现对象的特定方式决定阐释如何理解符号意义，“雨”对于阐释的意义就是淅淅沥沥或乌云密布，而不是雨水中的各种化学成分。当环境成为关注对象，酸雨一词就会出现。

辑。所以，符号就是思维本身，载体链就是思维链，思维链中隐藏着历史。因为象征与载体链的紧密关系，皮尔斯早期认为象征在三类符号中对于逻辑研究最有价值，但后来发现符号三分法是抽象的理想类型，一些像似符或指示符也可能是象征，现实生活中的符号在不同情境中是三种不同成分的组合(Atkin，2013)。为增加理解，举例说明如表 2.1 所示。

表 2.1　符号、载体和阐释的两两关系

两两关系	名称	例子	名称	例子	名称	例子
符号/对象	像似符	照片/人物	指示符	乌云/下雨	象征	红灯/停止
符号/载体	性质	照片再现人物的性质	事实	乌云和下雨的因果事实	法则	红灯是约定的停车符号
符号/阐释	词类	是照片	命题	今天有乌云	推论	他闯了红灯

逻辑符号学强调人和符号的等同关系，把语言和心智发展、认知机制、社会或文化联系起来。斯坦福哲学百科全书在线资源摘录了他的部分相关观点：

> 我们已经看出意识的每个状态都是推断，生命就是一系列推断或思路，那么，人在任何时候都是思维。因为思维是一种象征，“人是什么”等一般性问题的答案是“他是象征”(Peirce，1958)。
>
> 感知是获取信息和表达更多意义的可能性，词语也可以学习。词语“电”比在富兰克林时代能多表达多少意义？词语“行星”比在希巴克斯(Hipparchus)时代能多表达多少意义？这些词语获得了信息，就像人类思维通过进一步感知获得信息一样。……既然人只能通过词语或其他外在象征思考，词语可能反过来对人说：你不会表达我们没有教过你的意义，只能说出作为你的思维的阐释项的词语。因此，人类和词语实际上彼此互惠为师，一个人的信息增量同

时也是词语的信息增量，反之亦然(Peirce，1958)。

我们任何时候思考都会意识到一些情感、形象、概念或其他作为符号的表征，我们自己的体验表明，眼前的一切都是我们自己的现象性表现。这并不意味着，没有我们，某物的现象就不存在，正如彩虹就是太阳和雨水的表现，彼时彼刻思考的我们以符号的形式出现(Peirce，1955)。

总体来看，揭示语言、思维和文化的关系是两种符号学的共同诉求，结构符号学更重视共时的抽象关系，逻辑符号学更重视象征意义在人际互动过程中的历史和个体因素。两种符号学至少有如下不同：

第一，基于不同的符号定义，讨论对象不同。索绪尔认为象征关系不符合任意性，象征不是符号学的讨论范围。符号三元论认为三种符号都与思维有关，像似符和指示符受体验世界影响，象征与体验世界没有直接联系。皮尔斯早期强调象征的重要性，晚年认识到像似符和指示符也可能是象征，这一重大修改为符号的意义变迁预留了空间。例如，十字架最先是像似符，后来在特定时空的机缘巧合中上升为区别犹太教和基督教的关键象征。为了完善分类，皮尔斯在晚期提出了 66 种符号，但其复杂性阻碍了操作化分析，学术界更倾向于使用自柏拉图、亚里士多德以来一脉相承的符号三元论(Singer，1982)。

第二，逻辑符号学赋予了个体能动性。从认识论看，皮尔斯既反对笛卡儿主义对心智主观性的贬低，又反对洛克实证主义的“白板说”，他倡导主客观相结合的体验主义。体验世界与个体感知、具体时空情景有关，由于阐释参与建构符号意义，基于此提出的载体链是皮尔斯的贡献。载体链联系了符号和思维，让符号意义具有了历史和个性，也赋予阐释者能动性，结构符号学几乎不考虑个体感知和具体时空。皮尔斯还澄清了三种符号的递进关系以及符号与语言、思维、文化或社会等的密切关系。同一符号在过去、现在和未来的具体时空情景下的不同意义形成了索引链条，具体时空情景中的各种人际交流、文化交流或历史事件会影响符号意义，主我(I)与宾我(me)的反思性内部对话、我与他人的外部对话也会影响符号意义。逻辑意指词语，词语解释特定现象，皮尔斯符号学解释了符号的结构关系和历史关系，大概是在这个意义上，它被称为逻辑符号学，这非常契合阐释人类学的哲学基础。

第三，逻辑符号学区分了符号再现的思维层次，从而联系了思维、语言和文化/社会。皮尔斯注意到符号似乎按照像似符——指示符——象征的顺序进化，所以符号理解是层次性的，理解象征必须以理解像似符和指示符为前提(Peirce，1931)。世界各地的考古记录部分地支持三种符号的层级关系，像似符和指示符几乎同时出现，象征比前两者出现确实稍晚，象征思维的出现与人脑容量增大有关(Rossano，2010)。例如，蓝色有自然界的自在状态、个体感知到的自觉状态，到个体事后再现的抽象状态，三种状态与三种思维层次有关。所以，某物既与我们无关，也与我们有关，它的意义统一了主观和客观。一旦与人有关，某物就有了历史、情感、个性和社会性，能表达人的生老病死和喜怒哀乐。从历史中阐释符号对于个体或文化的意义，这种理解契合了人类学的整体视野。

“龙文化”演生涉及深远时空，需要参考两种符号学的合理成分。“龙”产生于无字时代的某个族群，在有字时代被阐释和再阐释。中国最早的“龙”可能是一种动物、自然现象或植物，由于某种偶然或必然原因成为像似符、指示符或象征中的一种，最终演变成想象动物——皇权的象征。不同时期的龙形象构成聚合关系，某一时期的“龙”形象与同期的其他符号构成组合关系。所以，本研究主题需要参考逻辑符号学的三元论和结构符号学的符号关系理论。

二、人类学中的象征或符号

20世纪下半叶，象征是人类学各流派的共同词汇。简单化归纳各国人类学关键词，美国是象征、意义和文化，以吉尔兹为代表；英国是结构、功能、象征和社会，以特纳为代表；法国是结构、象征和社会，以列维为代表。象征的意义在大西洋两岸学术界大同小异，试看多位人类学者的观点：

> 象征(symbol)是使用者赋予其价值或意义的某个东西，象征可拥有任何物理形式，可以是实物、颜色、声音、气味、物体运动、味道。符号(sign)是能指示别的东西或事件的某个有形东西或事件，如指示温度的水银柱和指示春天的知更鸟。一个东西可能在一种场景中是象征，在另一种场景中是符号。词语对于人既是符号也是象征，但对于动物只是符号。人能自由、能动、积极地赋予或理解任何东西中的新价值，动物对符号的反应是刺激反应式的行为主义(White，1949：25-30)。
>
> 象征(symbol)是人们一致认可的天然地体现、代表或使人想起某物的东西，象征和被象征物之间或有类似特性，或有事实或思维联系。田野观察到的象征有物体、活动、关系、事件、手势以及仪式场景里的空间单位(Turner，1967：150)。
>
> 象征(symbol)是能表达一个概念的任何物体、行为、事件、品质或关系，该概念就是象征的意义，象征是固定在可理解的形式中的体验提炼，是观念、态度、判断、渴望或信仰的具体表现等(Geertz，1973：91)。
>
> 指示符(index)是与所指有直接或客观关系的能指，可能是部分-整体关系或特殊--一般关系，例如用狗尾巴意指狗；信号符(signal)是通过或和所指同时出现的东西，例如狗的叫声或雷的巨响；像似符(icon)和意指对象相像或类似，例如狗的照片；象征(symbol)与其意义没有直接或客观关系，象征通过联系链具有意义，例如狗是陪伴或忠诚的象征(Firth，1973)。

在《图腾制度》中，列维多次提到图腾都是象征，但并未明确描述或定义象征。不过，从书中可看出心理学视角：

图腾动物不再仅仅是或主要是令人恐惧、敬重或嫉妒的生物，人们从这些生物中感知到的现实有利于具体化推断思维(speculative thought)，该思维基于实证观察的观念和关系。我们也能理解到自然物种被挑选出来不是因为它们让人觉得好吃(good to eat)，而是因为它们让人觉得好想(good to think)(Levi-Strauss, 1991: 89)。

图腾起源于隐喻关系，图腾分析属于民族逻辑，而不是人种生物学逻辑：氏族A是熊的后裔和氏族B是鹰的后裔等说法只是具体而简略地以两种动物关系说明两个氏族的关系(Levi-Strauss, 1991: 31)。

可能出于学科差异，人类学者几乎不严格区分象征和符号。人类学者主要使用symbol，偶尔使用sign，两者意义几乎相同。例如：

图腾表达和象征两种不同的东西，它首先是我们称之为神或图腾原则的外在可见形式，它还是确定的社会的象征，即氏族的象征，图腾是它的旗帜，是每个氏族区分彼此的符号(sign)，是氏族个性的可见标记(mark)，氏族的一切组成部分都带有这个符号，该符号是人、兽或东西都无所谓(Durkheim, 1964: 206)。

作为交互运作的可建构的符号系统(如忽略狭义用法，我更喜欢用象征)，文化不是可以解释社会事件、行为、制度或过程等的权力，文化是情景，是可以被深度描述成可理解的某种东西(Geertz, 1973: 14)。

为了纠正立场而诉诸极端政治行动的努力是另一个问题，某种程度上是忠实信徒信仰受挫的符号(sign)，因为他们发现仅有信仰而没有合适技术不可能移山(Firth, 1996: 60)。

国王的物质成功是他有权获得世俗繁荣的神圣来源的符号(sign)，并借此通过展示他的神圣权力倍增自己的政治影响(Graeber & Sahlins, 2017: 15)。

上述学者关于象征或符号的意义在两个维度上相似。第一，他们基本赞成象征或符号是人类的独特思维能力，即通过具体事物表达抽象概念的能力。第二，他们基本赞成象征或符号的意义具有直接或间接的体验基础。换句话说，象征和被象征物的关系不一定是任意的，但两者的联系点可能是任意的。鉴于人类学并不严格区分符号和象征，本书总体上更多使用符号，视引用情景使用象征。每个符号由能指(声音或视觉形象)和所指(概念)构成，后文用“对象”指称象征的所指，即被象征物。

尽管学者们对符号的理解大同小异，但分析路径并非一致(见表2.2)。还是以前述三位人类学者为例。列维认为纷繁复杂的社会文化现象背后隐藏着普遍文化语法的简单原则，因为人类天生的分类倾向产生几个二元关系(对立/相关、包含/排斥、和谐/冲突等)，符号意义必须借助这些二元关系；吉尔兹侧重分析文化如何影响人们看待、感觉和思考周围的世界，而不关注符号在社会过程中的运作方式；特纳侧重分析仪式中的行动，认为人类关系的核心是对共享意义的符号表达，而不是物质兴趣的吸引，因为符号能激起社会行动，是行动者遵守社会规范、解决社会冲突、改变社会地位等社会过程中的运作者(Ortner，1984)。

表2.2 人类学不同流派的符号分析路径

学者	影响者	符号的定义	方法论	分析内容	分析目的
吉尔兹	韦伯	文化意义的载体	主位意义阐释	道德观、世界观	阐释意义
特纳	涂尔干	社会过程的操作者	主位历史分析	仪式	解释行动
列维	弗洛伊德	观念和关系的体现	客位结构分析	神话、仪式、亲属关系	揭示心智

这些符号分析路径对本研究有方法论意义。不同分析路径聚焦的层次和内容不同，与其比较孰优孰劣，不如寻求其内在联系。列维化繁为

简，从众多民族志中找出各种文化现象背后的心智，这是人性层面；吉尔兹和特纳的主要目的是在人性的前提下深描地方文化系统内的细微区分，即心智的地方表达，这是文化层面。人性和文化犹如文化普遍性和特殊性，该区分对本研究主题具有认识论和方法论意义，这些视角表明了文化/社会的心智基础和心智的文化表现。特纳和吉尔兹都揭示了符号与纷呈的文化意义或社会过程的关系，前者致力于从社会行动中提取符号系统，后者致力于用符号系统解释社会行动。列维关注纷呈的观念和关系背后的心智，不同的图腾都体现心智，无优劣之分。既然语言、心智和文化是基于符号的三位一体，如果整合列维、吉尔兹和特纳等的不同研究路径，可能获得相对全面的理解。整合不是简单的混杂，而是不同层次的区分和关联性质的辨识。从前述关于现代人类学图腾论的小结得出一个基本结论：既不能把图腾还原为纯粹的心理现象，也不能将其当作纯粹的社会现象。三大流派中，只有阐释学派兼顾了心理和社会的因素，其优势体现在单一文化系统的分析。

象征和对象的联系机制是什么？该联系机制是阐释路径，其认识论和方法论意义在于探索文化普遍性如何以文化特殊性的形式表现出来。如前所述，索绪尔认为两者有天然联系，皮尔斯认为两者的关系需要借助其他符号来理解。两种符号学的分歧在人类学中同样存在，该联系是征候（syndrome）、类似（resemblance）、类比（analogy）、事实或思维联系等。

> 无论在哪里发现象征的形式，我们都有理由推断原始人使用它们时有对应的现实。如果在我们考察的原始人中发现这些现实自然地发展成象征的形式出现在文明社会，我们可以断定现在象征的形式是以前的现实（McLennan，1865：12）。
>
> 如果现实事物和事件的背后有其他特别的精灵的东西，这些东西仅仅是征候或其实是象征，必须努力施加影响的对象不是现实事物或事件，而是表现为征候的精灵力量（Weber，1993：7）。

象征是各种事物的真实力量的直接或神秘化征候，象征表达历史连续性，为历史进程设置了条件，但也消解和重新表达于物质实践中(Sahlins，1981：7-17)。

象征是人们一致认可的天然地体现、代表或使人想起某物的东西，象征和被象征物之间或有类似特性，或有事实或思维联系(Turner，1967：150)。

对于象征和对象的联系，人类学者要么回避解释，要么借助修辞学解释。既然语言和思维关系密切，用语言解释作为思维形式的象征无可厚非，但该解释至少有两个瑕疵。第一，思维是个黑匣子，修辞学解释无法得到验证，这被诟病为非自然实证科学的方法(Geertz，1973：207)。虽然人类学不一定都攀附实证科学方法，但所有流派都采用修辞学解释就有悖于方法论差异。第二，他们提到的修辞学手法不尽相同，其中，隐喻(metaphor)、戏剧(drama)、拟人、类比(analogy)、寓言(allegory)、转喻(metonymy)等概念最常见。

1. 心理学派

所有的专有名词原本是称呼，每个名字源于一个物体的一个属性。每个物体有几个属性，或者多个角度也会产生多个名字，岛、河、马、蛇、骆驼、剑、黄金等物体在一些语言中有许多隐喻同义词(Müller，1891：208-209)。

可以推断，我们未开化的祖先把植物的能力人类化为男性、女性，并按照顺势或模仿的巫术原则，通过以五朔之王和王后以及降灵节新娘新郎等人身表现的树木精灵的婚嫁来促使树木花草的生长。因此，这些再现不仅是象征性的或寓言性的戏剧或用以娱乐和教育乡村观众的农村的游戏(Frazer，1996：139)。

神兽关系是转喻的秩序关系。原因有三：首先，Atua 神被认为进入了动物，但没有变成动物；其次，Atua 神绝不是进入整个动物物种，只有一只动物因其不同寻常的行为被认为是神的载体；最后，这种事情只偶然或例外发生，而植物和神的疏远关系是更恒久的本质。最后一点表明，转喻对应事件秩序，隐喻对应结构秩序(Levi-Strauss, 1991：27)。

人们假设非人类世界也能以人类的方式和人类互动，于是人们用具有人类特点的熟悉模型理解人类社会界限以外的社会关系(Hamilton, 2001：32)。

2. 社会学派

这是个观念系统，个体通过它表征社会，作为社会群员的个体与它有着模糊却亲密的关系。这是它的基本功能，虽然是隐喻的和象征的，但这种表征并非不真实(Durkheim, 1964：225)。

只能通过象征表示无处不在的神，正如努尔人通过风和空气的隐喻来象征无处不在的神(Evans-Pritchard, 1956：10)。

它(神)以修辞和象征语言的形式试图解决基本人类问题，包括身心焦虑和痛苦、死亡必然性和其他人类复杂关系中的不确定性(Firth, 1996：11)。

3. 阐释学派

充分发展的象征概念领域的思维基础是神话思维，其中最重要的是神人之间的类比，尤其是类比产生的寓言，基于理性命题的演绎性概念建构后来逐渐代替类比思维(Weber, 1993：4-10)。

历史通过社会的形式和人们投入的实际资源形式成为现实，合理地即兴使用类比、隐喻或其他比喻等是建构历史的条件(Sahlins, 1981：7-17)。

文化是象征系统，是不同文本的混合，以隐喻的方式发挥作用(Kuper, 1999：120)。

隐喻是将熟知的和陌生的事物特点合并或将熟悉的特点进行异

化的合并(Turner，1974：19-21)。

上述例子表明，以修辞学释义符号由来已久，且被不同流派运用，但仅此而已。如果符号与语言、思维和文化紧密联系，必须找出它们与修辞的联系。两种符号学都致力于解释思维与符号的关系，认知心理学的修辞研究有同样的志趣，三者殊途同归。

第二节　认知心理学视角下的范畴和符号

20世纪80年代以来的认知心理学发展连通了人类学、修辞学、符号学和语言学的边界。符号学、语言学、人类学之间早就相通，它们都从不同视角研究意义的表达和交流。认知心理学涉及人脑黑匣子，是相对新兴的学科，其中的范畴研究和隐喻研究联系了修辞、符号和认知。修辞一直被认为是无关科学的语言技巧，《诗经》归纳了赋、比、兴等修辞手法，古希腊智者学派创造修辞学的目的是让辩论更形象生动、吸引人、有说服力。在认知心理学视角下，各种修辞都涉及范畴化和范畴关系，符号是一种范畴关系，隐喻符号化的一种心理机制。

一、范畴的模糊性、等级性和关系性

认知心理学视角下的范畴研究揭示了古典人类学中的分类问题。人类学的一个重要研究领域是分类，涂尔干、列维、道格拉斯等都涉足其中。范畴和范畴化是分类研究的基础概念，范畴化就是归类和命名的过程，其结果就是范畴，也可称为概念、符号或词语。所以，范畴与词语、逻辑、符号等概念密切。各种范畴在各社会或文化生活中有时间先后和价值轻重之分，性命攸关或生活急需的东西首先被范畴化。博厄斯的《美洲印第安语言手册》记录了因纽特人六十多个关于雪的词语，因为雪的细分影响当地的生计。涂尔干和索绪尔都强调语言的社会性，索绪尔试图解释语言和思维的关系，涂尔干强调社会对心理的优先性。社

会学派认为思维的基本范畴源于社会，基本范畴是人类心智生活的永恒模具，主导和笼罩了其他概念或范畴，巫术、道德、法律、科学的概念都由此衍生。例如，群体的区别产生类的范畴和整体的范畴，群体占有的领土产生了空间范畴，现象的前后相继产生了时间范畴，群体的集体力量是高效率的原型，因果范畴由此产生(Durkheim，1964：440)。道格拉斯认为污秽是正常分类系统不能接受的残余范畴，污秽与人们的习惯和感知相左(Douglas，1966：37)。现代认知科学用注意力解释范畴化，人类感知世界过程中最突出、最吸引注意力的物体、有机体和人最先被范畴化，并产生相关词语或概念，这些概念如何被社会成员共享从而具有社会性是另一个问题。有影响的范畴化理论包括原型论(prototype)、家族相似性(family resemblance)、优势规则、词网(word web)、关系网络、图形和背景(figure and ground)、框架和注意(frame and attention)、像似性(iconicity)等。这些理论不尽相同，或多或少地都赞同范畴的模糊性、等级性和关系性特点。

范畴的模糊性是注意力通过原型对环境分类的认知表征。心理学者罗氏(Rosch，1975)创造性地通过识别试验发现范畴化是基于原型的分组过程，原型是通过识别、记忆、分类和命名等过程形成的心理表征，典型成员是范畴的原型，非典型成员的意义以原型为参照点，范畴内成员间的边界模糊。以鸟为例，鸽子比鸵鸟更像鸟，但鸵鸟比蝙蝠更像鸟。不同的鸟在现实中边界清晰，在认知上范畴边界模糊，鸽子是典型成员，蝙蝠是边缘成员。需要指出，范畴边界模糊并非范畴任意性，范畴化不是对自然界的任意划分，而是基于人类的生理和心理结构。语言学者拉波夫(Labov，1973：340-373)通过一组类似杯子的试验研究证明了范畴边界模糊性，日常生活中某物和非某物界限模糊，人们可用几个邻近范畴命名事物。范畴边界模糊导致了范畴和词语之间的非对应关系，一个词语可表示多个范畴，多义词与此有关。从结构符号学看，一个能指有多个所指，一个所指也有多个能指，某符号的意义由系统决定。从逻辑符号学看，载体与对象只能部分对应，阐释因人而异，符号创造者无法主导载体链的历史发展。

范畴的等级性与抽象程度有关。万物在人们体验中的显著性和重要性差异导致范畴化的诸多特点，其中最重要的是完形感知（gestalt perception）和范畴等级。完形感知指人们认识事物时首先形成整体形象，然后认识其部分或属性，该过程类似于看一眼整体，再看几眼细节。完形感知遵循相近、相似、闭合和连续（proximity，similarity，closure，continuation）四原则，小距离的分散因素被感知为有关系的，类似因素被感知为一个共同部分，有机体或物体被感知为固定的闭合，被中断的因素被认为是连续整体（Ungerer & Schmid，1996：33）。例如，缺了一条腿的椅子仍然是椅子，蜷体的长条动物像蛇。范畴等级包括基本（basic）、上位（superordinate）和下位（subordinate）等，人类大部分思维在基本范畴，其对应实体与人们基本生活需要的事物分类有关，包括对象属性最多，使用最频繁，词语形式最简单，被儿童最先掌握，基本范畴符合认知经济性（cognitive economy）（Ungerer & Schmid，1996：66-69）。可见，基本范畴间的本质区别在于不同的完形感知，基本范畴衍生出多个具体范畴，后者的完形感知类似。

需要指出，上文的基本范畴大体对应博耶提出的实体范畴，数量有限，而且是认识世界的模板。可以设想，直面鸿蒙的先民需要从环境中识别出大量不同完形感知，由此获得空间、视觉、温度、味道、猛兽、痛苦和颜色等基本范畴。

范畴关系性指范畴间的各种连接关系。现代认知科学证实了符号的组合、聚合关系，它们与认知过程的范畴联通及大脑的生理基础有关。范畴边界模糊性和范畴等级性与聚合关系有关，近义词、同义词、上下位词等也可视为聚合关系，搭配词可视为组合关系。看到“狗”字，人们能联想到与狗有关的视觉、听觉、味觉、嗅觉、触觉等，不同感觉产生了基于狗的连接关系网络。连接关系有强弱之分，原型范畴的事物更容易归类，连接关系的联想时间更短（程琪龙，2001）。范畴关系网络既有先天大脑基础，也需要后天体验的激活和建构，所以一个词语在不同文化中的关系网络不尽相同，这契合皮尔斯的主客观相结合的体验主义。传统语义学认为词语具有独立于人的客观而明确的意义，可以用语言准确无误地再现世界，认知语义学认为意义取决于个体在特定情境中的体验和感知，相同情境中的不同个体感知到的对象可能具有不同意义，语言再现的是体感现实主义(embodied realism)，而不是绝对真理。例如，不同文化的人对相同图片有不同生理、心理反应。体感现实主义同时考虑个体要素和客观外界，每一个体和世界都有意向关系，他们进入世界的方式通过心智对世界的身体体验得到实现(Geeraerts，1985：355)。自然界中相同物体或物种在不同语言中是否被范畴化以及哪种属性被范畴化并不相同，词汇差异和语义差异与此有关。可见，认知语言学也契合逻辑符号学关于阐释的观点，范畴关系网络具有现象学色彩。范畴边界模糊性和范畴关系网支撑了语义的情景性，符号的意义模糊性大体与此有关。

二、形成抽象范畴的概念隐喻

范畴理论把各种修辞与人类独有的认知过程联系起来，隐喻理论由此产生。人类的认知系统是多领域相互联系的整合体，除了注意、范畴化、完形感知，还有语言、身体和心理体验、图形图示、记忆、抽象、情感、推理等不同领域。范畴化是具体可见的自然现象的再现，那么如何表达不可见的抽象概念？范畴理论启发了语言学者从认知心理学的视角研究古老的语言修辞，以兰盖克(Ronald Langacker)为首的圣地亚哥学派和以莱考夫(George Lakoff)为首的伯克利学派是认知语言学的主要阵地。由于大脑的黑匣子状态，认知科学尚无统一的隐喻理论，但基本赞同把隐喻从修辞学的辞格提升为人类的基本思维方式——帮助人们省力地理解复杂事物。因此，隐喻与认知经济性有关。

《我们赖以生存的隐喻》一书是认知语言学的标杆性成果，传统语言学中的各种修辞被置于认知科学视角。该书由莱考夫和约翰逊(Mark Johnson)合作完成，以主客观相结合的认识论和方法论，通过隐喻揭示了人们在和环境、他人互动中理解现实的概念化方式。这种“理解”(understanding)分析既关注身体本质，也关注物理文化环境，天然地契合人类学的文化阐释目的。

该书开篇指出日常生活中思考、行动和体验的概念系统本质上是隐喻性的。人们在特定环境中获得一些基本生活体验，它们构成了体验完形(experiential gestalt)及相关的萌现概念(emergent concept)，体验完形为理解新体验提供概念结构，体验完形和新体验之间的相似性导致意义迁移，新体验借此得到理解，隐喻概念(metaphorical concept)由此产生。萌现概念和隐喻概念处于不同层次，前者是基本的，后者是衍生的。隐喻本质上是通过一个相对熟悉而具体的事物理解和体验另一个相对陌生而抽象的事物，它首先是思维过程。需要区分概念隐喻和隐喻概念，萌现概念和隐喻概念区分范畴抽象层次，概念隐喻指认知映射的思维过程，概念隐喻的结果可能是语言隐喻，也可能是非语言隐喻。例如，享受了美食后，若被告知其中的肉粒是猪肉培养的蛆虫，呕吐反应是身体隐喻，“吃屎”的评价是语言隐喻。语言隐喻是修辞学的研究对象，非语言隐喻涉及声音、视觉、动作等其他载体。通过分析结构隐喻(structural metaphor)、方位隐喻(orientational metaphor)和实体隐喻(ontological metaphor 或 physical metaphor)三种隐喻形式，作者揭示了隐喻的系统性、连贯性、体验性等属性。该书发表后三十多年来，作者本人和其他学者不断修正和拓展隐喻理论，但下述基本观点仍然有效。

隐喻理论连接并夯实了修辞的认知机制。人们的生活体验有方方面面，一个方面大体构成一个体验域。体验域也称认知域，是概念化过程中形成的内在、连贯而凝聚的生活体验范围，语义描写在该范围内进行(钟书能，2012)。隐喻把不同但有某种体验相似的两种事物相关联(correlation)，从旧体验完形到新体验的意义转移过程叫映射(mapping)。认知映射发生在两个体验域，具体概念是始源域(source domain)，抽象概念是目标域(target domain)，修辞学称两者为喻体(vehicle)和本体(tenor)，从始源域向目标域的映射产生一个合成空间

(blended space)，修辞学称为喻底(grounding)。两个概念间的相似性不一定依赖客观物理特性，而是认知的结果。蛆虫在认知上一般和腐败有关，常规食物很少引发呕吐，猪肉培养的蛆虫打破了常规食物分类，且关联腐败。一个事物有多种属性，凸显一些属性和遮蔽其他属性(highlight and hide)在映射过程中同时进行，旧体验的哪种属性成为喻体或者新体验的哪种属性成为本体，都取决于文化常规。例如，笔者的母亲认为其子女都有生存优势，春天出生的孩子食物丰富，夏天出生的孩子可以克服热浪，冬天出生的孩子一定意志坚强。这些解释似乎牵强附会，背后的文化常规是母爱和祝福。凸显和遮蔽属性的观点与皮尔斯关于符号的载体、对象、阐释等元素间关系的讨论异曲同工。莱考夫认为隐喻理论同样适用于转喻，两者本质上都是基于体验关联(experiential correlation)的概念映射关系，都是通过熟悉的范畴或语言形式来理解新体验，差异在于关联的性质，隐喻基于体验相似(experiential similarity)，转喻基于体验同现(experiential occurrence)，凸显的信息激活并代替共现的其他信息(Lakoff & Turner, 1989：103)。隐喻是两个体验域之间的映射，转喻是同一个体验域内部有物理或因果联系的两个范畴之间的映射。

隐喻和文化密切相关的观点贯穿该书。现实体验是莱考夫论述的逻辑起点，基于不同社会现实的文化具有不同的隐喻概念系统。某文化最根本的价值与该文化最根本概念的隐喻结构一致，一个有冲突价值的文化会产生冲突的隐喻。每个文化有常规隐喻(conventionalized metaphor)，各种仪式就是典型的常规隐喻，以现实生活中的物品代表抽象价值观，仪式中的转喻和隐喻形成了连贯而结构化的体验完形，没有仪式就没有文化。文化隐喻可解释萨林斯所说的历史再生产，是历史发展动力。隐喻根植于特定社会现实，也创造社会现实，在一定程度上是自我实现的寓言。引进异文化隐喻能改变本土文化的概念系统以及基于该概念系统的感知、行动和体验，西方“时间就是金钱”的隐喻深刻改变其他文化，接受该隐喻后，人们就真实地感到时间紧迫，并采取提高效率的行动。

这种真实不是客观真实，而是一种文化真实和体验真实，并真实地创造现实。同理，星空本是混沌一片，但带着地面的各种完形感知体验，人们可以从中看出野兽和建筑，但其风格和意义因文化而异。

莱考夫信奉体验主义(experientialism)哲学，与传统的客观主义、主观主义相对照。他在最后一章批评了客观主义、主观主义的对立，两者在各自的乌托邦宣称自身对现实的理解是真理，前者忽视人的感觉、直觉和价值等体验，后者忽视外部环境和限制，唯有体验主义能填补这个鸿沟。隐喻统一了理性和想象，前者包括范畴化、蕴含和推理，后者涉及通过一物理解另一物。因此，隐喻是想象的理性，人们以此为工具部分地理解整体上无法理解的事物，包括感情、美感、道德实践和精神意识等。如果新体验和旧体验完形完全关联，就以萌现概念理解；如果部分关联，就以隐喻概念理解。例如，红色、圆锥形、有蒂和黑点的是草莓，或者草莓形储物罐。隐喻是一种理解工具，隐喻真理同时基于客观现实和个体体验，没见过草莓的人无法理解草莓形储物罐。

隐喻理论融会贯通了多学科，从一个传统语言学话题中深挖出普遍认知机制和文化特殊性。隐喻的相似性关联和转喻的共现关联与罗曼·雅各布森(Roman Jakobson)提出的隐喻相似性原则和转喻邻近性原则一脉相承，后者受到索绪尔的聚合关系和组合关系的启发(Bredin, 1984)。生活环境中反复出现的具体现实产生了概念系统，一些概念由于线性搭配形成组合关系，另一些概念由于意义相似具有聚合关系。心理学的具体范畴和抽象范畴启发了萌现概念和隐喻概念，体验完形对应完形感知，映射对应投射。浸润在隐喻概念系统中的体验者并非被动文化消费者，他们以到此一游的形式创造新隐喻，从而创造新文化。隐喻的文化基础以及文化的隐喻建构，文化、亚文化和个体之间的差异显示了作者对文化的精细理解。体感现实主义、体验主义、建构主义都与皮尔斯式主客观相结合的实用主义非常相似，这些哲学都试图弥合客观主义和主观主义之传统二分论鸿沟，是 20 世纪社会科学理论综合化的背景。从结构主义到建构主义的演变体现了人的价值，人们以体验结构的方式重新建构了结构，我为结构而变和结构因我而变。尽管学者们对传统语言学中的不同修辞涉及的认知机制看法各异，但他们总体上赞成符号、思维、文化、历史之间息息相关，修辞是理解文化差异的一把钥匙。

范畴理论和隐喻理论从各自视角解释了理解世界的方式。范畴分为具体范畴和抽象范畴，具体范畴是语言对人类感知有形可见物的再现，萌现概念由此形成；抽象范畴是语言对人类感知无形不可见物的表达，隐喻概念由此产生。隐喻首先是思维问题，修辞是隐喻的语言表现。隐喻的本质是一种范畴关系，始源域/目标域，喻体/本体、始发模型/目标模型(source model/target model)等二元概念大体对应具体范畴和抽象范畴。每个概念都属于某个语义网络，语义描写受其影响。一个语义网络包含纵向和横向的信息转移，前者形成上、下位概念的包含关系，后者形成隐喻概念间的关系(黄华新，2020)。语义网络的层次之分与概念域的抽象程度有关，始源域和目标域的区分与此有关。根据抽象程度，基本认知域是人类无法再被简化的基本体验，如时间域和空间域，抽象认知域是以基本认知域为参照形成的复杂概念层次网络系统，也称百科知识(李冀宏，杨玉娟，2008)。根据始源域和目标域涉及的感官特点，隐喻或转喻可分为单模态和多模态，前者主要涉及语言，后者涉及两种及以上感官表达形象生动意义的非语言媒介(黄洁，2012)。认知语言学者发现了抽象范畴概念化的如下三个途径(Ungerer & Schmid，1996：127)。

1. 基本范畴为上位范畴和事件范畴提供显著属性，这些显著属性是抽象范畴的详细属性结构的始发模型。

2. 物体、有机体和人的一般分类也是始发模型，这三大类关于世界的看法促进了抽象范畴的认知处理和调整。

3. 基本图形图示被用于抽象范畴的空间概念化。

鉴于本书主题并非认知语言学研究，而是以隐喻理论解释动物的符号意义，后续相关讨论并不严格区分隐喻和转喻。① 认知语言学的目标

---

① 隐喻和转喻的区别和联系参见 Rene Dirven & Ralf Pörings(2003)。

域/始源域大体对应修辞学的本体/喻体，但认知语言学强调两个体验域的联系，修辞学强调两个范畴的联系，后文将视具体情境使用这两组概念。

第三节 符号中的多模态隐喻

隐喻理论为符号学提供了兼具科学、人文特色的阐释框架。结构符号学认为符号是约定俗成的能指、所指结合体，逻辑符号学认为使用者可将该结合体转化为另一个符号的能指，后者和新的所指结合体导致意义转移，这就是符号的隐喻化(陆国君，2007)。换言之，单个符号的意义受符号结构的限定，但使用者可借助现有符号意指新的所指，旧的符号系统被不断形成的新符号扩容，新符号即隐喻，相当于逻辑符号学的象征。隐喻首先是思维，基于具体范畴和抽象范畴的映射关系，符号是通过具体某物表达抽象概念的载体。换句话说，隐喻是认知过程，符号是产生的结果，是通过相对可见、可感、可听、可闻的具象表达相对不可见、不可感、不可听、不可闻的抽象。如果把隐喻视作思维方式，而不仅限于语言形式，那么隐喻也包括图画、动作、声音等非语言载体的隐喻——多模态隐喻。在隐喻视角下，两种符号学关于 sign/symbol 的区分就不再重要，映射性质之分和模态区分就可以解释能指/所指、象征和对象的联系。以"高兴"为例，笑脸是视觉像似符，放松的身体是视觉指示符，欢声笑语是听觉指示符，红装是视觉象征。研究者的任务是要识别出隐喻的本体、喻体和喻底，还要识别出一个本体的多个喻体以及喻体间关系的性质。隐喻思维根植于特定社会文化，不同文化的常规隐喻不同，内部人无需费力就能理解其意义。

一、多感官产生的多模态隐喻

多模态弥补了修辞学只考察语言的缺陷，基于视觉、听觉、嗅觉、味觉、触觉等多感官的符号活动可统一于隐喻。仪式需要参与者全身心地沉浸，修辞学无法解释其中同时出现的言语、文字、图像、舞蹈、音乐等行为。在隐喻视角下，多感官协调涉及了多模态，由此产生涂尔干意义的情感密度或特纳意义的共融。以听觉隐喻为例，即使是音乐盲也能识别出葬礼音乐，因为其低沉声音、缓慢节奏与人的悲伤哭泣、低落情绪类似，它们可能有某种共同的生理反应。人们看到秋风扫落叶景象难免生出“草木一秋，人生一世”的感叹，这是视觉隐喻。从映射关系看，像似符基于相似(形、音、数、感等)，指示符基于因果或相关，两者都可抽象为“神似”的象征，“得意忘形”是从具体到抽象的必然结果。所以，基于感官的形似、音近、数同、相关、感通、共现等都可以产生隐喻。戈登威泽认为图腾只是地方情景下以具有情感价值的符号为中心的相互联系的有机整体，群体、亲属关系、文化等和该符号具有某种联系(Goldenweiser，1910)。戈登威泽并未解释不同社会单位如何与图腾发生联系，当时的联系心理学无法解释，隐喻理论提供了解答。符号和对象之间的联系点可能遗落在载体链中，连内部人都不明其意。范畴的模糊性、等级性和关系性等特点是产生联系的认知机制，其联系的性质由于范畴关系网络的发散性而难以捉摸，必须借助先人的帮助才能定位联系的性质。表 2.3 列举了一些古典民族志中的符号及其意义。

表 2.3　民族志中各种符号的释义①

群　体	符号联系点	符　号	对　象
因纽特人	相同时间	夏季动物	夏季出生的人
澳洲土著	食物竞争关系	老鹰和乌鸦	老鹰部落和乌鸦部落
非洲塔伦西人	可怕而危险	蛇(两栖)	生死两界的祖先
非洲努尔人	相同空间	星体、鸟、风等	神
新几内亚岛民	类似声音	巫觋发出风雨雷电声	下雨

① 民族志按栏的顺序. 布朗(1999：141)；Radcliffe-Brown(1951)；Fortes(1945：141-142)；Evans-Pritchard(1956：3)；Malinowski(1948：54，258)。

上述民族志中的符号联系点各种各样，都符合隐喻机制。群体由音容笑貌不同的具体个体组成，夏天出生和冬天出生的群体更抽象，相同季节是因纽特人划分群体的联系点。当某个夏季动物成为某个群体的符号，该群体可能被认为附生了该夏季动物的某些属性。试想如果北极地区季节分明，这个符号关系可能就不一样，本体的显著属性制约了喻体的选择，喻体也制约本体的意义。老鹰和乌鸦在澳洲常见，乌鸦伺机抢夺老鹰捕食的活物，老鹰部落和乌鸦部落经常因争夺食物发生冲突。两种鸟和两部落都存在食物竞争关系，部落冲突的根源是食物匮乏，与鸟名的关系原本牵强。但是，一旦部落以鸟命名，鸟就借助和部落的隐喻联系被人类化，所谓的鸟图腾就会产生，联系点是相似的食物竞争关系。没有得到善待的祖先会惩罚子孙，蛇能置人于死地，鉴于祖先和蛇都能加害人的相似，蛇就成了塔伦西人祖先的符号。天神高高在上，这几乎是普遍文化要素，地理邻近或共现关系联系了天神和天空的动物。中国人祖先墓地的长青植物象征生命永恒，长青植物也是西方圣诞节符号。新几内亚岛上的巫觋通过语音模仿自然界声音，马氏认为这些声音与声音源等同，这实际上是听觉隐喻，喻体是巫觋的语音，本体是自然界的声音，类似声音产生映射。表 2.3 中，符号是自然界可听、可见的实体，对象是表达群体身份或信仰的抽象概念。上述联系点的性质总体上是基于比较产生的各种关联，包括生存空间、生活时间、关系的性质、听觉形象、生命意义等。符号联系点兼具主观性和客观性，与其说是视觉上的，毋宁说是感知上的，因而是现象学相似，这正是范畴关系网络的影响。

隐喻涉及两个同中有异的范畴，同中有异与范畴的边界模糊性、等级性、关系性和网络性等特点有关。事物在自然界客观存在，但人们感知到的事物属性不尽相同，不同属性产生了不同符号联系点。以中国文化中的“蛇”为例，进入家宅的蛇是祖先，（笔者家乡的风俗）关在铁笼中的蛇是美食，出没丛林的蛇是危险，以祖先、美食、危险为中心的词语构成完全不同的范畴关系网络。由于范畴关系网络通过表征具体情境的感知、信念和情感为人们提供认知模式或框架，不同文化和不同个体的范畴关系网络也不同。联系点会借助 AB、BC、CD、DE 等历史联系形成 AE 联系，也会形成以 A 为中心，B、C、D、E 在外围的网络，相连的任何两点都有可能形成隐喻。还有一些常见符号，其符号联系点均与隐喻或转喻有关，见表 2.4。

表 2.4　不同文化的常见符号

群　体	符　号	对　象	联系点
古埃及	鹰眼	鹰神	部分与整体
道教	太极图	阴阳	相似的动态平衡
犹太人	石榴	生殖力	相似功能
祖宗崇拜	祖宗牌位	祖先	血缘
玛雅人	美洲豹的爪子	美洲豹神	部分与整体
基督教	圣杯	赐予幸福	物品与使用者

现代社会常见各种动物隐喻，其认知机制与上述文化符号相同。例如，自 20 世纪 70 年代以来，驴象之争一直是美国两党政治的标志，由于历史较短，两种动物作为美国政治隐喻的产生、传播和被接受的过程形成了一个有据可查的载体链。华为公司芯片产品的命名方式也类似，巴龙、麒麟、鲲鹏、天罡序列都采用了上古神兽的名字。芯片如同大脑，具有活性，动物比植物更可能成为符号，第一款芯片以动物命名，其他芯片命名方式就必须遵循动物物种差异的符号逻辑。这些动物隐喻产生了多种动物符号，产生它们的心理机制也适用于各种神兽，动物只不过是表达抽象概念的思维工具。

隐喻理论一定程度上为古典心理学派的联系心理学部分地平反。联系心理学的认知基础就是范畴联通或范畴关系网络，这是不同学科对同一现象的不同概念化。普里查德批评古典唯理论假设原始人把观念联系

(ideal connexions)当成真实联系(real connexions)，而他们在其他活动中并不混淆两者，因此所谓的联系只能是社会的，而不是心理的(Evans-Pritchard, 1965：29)。依认知心理学看，人的体验真实是相对的、情景化的。联系论的本质是思维、语言和文化的联系，语言既具有思维基础，也是现实的再现形式。弗雷泽根据相似律或接触律区分了模仿巫术和接触巫术，该区分至今仍有重要意义。列维(1991：90-91)这样评价联系论：

> 联系论的突出优点在于勾勒了基本逻辑(elementary logic)的外貌，基本逻辑是所有思维的最小公分母(the least common denominator)，其唯一缺陷在于没有意识到联系论是一种体现心智结构的原始逻辑，而不是环境行动在无规则意识上的惰性产品。对立和相关、包含和排斥、和谐和冲突等二元关系解释了联系论，而不是相反。人类学者不仅要进行民族志归纳，还要从联系论中看到语言规律，甚至思维规律。

作为人类学各流派的共同词汇，符号联系了语言、心智和文化。对于这个古老命题，同时代的伯格森(Henri Bergson)和涂尔干持相反观点：涂尔干认为基本思维范畴源于社会秩序，伯格森认为类别范畴和对立观念能理解当下数据，并被用于形成中的社会秩序(转引自 Levi-Strauss, 1991：97)。同时期大西洋彼岸的美国哲学家和心理学家米德(Mead, 1934：42-43)提出了心智、自我和社会的理论，他描述了个体心智和自我产生的社会过程，心智产生于社会过程中使用有意义象征的人际交流，交流包括手势对话和语言，只能在交流过程中理解心智。列维主要关注心智和文化的关系，心智主要表现为人的分类倾向，即心理学的范畴化，文化表现为神话、婚姻规则、图腾等，心智与文化同构(homology)，他的观点貌似避免了伯格森和涂尔干关于心智和文化的优先性问题，但《图腾制度》明显偏向了心智。道格拉斯(Douglas, 1966：

70)注意到现代人和原始人使用符号的方式不同，后者把同一个符号用于不同领域，相同的符号创造了意义一致的宇宙，现代人的体验是碎片化的，我们的仪式创造了许多互不联系的小世界。该差异与知识分科程度有关，现代社会知识体系内各学科有其独特词汇和语法，新、旧词汇随着社会和科技发展而不断产生或消亡。认知科学研究揭示了广泛支持语言、心智和文化之间的三个认知机制——基本层次范畴、镜像神经元(mirror neuron)和联合注意体系(joint-attention schemes)，这些机制阐述了一种体感社会性(embodied sociality)(McVeigh，2016)。实用主义、体验主义、体感社会性、体感现实主义等不同学科的概念都强调了个体感知和具体时空情景对符号意义的影响，语言、心智和文化在人类历史中持续互动。

必须把隐喻和符号置于历史中。基本隐喻(primary metaphor)是人类体验的基本维度之间的密切相关产生的隐喻，在复杂认知的构成基础中扮演了关键角色(Grady，1997)。还有学者称其为根隐喻，这是隐喻性名称。根隐喻影响集体生活，一代人、组织、共同体、民族、大陆或全世界可能会被所谓的时代精神(Zeitgeist)左右，从而表现出特定的视角、观念、情感、态度或实践(Yamamoto，2007)。一个民族直面鸿蒙时建构的关于体验世界的最根本假设是基本隐喻，涵盖时间、空间、创世、亲属关系、死亡等基本命题。例如，宇宙蛋和浑天说是关于宇宙观的基本隐喻，本体是鸡蛋，喻体是创世过程，喻底是生命繁衍。新知始于隐喻，隐喻新知可能会沉淀为基本词汇——死隐喻。当目标域变得司空见惯，或者曾经熟悉的经验域已经消失，都可导致死隐喻。(孟宏党，2009)

二、隐喻视角下神秘领域的符号化

符号是地方知识体系的要素，神兽是与某个对象有关的知识载体。如前所述，孔德认为人类社会始于神学阶段，终于实证阶段，每个阶段都有对应知识体系。分类是知识的起点，分类产生范畴，范畴间的关系产生规则，一个被分类的世界由不同规则支配，秩序井然。从分类系统看，一些领域能被整齐有序地范畴化和科学化，相关知识可反复应用，另一些领域尚无规则可循，对情感认知平衡构成威胁，它促使人们去探索、理解和疏解。图腾研究中的超人类、超自然、超体验等概念都与神秘领域有关，与实证领域相对。西方古典人类学者发现每个文化都有神秘领域，如波利尼西亚人的 taboo，美拉尼西亚人的 mana，北美印第安人的 totem、wakan 和 orenda，毛利人的 hau，北非阿拉伯人的 baraka，中国文化的精、气、神、道，等等。无论是实证关系或神秘关系，解释本身能带来情感认知平衡，但解释的手段可能相异。孔德承认原始社会也有实证科学，如天文学和数学，他的观点可以归纳为“知识改变社会”。社会学派把社会生活分为神圣、世俗，图腾的本质是把社会神圣化，马氏发现新几内亚岛民在这两个领域灵活地应用不同知识，道格拉斯认为这两个领域并非泾渭分明，神圣具有模糊性，特纳的阈限理论支持神圣的模糊性。上述观点必须置于知识史中理解，相对神圣的对象可能流俗于时间中，涂尔干忧虑的西方社会神圣性已经减少。每个民族的生活环境特性赋予了知识差异，原始人在某个领域可能拥有完备的实证知识，实证领域和神秘领域的边界也不断变化。例如，密林产生树神的同时也产生精细的植物分类学，洪水产生河神的同时也产生水利技术。若以西方知识体系判断非西方知识体系，后者可能是神秘的、非科学的，反之亦然。

隐喻联通了神秘领域和实证领域。词与物的整齐分类是结构主义，但有些事物处于结构外，需要借助感知和想象来辨认和理解，结构外与结构内的界限借此被打破。事物在某文化中的整齐分类尚且困难，异文化的分类系统更难以理解。中国文化的动物分类令福柯（Michel Foucault）莞尔，他从中看出中国思想的奇异魅力和西方思想的局限性，并着手研究西方知识的形成规则。福柯（2001：1-3）发现，17 世纪前的西方文化通过契合、仿效、类推、交感四种形式的相似性（resemblance）建构知识，宇宙知识的形成和再现都借助了天地相似性，星空中的动物是基于天地相似性产生的象征。与福柯同时代的利科(Ricœur, 2003: 157-174)也关注相似性，基于修辞学的替代理论和雅各布森的隐喻、转喻理论，他提出替代和相似性是不可分割的语言过程，两者一起解释隐喻。这几位学者把隐喻视作贴近现实的真理，贴近现实不仅基于客观物理现象，也结合了因时因地的主观体验，隐喻真理联通了主客二元论。

从知识史看，隐喻是科学探索不可缺少的手段。隐喻是《诗经》中的比——以此喻彼，是亚里士多德《修辞学》中的一个辞格——名字从某物到他物的转移，是文化人类学中的象征或符号——以一物意指另一物。除了修辞学，亚里士多德也是博物学创始人，两门知识有共同的旨趣——理解事物间的关系。词语把事物分门别类，事物间的分类与词语间的区别相互联系，前者形成博物学，后者形成修辞学。词语-事物的匹配是有序，难以分门别类的事物被纳入无序，民俗和神话中的奇异均与秩序之外或秩序之前有关，唯有隐喻能解释。因为神兽不符合当地动物分类，所以也称为异兽或怪物。词语秩序和事物秩序随知识积累而演变，古代中国的博物学承自史前，《山海经》中的各种异兽与词语-事物之间的时空距离有关。即使自然科学也离不开隐喻概念，电脑、上帝粒子(god particle)、机器人等概念都是隐喻性的。以上帝粒子为例，这种隐喻概念说明粒子物理学的初期阶段，一旦研究者实证释它与物质结构、宇宙起源的关系，希子(Higgs boson)就取而代之。库恩(Thomas Kuhn)认为科学发展是具有隐喻特征的过程，任何自然科学都只能建立在隐喻基础上的语言世界(李醒民，2004)。库恩提出的范式革命实际上是概念体系之变，隐喻概念是抽象概念的助产士。从知识史看，科学的成熟标志是隐喻描述走向模型描述，但隐喻描述不会被取代，它是科学纵深发展的必经之途(谢爱华，2005)。古典图腾论混淆了动植物的字面意义和隐喻意义，后者可能只是神秘力量的喻体。神秘力量是科学暂时难以解释的因素，即《系辞上》中的“阴阳不测之谓神”，一旦人们能解释其中的确切关系，祛魅就发生了，神秘和实证的边界就必须变动。韦伯意义上的“祛魅”同样是边界问题，而不是有无问题，神秘领域和实证领域的边界变动构成了各民族的知识史，知识史就是一部祛魅史。所以，神秘力量是相对抽象，暂时用隐喻概念记录，一旦高级科学仪器能具体化，诸如血肉关系之类的隐喻概念就会被可视化的基因模型代替。

隐喻概念既契合也强化神秘领域的模糊性。神秘领域激起的敬畏、恐惧等感觉就是神秘感，但人类学者关于神秘感的缘由并无共识，穆勒的自然主义论、马雷特的情感优先论、涂尔干的集体情感升腾论等分别指向了天象、压力宣泄和集体仪式。相应地，关于神圣的主体也难有共识。如前所述，相关观点有：场所神圣性、人的神圣性、范畴神圣性、象征对象的神圣性等，具备神圣性的主体都落入神秘领域。以中国文化为例，墓地、祭祀者、孝道、祖先牌位等均有神圣性。产生隐喻的体验关联原则可解决上述争议，地点、人、对象、范畴等要么体验同现，要么体验相似，都属于一个体验域，可谓触类旁通。探索知识的过程不可能靠个人英雄主义，知识成果是集体的、大众敬仰的。神秘力量具有多种属性，可能产生多个喻体。此外，同一个喻体也会与不同本体产生映射，毕竟身边熟悉的具体范畴有限。所以，隐喻概念的模糊性导致神圣性的模糊，每个民族的知识史同时包括神圣性的减少和分类系统的精确化。

基于两种符号学和认知心理学视角下的隐喻研究，可以得出如下结论：

某神兽是先民对神秘领域中某神秘力量的符号化，可能形成像似符、指示符和象征的符号聚合，其符号意义在知识史中越来越丰满，它和该领域中其他神秘力量的符号形成组合关系，与之相关的场所、物体、人和抽象概念都有神秘性，且构成重要文化要素。

同理，隐喻视角下的象征可定义为表达抽象概念的载体，它可以是兽类、植物、颜色、气味、事件、词语、手势、图画、声音、举止及其他人造物等。

该定义有两个特点。第一，象征能力是人类区别于兽类的独特抽象思维方式；第二，象征是抽象思维的逻辑起点，对象的意义是符号的历史形式，象征和对象之间有某种联系。

小　结

认知科学支持了两种符号学的部分观点，并且对本书具有方法论意义。两种符号学都试图揭示语言、思维和文化的关系，结构符号学更重视抽象的结构关系，逻辑符号学更注重象征意义在人际互动过程中的历史和个体因素。结构主义符号学试图建立以符号学为公分母的人文社会科学，言语、图画、声音、动作等都属于符号学研究范围，符号意义取决于所属结构，符号的共时结构关系是研究重点。象征在结构主义符号学中是边缘概念，因为索绪尔认为象征-被象征物的关系是非任意的，需要历史分析。逻辑符号学也想一统人文社会科学，符号三元论几乎能涵盖生活体验的所有感知，象征的专属特点在于更高的抽象程度。逻辑符号学比结构符号学具有更开阔视野，既考虑了符号与符号间的结构关系，也考虑单个符号的历史意义。

现代认知心理学的范畴理论和隐喻理论支持了两种符号学的部分观点。范畴关系网络理论证明了结构符号学中的组合关系和聚合关系，这两种关系构成了符号系统。同时，逻辑符号学赋予了组合关系和聚合关系的历史特点，像似符、指示符和象征的抽象程度递增，象征从像似符和指示符发展而来。范畴理论、隐喻、象征联系等概念承认了认识世界的现象学特点，并且从方法论上避免了客观/主观、唯心/唯物、实证主义/人文主义等二元对立，这契合了逻辑符号学的认识论和方法论。隐喻理论打通了语言学、符号学、心理学和人类学的边界，通过语言、心智和文化的互动来理解符号意义的复杂、模糊甚至矛盾。文化或多或少地涉及信仰、知识和仪式，这些内容都以符号呈现、内化和延续，所以，符号的心理机制是阐释动物符号的钥匙。穆勒经常并列使用语言、文化和自然崇拜，但限于当时的心理学发展，他不可能知道三者间的联系机制。隐喻理论能回答该问题，人天生就具备感知自然的生理属性，所有范畴都是人们和自然互动的结果，范畴有层次区分，萌现概念和隐喻概念对应不同的生活感知，萌现概念主要与实证领域有关，神秘领域主要采用隐喻概念。在无字时代，人们认识世界和传递知识的途径只有言语、图画、声音、动作等非文字形式，文字产生过程就是人类心智和社会历史的成长过程，由简单到复杂，由具体到抽象。

第三章　原始农耕文明的知识体系：龙所属的体验域

知识赋权是现代社会的常见特征，原始社会同样如此。知识源于生活，改变生活，并天然地赋权拥有者。现代知识分子可大致分为两类，知道为什么的人(know why)拥有目的性知识，为权力正当性提供阐释；知道如何做的人(know how)掌握实用专业技术，解决生活中的实际问题(Szelenyi，1982)。这种划分并不适合原始社会，因为社会分工相对简单，首领是为数不多的知识分子。基于市民社会知识分子的角色，葛兰西(Gramsci，1971：12)提出文化领导权——知识分子作为支配群体的代理人行使社会领导权和政治政府的功能。考古发现和文献表明，夏、商、周(简称三代)的王都集神权和俗权于一身，“国之大事在祀与戎”也适用于后来的君主专制社会，知识分子与统治者关系密切。集权也是古埃及、两河流域和地中海沿岸古文明的常态，合格的法老或国王必须掌握很多知识，他们也是祭司和将领。知识服务生计，星象学是农耕文明的知识基础。农业考古表明，约10000年前，黄河中游出现了栽培粟作(粟类，含黍)，长江中下游出现了栽培稻作，两种农业在约9000年前分别扩散，并在各地陆续相遇，形成稻粟混作(李小强，2022)。农业扩散和人口扩散同步发生，更好的生计驱使首领进行跨部落、跨地域交流，知识和权力相互补益。

第一节 服务生计的原始知识体系

星象学是原始社会知识体系的重要部分。时间和空间是人类的基本生存条件，两者统一于天体运动，星光不进的山洞、密室、海底难以产生时空概念。根据天象规律计算时间和空间划分是最早的知识，时间计算即历法，包括年季月日时等，空间划分相对简单，四方四隅、上中下、水陆空等一目了然，星象学、数学、物理学等便萌生了。靠天生活是原始社会的基本事实，日月升沉事关人类作息，季节更替事关作物丰歉，由此可产生时间、空间、因果等基本范畴。宇宙观即时空观，“四方上下曰宇，往古今来曰宙”(《尸子》)。西语中的“cosmos”(宇宙)源于希腊语“kosmos”，意指秩序，与“chaos”(混沌)相对。可见，因为时间与空间是秩序的基本要素，中西方古文明关于宇宙观的理解异曲同工。中国古代先后产生了盖天说、浑天说、宣夜说，盖天说也称天圆地方说，假设半球形天盖在方形大地，天极不动，众星绕极(真天极)运动。星空浩瀚，人类肉眼可见、影响生活规律的星体最先成为观测对象，如日月五星(七曜)、大火(心宿二，天蝎座 α)、参宿(猎户座腰带三星)、北斗、天狼星(大犬座 α 星 A)等。四大古文明有动物神、植物神、山川湖海等自然神和抽象概念神、星体神，星体在空间上更高，地位往往也更高。现代人划分了两个星空知识领域，神秘力量构成星象学，实证知识构成天文学，原始社会既不可能也无必要区分彼此。哥白尼被公认为现代天文学之父，但该头衔难以掩盖其神学教育背景、担任过弗龙堡大教堂教士、精通星象学等事实(吴国盛，2021)。就本书而言，原始天文学与星象学是同义词。

从地域邻近利于文化交流的视角看，四大古文明的星象学可大致分为印度河谷-中国体系和两河流域-地中海沿岸体系。印度河谷和中国的星象学都有二十八星宿体系，两河流域和古埃及都有十二星座体系，两个体系都包含历法、神话、生活安排、祭祀等基本要素。两河流域对西方文化的影响众所周知，尤其体现在创世、大洪水、冥界等神话要素中。

原始星象学黏合神权和俗权。密林、高山、大海、死亡、猛兽等都是神秘力量，但是，天象是无与伦比的神秘力量，且不同程度地影响其他神秘力量。四大古文明基本是毗邻江河的农耕社会，这影响了知识分子的权力特征和知识的生成特点。农耕社会至少需要气象、季节、耕作、自然灾害等知识，它们大多与天文观测有关。好的历法能提高农业收成、改善生活、增加财富，历法是最重要的公共产品，相关知识分子被赋权。古埃及法老和两河流域的国王都是太阳神的代理人，其天神系统和星象学严丝合缝。古印度吠陀教有庞大的天神系统，日月星辰、雷雨闪电等自然现象都被神祇化，婆罗门阶层精通星象学。中国古老的星象学和数学著作《周髀》开篇声明“知地者智，知天者圣”，可见圣人的知识基础是天文。根据《系辞上》，圣人能根据天象“见吉凶”，并“象之”，能判断自然规律并采取行动。圣人也是首领或君王的尊称，其中可见星象学赋权。关于神权和俗权的统一，李泽厚(2008)以“巫君合一”概括远古到殷周的中华文明，弗雷泽(1996)以“人神”概括包括古埃及、古希腊、古巴比伦等古文明。所以，原始农耕文明中神权和俗权统一的基础是星象学。

地理环境差异导致历法差异。地理环境包括气候、地形、地貌、水文、植被、矿藏布等自然地理，也包括疆域、族群、人口、经济、生业方式等人文地理，历法与之相关。苏美尔天文学成就举世公认，阴阳历、时间计算的60进位制和星体崇拜属于一个知识体系。古埃及文明中指导金字塔建造的理念是以天狼星、太阳为核心的星象学和有来生的死亡观，该理念在付诸现实的过程中催生了寻星历、天狼历、几何、艺术、建筑学和医学等成果。印度河谷文明的星象学同样发达，日月星辰、雷雨闪电等自然现象都神祇化了，古印度最早的数学文献《绳法经》中的数学问题涉及祭坛设计中的几何图案和代数计算。中华文明也有星宿体系和对应的天神系统，帝王贵为天子，垄断祀天权。屈原在

《天问》中探究天地阴阳如何产生，日月星辰如何列陈，九天八柱如何相连，这些追问都有对应的神话传说，且与治乱兴衰的历史相关联。星象学赋权导致因天之序，各文明锚定的星空导致了不同的因天之序。

与因天之序相比，天人合一体现了人在结构中的能动性。穆勒提出自然现象在原始人心理激起无限感(包括吃惊、恐惧、好奇等)，理解自然力量的过程产生了范畴化、言语和文字，词根是表达类别范畴的最早语言，很少涉及具体事物，词根在用于理解自然现象的过程中不可避免地人类化，语言使用和传播过程中会遭遇扭曲和失败，这反过来增加了自然现象的神秘感。(Müller，1976)。穆勒所说的类别范畴和具体事物大体对应认知心理学的基本范畴和具体范畴，前者数量有限，后者是前者的细分。不过，涂尔干认为自然现象一般有规律，见多了就稀松平常，无限感无从产生，这种情感既缺乏客观价值，也不能满足原始人的生活需求，只是无法持久的心理幻觉(Durkheim，1964：81)。第二章已述，涂尔干主张社会关系或社会秩序才是真正的信仰对象，但是，社会关系如同东升西坠的太阳一样平常而有规律，人们如何能保持热情？历法关乎生存，人们从东升西坠的太阳及其他自然现象中提炼出包括各种基本范畴的宇宙秩序，社会秩序才能随后产生。观天者的工作词汇和成果一经产生，就可用于理解社会；反之，基于社会产生的概念也可用于理解观天。因天之序是结构论，天人合一是结构能动论。社会和信仰不一定是因果关系，可能是另外因素导致的两个结果，研究者要挖掘不同领域间联系的性质。

从知识的形成和传承看，天人合一符合认知心理学规律。关于神秘力量，泛灵论和自然主义论至少在“活性”上相通，前者强调活物的灵魂肉体二分，后者强调天象的令人震惊或恐惧。换句话说，微风、细雨、尘土很难成为信仰对象，它们既不令人恐惧，随风而动的活性则提示更复杂难懂的神秘力量。天神系统是穆勒自然主义论的理论起点和论述材料，其研究目的是找出原始印欧语的起源地和扩散路径。自然主义论暗含了两个前提。第一，自然力量的范畴化一经形成就具备社会性，随社会成员时空扩散。第二，这些范畴是词根，在被用于理解其他现象的过程中产生更多词汇。隐喻理论可修正这两个前提：抽象的自然力量必须借助身边具体事物实现范畴化，由此形成隐喻；隐喻在时空扩散过程中可能遗失本体/喻体的映射关系，语言错误与自然力量的神秘化相伴生。以春秋战国时期“两小儿辩日”为例，太阳在视觉中如“车盖”或“盘盂”，在触觉中或如“沧沧凉凉”或如“探汤”，其中可见古人理解太阳的努力。以自然主义论看，太阳借助这四种感觉产生了四个隐喻名字。实际上，太阳还有几十个名字，如金乌、白驹、羽蛇、赤龙、金轮等。现代人眼中的太阳与动物完全无关，它是热等离子体与磁场交织的核聚变球体。人们在使用和传播多个名字的过程中可能导致语言上的矛盾和失败，于是编出荒诞神话来自圆其说，穆勒之见确有合理成分。

第二节　中国原始农耕天文历法简述①

中国古代历法体现了星象学赋权。古代中国的新建王朝通过“改正朔”确立皇权的合法性，“正朔”与天象有关，但蕴含“居正道”的执政要求(刘海静，2020)。由于文字记录稀少，西汉以前的授时治历全貌难以确证，《汉书》中的古六历(黄帝、颛顼、夏、殷、周、鲁六历)仅列出六历上元甲子。历法通过星象确定时间秩序，物候历本质上源于星象变化，时间秩序影响社会秩序，播种、收成、水利、城池都需要集体行为。传说黄帝任命羲和、常仪、臾区观测日、月、星气，任命伶伦制定礼乐标准(律吕)、大挠制定干支历法(甲子)。根据《尧典》，尧命令羲仲、羲叔、和仲、和叔负责在四方测日。尧、舜、禹禅位时均把历法作为重要嘱托，任命星官观象、制历和授时是部落首领的重要职责，《尚书·胤征》记载夏帝派胤侯诛杀羲和(历法官)，因为他“罔闻知，昏迷于天象”。基于中国上古时期巫术的文献，张光直(2002b：110)

① 除非特别说明，书中古籍来自古诗文网，详见参考文献。

提出沟通天人的巫术是获得政治权威的关键，巫术是古代中华文明的起源和动力。沟通天人的前提是观天和知天，相关知识转化的实践技术就是巫术，这些过程均以首领或帝王为主体。星象学的内容是“序二十八宿，步五星日月，以纪吉凶之象”，使命是“圣王所以参政”(《汉书·艺文志》)。天有异象、天灾不断、政权危难被归因于帝王，“余一人有罪，无及万夫”(《汤诰》)的禹、汤“罪己”传说发展为后来的“罪己诏”。俗权崩溃也会导致历法混乱，幽王、厉王后的周朝式微，出现了“史不记时，君不告朔，故畴人子弟分散，或在诸夏，或在夷狄”(《史记历书》)。《左传》文公六年记载，“不告闰朔，弃时政也，何以为民”，恒公十七年记载，“天子有日官，诸侯有日御”。所以，时间秩序与社会秩序的联系就是时政，是关乎民生的时间管理，历法是政治合法性的知识基础，是王权提供的基本公共服务。

黄赤道带星象是先秦星象学主要观测区域，七曜是观察重点。斗转星移与地面生活息息相关，分类(不同星宿)、时间(昼夜和季节)、空间(太阳和月亮的东升西沉)、因果关系(太阳和昼夜)等基本范畴均可由此产生。星空的样貌与观测点有关，成为观测对象与其对特定地区基本生活的影响力有关。由于时间久远、岁差影响和文献庞杂，学术界关于历法概念、授时主星和创制民族存疑，笔者无法判断孰是孰非。尽管日月是授时主星，但阳历、阴历或阴阳合历之三分法不甚准确，中国先民也依赖北斗、参宿、大火、岁星等。本研究主题仅限于先秦星象学中的动物，根据授时星简述如下。

1. 二十八星宿四象体系。由于地球自转，多数恒星会落入地平圈下，但特定纬度的观测者在天极周围可看到一些看似永不落下的恒星——拱极星(circumpolar stars)，它们是理想的观天坐标点。最明亮、离真天极最接近的拱极星称为极星(pole star)，南北两极各一颗。北极星在黄河长江流域的上空居北方中心，居其所而众星拱之(《论语》)，肉眼看几乎静止，极具观天参照点的价值。先民把黄赤道带恒星划分为二十八个区和四组，称为二十八宿和四象，全部以动物命名，四兽或四灵意指四象。《礼记·曲礼上》中的四兽方位为：前朱鸟，后玄武，左青龙，右白虎。四象分别包含七个星宿，大体对应四季星象。二十八宿是观察七曜出入的时空定位框架，出入时间是周期，出入空间是轨迹(即躔或舍)。以日月为例，月亮每日约行经一个宿，“月躔二十八宿，轸与角属”(《吕氏春秋·圆道》)，圆缺一周为一月，一年约十二次月圆(白道)；太阳公转的回归年周期是约365天(黄道)，日躔年轨迹的分段就产生季或月，与行经的二十八宿对应。所以，二十八宿能纪日、月、年。

2. 十月太阳历。人们直接、间接地从阳光获取能量，生活福祉仰赖太阳。太阳是人类早期知识的源头，古埃及方尖碑和金字塔、苏美尔神塔、玛雅金字塔等伟大建筑都与太阳历有关。十月太阳历在中国史前可能广泛使用，目前主要遗存发现于彝族地区。彝文《天文历法史》记载的十月历可追溯至6000年前，太阳出没方位、太阳高度变化是主要历法依据，斗柄朝向和动植物变化是辅助依据(李维宝，陈久金，1990)。彝族十月太阳历也叫十兽历或虎历，每年以虎月开始，其他九月都对应一种纪月兽(李维保，1996)。十二兽纪日，虎日始，其他纪日兽是兔、龙、蛇、马、羊、猴、鸡、狗、猪、鼠、牛，每月三个周期，一年三十个生肖周(刘尧汉，1986)。《尔雅·释天》中十岁阳的两种表达源于藏缅语族和中原汉语，十岁阳对应十天干，也对应太阳历的五行——甲乙木行、丙丁火行、戊己土行、庚辛金行、壬癸水行，每行是阴阳组合(聂鸿音，黄振华，1996 & 2003)。藏缅语包括彝语，属于汉藏语系，十天干肯定与十月太阳历有关，先秦文献中的十日、十月、十位、十干等词语均与此有关，日躔的十个位置对应十个名字或月份。例如，《左传》昭公五年、七年记载：“日之数十，故有十时，亦当十位”“天有十日，人有十等”。《夏小正》描述的四种参宿星象(正月初昏参中、三月参则伏、五月参则见、八月参中则旦)符合一年为十月的太阳历，但春秋时期的作者可能误解夏朝历法或受其他历法影响，把《夏小正》改造成十二月历，由此出现星象矛盾(陈久金，1982)。《管子》描述了十月五季历，《幼官图》篇有五和、五方、三十节气等概念，正副五方组成十月，且对应阴阳五行，这些数理概念与十月历类似。《五行》篇把一年分为五季，每季72天，五声、五行、五钟、五官息息相关，天人合一。郭沫若(1982：252)据《幼官》作《玄宫图》，与后世《河图》在取数上相似。

3. 四时八节太阳历。四时即四季，八节切分四季。根据《尸子》，伏羲画八卦别八节，八卦是八节的画符。《管子》描述了四时八节历，《四时》篇中的四季与方位、星体、风气、天数、阴阳、刑德、祭祀、服色、农事、政令等息息相关，《轻重己》篇描述了八节，每节为46天，以“二立二始四至”作为八节划分的节点。《淮南子·天文训》沿袭了《管子》中的阴阳、四时、八风、刑德等概念，但每节是45天。四时八节太阳历和十月五季太阳历都有阴阳概念，季节划分不同。若进一步细分四时八节，可得大众更熟悉的二十四节气，节气名指导农时。太阳历的不足是无视月亮周期，夜空最皎洁夺目的星体也有授时意义。

4. 四时阴阳历。月相周期影响潮汐、照明和人体生物钟，周期相对短，容易计数，太阴历相对容易可得。然而，人类毕竟在阳光下生活，在月光下栖息，太阴历的价值显然比不上太阳历，农耕文明尤其需要太阳历。阳光下的人们看见自己的影子因时长短横竖地变化，人影必定催生时空观念，零碎而直观的人影测日衍生出标准而系统的圭表测日。与日影回归年周期相比，12个朔望周期少约11天，13个朔望周期多约18天，太阴历和太阳历的数理不一致。《尧典》记载了“历象日月星辰，敬授民时”，由此产生的历法是“期三百有六旬有六日，以闰月定四时成岁”。《尧典》中的授时星以日月为主，参照四仲星，366日正是回归年周期，12月相和回归年周期的不一致能通过置闰合历。但是，天文学者认为四仲星不是同期的天象，冬至昴星可能是尧时天象，鸟、大火、虚三宿是春秋时的天象(刘朝阳，2000：10-38)。所以，由于《尧典》与尧时期相隔遥远，尧时期的实际历法需要考古证据。《周髀》阴阳历的天文数理是“日行天七十六周，月行天千一十六周，及合于建星”，

“合于建星”即历元或岁首，《周历》按照冬至与平朔（即阳历冬至与阴历冬月初一）的重合为历元（曹慧奇，2022）。

5. 岁星纪年。岁星纪年法的发明者可能是黎的儿子益（噎）（庞朴，1978），中国最杰出的岁星观察者是甘德。岁星目视亮度仅次于太阳、月亮和金星，运动轨迹和太阳运行轨迹（黄道）基本相同，自汉代起也称木星。先民把岁星自西向东公转行经的星象等分为 12 个区，称为星次，约每年行经一星次，约 12 年一个周期（陈久金，1980）。岁星的实际周期是 11.86 年，每 86 年就会错位一星次。为了避免该误差，战国观天者假设了一个虚拟天体——太岁，也称岁阴或太阴，每年一个星次与岁星相反方向运行，即太岁纪年。基于语言学证据，聂鸿音和黄振华（1999 & 2003）论证了干支纪年与太岁纪年的异音同义关系，《尔雅·释天》中太岁纪年的两种表达方式分别是藏缅语和中原汉语，藏缅语的十二岁阴对应汉语的十二生肖兽或十二地支，十岁阳对应十天干。例如，2023 年是癸卯年，也是昭阳单阏年，还是兔年。近年出土的秦汉《日书》盗者篇表明，纪日十二地支对应十二禽，后者类似纪年十二生肖兽。可见，以动物纪年、月、日的历史久远。

6. 火历。大火如火般耀眼，故得名大火，是东宫龙的第五个星宿，也称龙心、心宿、龙星。火历也称六龙历，六龙是乾卦中一个回归年的六种天象（秦广忱，1991）。根据天文测算，大火在约 7000 年前的秋分偕日升，约 3500 年前的秋分偕日升，约 3000 年前的秋分偕日落，大火在三代时期具有重要天文学意义（孔庆典，2009：214-217）。古文献中与该星有关的星官是火正，如祝融、阏伯等。基于古文献，庞朴推论大火是颛顼氏、高辛氏的授时星，颛顼之孙黎是第一代火正（别号祝融），由此产生了以大火昏见为岁首的火历（庞朴，1978）。《尸子》记载，“燧人上观辰星（即大火），下察五木，以为火也”。《尚书大传》中的“燧人以火纪”明确指出燧人氏时期已经有了基于大火周期安排农事和祭祀（出火、改火），这是“岂惟惠民哉，以顺天也”（《路史》）。出火意指大火在一年中初次昏见，烧荒播种；改火意指时节变化；内火意指大火在一年中开始晨隐，秋收入仓。《左传》昭公十七年记载三代历法均有火历要素，“火出，于夏为三月，于商为四月，于周为五月，夏数得天”。由于岁差影响，大火的农时意义在传说和文献中并不一致，需辅之以天文学测算。

7. 参历。参宿灿烂超群，位于西宫虎，参七星，两肩双足三为心（《甘石星经》），中间三星就是猎户座的腰带三星。谚语“三星高照，新年来到”道明了参宿的历法意义，在秋收后的农闲与喜悦中准备过年。参宿和大火大体位于黄道两端，错时出现，前者的偕日升意味着后者的偕日落。庞朴认为参宿的出没和中天与农事不尽协调，需辅之以北斗和其他星辰为授时标记，以“初昏参中”为岁首的改良版参历（即夏历）更合乎农事（庞朴，1984）。换句话说，参宿的历法价值比较疏阔，不可能成为授时主星。十月太阳历以虎月、虎日始的历元显示了参历要素，西南少数民族的虎崇拜可能与此有关。岁差影响同样适合传说和文献中的参历农时，天文学测算和考古证据才能还原其真实性。

8. 北斗历。仅从成员星的命名看，北斗是中华文明星象学的枢纽，这与地理环境有关。在北半球大部分地区的肉眼中，天璇和天枢的连线指向天极，天玑、摇光等五星以天璇天枢连线为枢纽绕极逆时针运动。古代文献记载了九星和七星，差别在于“北斗九星，七见二隐”或“状无常，出于有道之国”（《史记·天官书》），前者在后者柄端左右增加了两星。关于这两颗星的名称，《史记·天官书》称之为招摇（矛）和天锋（盾），《晋书·天文志》称之为招摇和玄戈。由于靠近天极的位置和目视亮度，北斗的某些星在历史上曾是极星，一些文献中的极星与北斗同义（韦兵，2005）。此外，北斗处于二十八宿中的角、斗、参三宿之间的中心位置，“杓携龙角，衡殷南斗，魁枕参首”（《史记·天官书》）形成了容易识别的坐标系。所以，诗人孟浩然在海上写道：“昏见斗柄回，方知岁星改。”北斗一昼夜绕极一圈，每4分钟转1度的斗柄朝向指示夜晚时间；在固定时间和位置绕极一圈是一年，昏见（酉时）的斗柄指示四季（《鹖冠子·环流》）。基于 Stellarium 0.20.1 星空软件，知乎作者

“悟无误”(2022)提出北纬35°地区在约11000年前出现斗柄，约8000年前北斗七星全部出现，其指季的意义至今仍有效。所以，北斗在近万年以来是北半球抬头可见的时空坐标，既是星年历和星时钟，也是罗盘。北斗历独具中华文明特色，“定诸纪，皆系于斗”，“临制四乡，分阴阳，建四时，均五行，移节度”(《史记·天官书》)。若配合月亮周期，十二等分就是十二月建。《淮南子·时则训》以招摇为参照，详细描述了十二月、十二辰、星象、方位之间的关系(见表3.1)。

表3.1　四季、十二辰和星象的对应关系

季节	招摇指	昏旦天象	方位
孟春	寅	昏参中，旦尾中	东
仲春	卯	昏弧中，旦建星中	东
季春	辰	昏七星中，旦牵牛中	东
孟夏	巳	昏翼中，旦婺女中	南
仲夏	午	昏亢中，旦危中	南
季夏	未	昏心中，旦奎中	南
孟秋	申	昏斗中，旦毕中	西
仲秋	酉	昏牵牛中，旦觜嶲中	西
季秋	戌	昏虚中，旦柳中	西
孟冬	亥	昏危中，旦七星中	北
仲冬	子	昏东壁中，旦轸中	北
季冬	丑	昏娄中，旦氐中	北

9. 三正。既然时间秩序关乎社会秩序，改朝换代的新统治者必须确立新的时政——改正朔。三正是春秋战国时期对三代历法的总称，汉唐文献中的三正以正月建寅、建丑、建子区分(《公卿以下冕服议》)。《夏小正》是最早的传世文字历法，星象、物候、农事、祭祀等相互关联。

基于殷王武丁卜辞中的五次月食，冯时推断殷正并非汉代传的建丑，而是夏历的九至十月，彼时的大火偕日升是理想的秋分授时标志，大体相当于建亥(冯时，1990)。甲骨卜辞(合 37986)记录了完整的干支搭配，以干支记录占卜的日期。例如，“乙巳”意指乙日巳时。郭沫若(1976：第 2 章)认为殷历以干支记日，太阴记月，太阳记年，用闰月调整阴阳合历，一日分 12 地支、一月分大小 30 天或 29 天、年分平闰 12 或 13 个月，干支 60 年一个周期。基于殷商祈年祭卜辞，冯时(1993)认为殷历只有冬春二时，农业周期(播种、收获)与历年周期(冬、春)同步，卜辞中的十二月和十三月相当于夏历的八月和九月——收获季节，此后是殷历岁首——夏历的九至十月。综观卜辞内容，要么祭祀先王和自然神，要么卜问作物丰歉，最终目的统一为祈求先王和自然神保佑丰收。殷历证明了知识服务生计的价值，日、月、大火、木、斗等都是授时星。张闻玉(1995)认为西周沿用了建丑为正的殷历，唯有殷历才能解释《豳风·七月》《夏小正》和《月令》等篇，所谓的“周正”不准确。现代中国同时使用公历、二十四节气(太阳历)和农历(阴阳历)，周朝可能采用周历，殷商遗民沿用殷历。春秋战国时期礼崩乐坏，诸侯争霸也体现在历法分歧，各国岁首不同，历法官也不同，如鲁国梓慎，晋国卜偃，郑国摆灶，宋国子韦，齐国甘德，楚国唐昧，赵国尹皋，魏国石申夫等“皆掌着天文，各论图验”(《晋书·天文志》)。

以上先秦历法有如下特点。第一，以动物划分天区星象，以动物表达历法。在书同文前的漫长岁月，星象的符号或语言可能不同，历法也不同，满天星斗的字面和隐喻意义都成立。动物历法体现了天象、物候、政治、农事和祭祀等的紧密联系，联系的机制是基于动物形象和星宿的认知映射。天人合一既扎根于自然，也扎根于隐喻思维。第二，历法服务生业，是部落知识分子提供的基本公共产品。天象绝不是仅仅导致心理上的无限感，也绝不是毫无社会功能，而是文明之根和史前大科学。第三，十二、十三、十、八、五、四是理解原始历法的天文数理，相应的历法可能有竞争关系。在天文学者证明十月太阳历前，一年四季十二个月对于汉族几乎是常识，四季八节历尚可理解，但一年五季十月只见于羌、彝、哈尼、傈僳、怒等少数民族。历法统一属于时间主权，边疆民族可能没有受到中原王朝的时政影响，十月太阳历得以保存。第四，时政是文化领导权的核心，历法统一就是王朝统一。每个部落都需要理解绮丽星空，基于生业方式、地理环境差异的单一历法逊色于合历，历法整合是史前知识分子的职责，也是部落交流的动力。不同星体周期不一，调和不同星体周期的合历绝非易事，加上岁差影响，精确合历需要长时间、多民族、多星官的卓绝努力。

基于广泛的天文考古证据，冯时(2016)对于观象授时和中华文明之间的关系提出了如下深刻见解。

> 尽管探索天象的初衷只是为农业生产提供准确的时间服务，但随着人类文明的进步，天文学则对中国古代文明与传统文化的形成产生了深刻影响。具体地说，天文学不仅是古人赖以建立时空体系的重要手段，而且直接促进了传统政治观、宗教观、祭祀观、礼仪制度、哲学观与科学观的形成，这些观念在构建中国传统文化核心内涵的同时，也形成了独具特色的传统宇宙观，体现了古人对于天、地、人相互关系的深刻思考。

第三节　中国考古学文化区系中的主要天文遗迹简述

考古天文学为理解原始星象学的概念体系提供了物质证据。20 世纪初，英国天文学者洛基尔(Joseph N. Lockyer)提出英国的巨石阵(约4000—3600 年)是天文观测遗迹，并证实了其日食和月食的预报功能，这项开创性发现催生了卓有成效的考古天文学(Archaeoastronomy)。美国印第安人的“魔轮”(Indian Circle)、埃及的阿蒙·拉(Amon-Ra)神庙和吉萨金字塔(Giza)、中美洲玛雅人的蛇丘(Serpent Mound)等遗址都具有天文学意义，中华大地上也出土了大量新石器时代天文观测和祭祀功能的遗迹。龙形成于原始社会，也是国人理解诸多神秘动物形象的参照，冯时的《中国天文考古学》和《中国古代的天文与人文》，陆思贤、李迪合著的《天文考古通论》等考古天文学著作为阐释龙提供了新的思路和证据。

中国原始天文观测遗迹可大致分为北斗观测、太阳观测、大火观测。这些遗迹分布于中国各地史前文化，各种疑似龙遗存均来自这些现场。由于后文论证需要引用相关遗迹发现，此处主要按照苏秉琦的区系划分简述代表性遗迹，南方区系迄今相关出土较少，不予介绍。

一、北方区系

北方区系主要涵盖辽西地区和内蒙古中南部，新石器时代主要考古文化包括兴隆洼、赵宝沟、红山等文化。该地区天文学考古遗迹主要集中在辽宁省朝阳市的红山文化，包括牛河梁庞大祭祀建筑群和喀左东山嘴，两个遗址年代为约 5000 年前。

牛河梁庞大祭祀建筑群兼具观象和祭祀功能。该遗址被群山环绕，方圆 50 平方公里内分布着圆形和方形大型祭坛、金字塔、神庙和积石冢群等，核心 16 处遗址呈北斗七星状布局，建筑按南北轴线分布有序，分中心和两翼，第二地点能标志两分两至（孙小淳等，2010）。根据牛河梁第十三地点"金字塔"式建筑的三重圆祭坛的直径比例，冯时（1993）认为其设计理念体现了盖天说七衡六间图的早期三衡图，内、中、外三环分别是夏至、两分和冬至的太阳轨迹，三衡以红色石头摆出，与太阳初升的颜色正好相合，置于祀天的圜丘中。建于明朝的北京天地坛延续了牛河梁三衡图的宇宙观，北部圆形和南部方形的环墙象征天圆地方——天地墙。

东山嘴祭祀中心呈现了类似宇宙观。东山嘴建筑规划是天南地北和盖天说的模拟，祭祀中心主体有三组建筑，包括方形、圆形祭坛和三环形石圈。方坛象征大地，东西两翼和中间空隙的石碓指示两分两至的太阳起落，对面的山脊天际线也为两分两至日出提供了地平参照点；圆坛内部有象征满天星斗的白色石块，分上、中、下三层，东北侧发现埋葬方向与夏至日太阳升起角度一致的一具尸骨，圆坛上有大型神像残片；三环形石圈建筑表示一个太阳回归年周期，与圆坛的三层相互联系，象征盖天说的三衡模式(陆思贤，李迪，2005：39-41)。

二、中原区系

中原区系位于黄河中游的关中、晋南、豫西，新石器时代主要包括前仰韶、仰韶和龙山等文化。

山西吉县柿子滩约1万年前的朱绘岩画上展现了女巫头顶七星、脚踏六星的祈福情景，七星排列符合当时的北斗外观(冯时，2001：99)。

河南晚期仰韶文化濮阳西水坡墓葬(约6500年前)M45号墓的墓穴呈平面形状，南部的拱形和北部的方形象征天圆地方，三组蚌塑图包含四时天象内容，鼋虎蚌塑图的方位关系与墓地年代的东宫和西宫天象吻合，蚌图中的人胫骨表示北斗(冯时，1990)。

郑州近年来发现两处北斗星图祭祀遗迹。2019年6月郑州青台祭祀圆丘发掘出仰韶文化中期约5000年前的北斗遗迹，七个罐子排列出北斗七星的形状，罐子大小对应当时各星的亮度，斗柄左右有两星(张丛博，鲍弥佳，2020)。2020年5月河南郑州双槐树发现了约5300年前的仰韶文化中晚期大型城址群。该城址以三重大型环壕围绕，内有大型公共墓地、大型墓葬、夯土圆形祭祀台、大型建筑等遗迹，遗址中心的F12房址前发现了以9个陶罐摆放的北斗九星图案，斗柄指向与冬至方向吻合(王丁等，2020)。这两个时空临近的遗址印证了九星记载，也印证了《周礼·大司乐》《尔雅》等中的冬至仪式要素，包括圜丘、南郊、祀天等。

陕西延安芦山峁出土了约4500年前的石峁文化七孔石刀(冯时，2001)。

陕西神木石峁城(早期约4300—4100年)是新石器时代向夏朝过渡

时期的大规模城址。研究者从其城门建筑的形制、朝向、祭坑布置、祭礼中考察出当时的天文学，依据现代天文学计算公式和星象复原法，石峁古城东门的门道与墩台东北侧外立面均精确朝向 4300 年前的日出方位，当地巫觋通过立竿测影测定二分二至的日期及其对应标志星座，该历法与石峁旱作农业有关(吕宇斐等，2019)。

山西襄汾陶寺(约 4300—3900 年)墓葬群附近发现了由天坛、观象台、地坛组成的大型礼制建筑群。以观测台为圆心，由西向东，呈扇状辐射的十三根柱子形成了 12 道缝隙，由此可观测到一个太阳回归年的 20 个节气，立表(立木杆)和圭尺(横木尺)以及游标、景符、垂悬(垂球)工具套是圭表测影系统(何驽，2015)。根据这 20 个节气与太阳周期的关系，陶寺先民的历法是十月太阳历(李维宝，陈久金，2019)。

2005 年马家窑文化青海拉毛出土了约 5000 年前的双孔石刀，两端呈锯齿状，锯齿周围的图案清晰，可识别出北斗七星和牛郎星(河鼓二)，该石刀没有留下农具使用的痕迹，应该是祀天礼器(董家宁，2013)。

三、东方区系

东方区系位于以山东为核心的黄河下游地区，新石器时代主要包括后李、北辛、大汶口、龙山等文化。

《太平御览·雒书》记载，“灵龟者，玄文五色，神灵之精也，上隆法天，下法地”。所以，龟甲是盖天说模型，即像似符。大汶口和龙山墓葬中的龟甲背部上有四个凿孔，龟背、腹甲象征天圆地方，背甲连线四孔象征斗魁四星(冯时，1996：256)。

大汶口文化莒县大朱村发现了约五千年前的斗柄形北斗陶符(冯时，2001：102)，遗址东南部的土丘是测日观象台，屋楼崮山可提供两分两至的参照点，附近还发现了刻有日、月、云等图形的陶符(孙小淳等，2010)。

四、东南区系

东南区系以太湖为中心，跨越长江下游、淮河、太湖流域，文化序列大致包含上山、跨湖桥、河姆渡、马家浜、崧泽和良渚等文化，此后进入青铜时代，稻作、捕鱼、采集等生业构成了原始吴越文化。

河姆渡文化浙江余姚约六千年前的木勺象征北斗，形似后世罗盘上的勺子(冯时，2001：99)。

崧泽文化凌家滩的玉龟、玉版、玉签组合和八角纹都有天文学意义(安徽省文物考古研究所，2008)。

良渚文化(距今约5300—4300年前)祭坛的“回”字形遗迹可能与二分二至有关。通过测量瑶山和汇观山两地祭坛的土框结构，两个祭坛呈类似的“回”字形，东南角、西南角、东北角、西北角的度数分别约为135°、225°、45°和305°，四个角和祭坛东西两边一起与两分两至的日落和日出有对应关系，据此可推测良渚文化祭坛也是太阳观象台(刘斌，2007：193-207)。良渚文化“回”字形祭坛与《淮南子·天文训》中的四维、东西方之中完全一致，“日冬至，日出东南维，入西南维；至春秋分，日出东中，入西中；夏至，出东北维，入西北维，至则正南”。

五、西南区系的太阳观测和大火观测

西南区系大致包括以环洞庭湖的两湖平原和四川盆地，包括湖北、湖南大部分地区和四川、江西的局部地区，是荆楚文化和巴蜀文化的发源地(郑若葵，2000)。两湖平原受到周边考古文化影响，大体形成了彭头山-皂市下层-高庙-汤家岗-大溪-屈家岭-石家河（也称青龙泉三期）的文化序列。当地很早就出现了稻作，湖南道县玉蟾岩的人工栽培水稻标本距今至少1万年。西南区系代表性天文观测遗迹主要包括洪江市高庙早期遗存(约7800—7000年前)和湖南澧县城头山大溪文化一期(约6000年)东门祭坛遗迹。四川盆地文化序列大致包括宝墩古城(三星堆一期，约4800—4000年前)、三星堆(二、三期，约4000—3200年前)，十二桥(三星堆四期、金沙等，约 3200—2600 年前)，此后便统称巴蜀文化(赵殿增，2017)。宝墩先民可能来自岷江上游的营盘山，后者临近马家窑文化。

高庙文化的星象学意义主要体现在祭祀遗迹和相关纹饰相互印证的太阳观测。湖南钱粮湖坟山堡的皂市下层文化层出土了八角纹(T9H13上：8)，该纹饰也出现在高庙遗址，共现纹饰还有太阳纹、日鸟纹(太阳和鸟的组合)、獠牙兽面纹等。八角纹是原始人基于太阳视运动观察产生的符号，指示四方、四隅，并与星空方位配合确定四时八节(陆思贤，李迪，2005：111)。经高庙遗址发掘领队贺刚的测量，八角纹任意相邻角的顶点(也正好是与外圆的交点)与该图形中心点连线都是 45°夹角，而两条连线的延长线正好与另两个对应角的顶点相交，这种角对应关系能表述太阳投影周年变化过程，可作为测定四季的仪具来制作太阳历(李国斌，2017)。

除了延续高庙的太阳观测，澧县城头山一期还发现了大火观测遗迹。考古发掘表明，城头山古城是长江中游史前唯一的圆形城址，东门椭圆形祭坛兼具祭祀和观测功能，祭坛连续使用了几百年，1、2 号祭台均朝正东方，靠近稻田和墓葬区，地理邻近表明了太阳、稻作之关系，稻作也确保了文化稳定性(曹卫平，2013)。此外，考古天文学者揭示了祭坛上五个圆坑布局和大小的奥秘，它们指示大火的亮度和位置，也是季节指示符。五个圆坑严格按照大辰星的房、心、尾等三宿星象设置，分别对应大火的周年变化节点，其用途可能是指示稻作农时。《乾卦》六龙(潜龙、龙在田、龙在渊、飞龙、亢龙、群龙无首)分别对应东宫苍龙在不同季节的天象，也是制定历法的重要节点，这表明约6000 年前的长江中游先民已经掌握了六龙天象组成的火历(何努，2015)。

屈家岭文化(约 5500—4800 年前)发现了多种具有天文意义的器物。屈家岭晚期和石家河早期都发现了太极图彩陶轮，其中罗家柏岭出土最多。罗家柏岭坐落在一近圆形的土丘顶部，红烧土建筑及主要祭祀活动集中在圆丘顶部的东北半圆形，除了太极图彩陶轮、玉器和铜器外，还有燎祭痕迹(张云鹏，王劲，1994)。2015 年，谭家岭出土了约 5300 年前规模最大的史前城址，五个人工黄土台基、六组套缸遗迹组成的祭祀遗存属于石家河文化晚期，部分陶缸上有刻符(李来玉，2017)。

三星堆文化还未发现天文观测遗迹，但太阳崇拜遗迹明显。1986 年在三星堆 1、2 号祭祀坑发现的青铜树、人首鸟身神像、青铜面具等印证了《山海经》中关于建木和纵目人的描述。三星堆也出现了太阳和鸟的组合，青铜树、青铜太阳轮证实了《山海经》中的“日载于乌”传说：“汤谷上有扶木，一日方至，一日方出，皆载于乌。”十二桥文化晚于三星堆，金沙出土了著名的黄金太阳神鸟。金沙祭祀遗址九个柱洞的排列规律，研究者发现九个洞的连线与地球北极方向形成 22°～25°夹角，与黄道和赤道的夹角(即黄赤交角)大体一致(佚名，2009)。王仁湘(2011)据此推测 3000 多年前的古蜀人就能够根据太阳的运行轨迹判断季节的更替，每年春分前后初升的太阳正好和祭台的朝向吻合，古蜀人正是选择在春分举行大型祭祀活动。2020 年以来，另六个坑相继出土的大量器物或许可提供更多线索。

第四节　释义龙的三个原则

阐释疑似“龙”的关键在于找到本体和喻体所在的体验域及其认知映射。龙被冠以“疑似”与本书研究目的有关，龙是东亚地区有字时代的代表性神兽，难免会误导无字时代遗存的识别。星空、大海、密林、野兽、梦境等都是神秘力量，都可能产生对应知识。对于农耕文明，气象和天象变幻莫测，更影响生活福祉。天文观测对象在特定时空中相对客观，重复出现，相关知识具有可验证和普适性，代代相传。隐喻是人类普遍认知机制，反复出现的图形、声音、纹饰可能与某种知识有关。就符号学而言，索绪尔式的聚合关系、组合关系与皮尔斯式的符号三元论从不同视角阐释了符号系统。就考古学文化区系而言，苏秉琦等

(1982)提出兼顾横向平行关系和纵向发展关系。李伯谦(1988)提出的文化因素分析法与此类似，同一时空内具有共同特征的遗迹构成一种考古学文化，其形成和发展既继承和变革先行文化，又吸收、借鉴和融合周边同时期文化，同时还受到地理环境的制约，所以很少只有一种文化因素的考古学文化。不同区系的疑似龙外观不尽相同，所在的文化系统也不尽相同，疑似龙的释义受其所属文化系统限定。前述现代人类学的一个基本原则是文化整体论，它与格式塔心理学有关。结合考古学文化区系观点、逻辑符号学的历史分析、结构符号学的系统分析和人类学文化整体论等观点，“龙”的释义需遵循文化系统原则，它包含如下三个方面。

第一，文化连续性原则。文化信仰和实践在连续时空范围内保持源流关系，这使同一区系内各文化不会因族群迁徙而显著改变。中国多地出土了史前疑似龙，跨区系的比较研究应兼顾文化共性和个性，共性与文化序列有关，个性与地方差异有关。每个文化都有表达最基本价值观的基本隐喻，基本隐喻构成了文化连贯性(Lakoff & Johnson, 2003: 23)。与一个民族宇宙观有关的隐喻(含转喻)都是基本隐喻，往往以神话形式流传、复制，基本隐喻关于宇宙秩序的基本假设是形成其他知识的起点。如果忽视文化序列，比较研究可能会让符号脱嵌于其所属文化系统，并牵强附会某主流符号，这是《金枝》受批评的原因之一。文化个性与隐喻系统性有关，本体的不同属性可借助不同的喻体产生不同的隐喻。例如，太阳在视觉、触觉和嗅觉上的不同属性会产生圆盘、探汤、香草味等隐喻。车被发明后，车轮成为太阳的隐喻，金轮由此产生。同一文化序列的不同文化可能选择不同形式的器物表达类似的信仰，它们构成了符号聚合关系。例如，历朝历代的龙不尽相同，但都可归入龙的范畴。此外，借助精神文化史和社会发展史，应该区分龙的本质意义和衍生意义。

第二，文化整合性原则。特定时空的文化要素整合成文化系统，遗迹丰富的墓葬或祭祀区必须视作一个文化系统。单个文化要素必须置于所属系统内进行阐释，同一个考古现场的疑似龙、其他兽类、陶器、玉器等都必须作为一个有机整体来阐释，它们就像主语、谓语和宾语一起表达完整意义。如果某区系发现了“孤品”龙形象，这要么是误读，要么是其他类似器物尚未出土。若用语言-言语二元论解释，组合关系是语言，具有稳定性，不同考古现场内的具体载体组合则是言语。

第三，多重证据互补原则。文化是整合的意义系统，但能指和所指之间不是一对一，而是多对多的关系。例如，图像、文字、声音、味道、表情等能指均可用来意指热情，眨眼可能是沙子、示意、友好、哭泣等的能指。王国维结合自身上古史研究经历，在清华国学研究院的“古史新证”课程中提出以地下新材料考证地上之史料的“二重证据法”(孙闻博，2022)。20世纪80年代以来，以三星堆为代表的西南区系的部分文物与《山海经》有联系，但文物中尚无文字。饶宗颐(2010)认为该地的史前研究应采用甲骨文、田野考古与传世文献并重的“三重证据法”。甲骨文是中国第一个成熟文字系统，其前身应该是纹饰、刻符、图像等非文字符号，同样来自田野考古。所以，龙的能指可能是图像、文字、文献、声音等，不同的龙应该互证互补。本书把各种疑似龙置于前述区系中，力争发现无字时代的各种疑似龙和文字时代的龙之间的关系。

小　结

为什么天象成为原始社会知识体系的重要部分？现代人提出这个问题的背景是知识分科，知识分科是社会分工的表现，学科领域越来越专业、越来越复杂。原始农耕文明的知识体系尚未分化，巫觋是原始社会主要知识分子，掌管医术、艺术、天文、地理、军事、祭祀等重要事务，实证知识和神秘知识的界限模糊。所以，上述遗迹既是观测台，也是祭祀地，知识值得信仰。既然天文历法是俗权和神权统一的基础，首领、巫觋、观天者是同义词，大墓器物可能既是陪葬品，也可能是星象学工具。中华文明在特定地理环境中形成，与其他古文明兼有异同，有些亮星是所有古文明历法的观测对象，有些亮星只对个别文明有历法意义，原始星象学在各古文明衍生了大同小异的“天人合一”。

“龙”的释义应参照喻体/本体的认知映射。天象是一个神秘领域，由此产生的神祇比河神、山神、洞穴神、树神、家族神等更具广域性和普遍性。总体来看，北斗、七曜和大火是中国新石器时代先民的主要观测对象，不同历法周期需要调和。这些历法兼有地方性和普遍性，动物形象是普遍的符号，动物学关联了历法知识。并非所有动物都范畴化，常见、关乎生活福祉的动物往往率先符号化为基本范畴，它们一方面成为认识复杂抽象事物的喻体，另一方面随着分类知识的发展衍生出各种具体范畴。北斗像似符最普遍，以某种布局模拟出北斗外观，有的是点状画图，有的是建筑布局，有的是陶罐布局。太阳像似符也很普遍，均呈圆形，鸟(翼)是太阳运动属性的符号。大火崇拜主要见于西水坡和城头山，当时的先民已经掌握大火指示农耕农时的规律。神兽是人类基于视觉、听觉、嗅觉、触觉等感官产生的认知映射，龟、鸟、虎、鼍、鹿等常见动物在中国史前大墓已经显示了天文学符号的价值。濮阳西水坡中被认为是龙的神兽，其原型是鼍，后者与文字时代的龙有外观差异。各区系的天文遗迹证实了天象与神兽的关系，但龙的本体和喻体所在体验域仍不明晰。如果龙是天象符号，它一定会与上述动物以组合关系出现在更多遗址，研究者可从符号组合关系中解读出普遍文化要素(语言)，从符号聚合关系中解读出地方文化变体(言语)，符号变迁史可能隐含着从鼍到龙的演生。

第四章　无字时代的龙：鱼龙混杂的考古发现

地理环境赋予中华文明地方特色。中华大地被青藏高原、帕米尔高原、蒙古高原和太平洋环绕，整体西高东低，呈阶梯状分布，丰富的水系有助于文明的产生和发展。高山和大海一方面阻碍了异域文明向内渗透，一方面促进了屏障内的文化交流。三皇五帝传说的主要活动范围在黄河中、下游，何尊铭文和《尚书·梓材》中的"中国"均指河洛汇聚的中原，与"西土"相对。统一政权需要统一民族观，以黄河流域为中心的起源观可能出自中原统一政权的文化领导权建设。考古证据发现了统一民族的多源头，相关理论包括傅斯年的夷夏东西说、蒙文通的三系说（江汉、河洛、海岱）和徐旭生的三集团说（华夏、东夷、苗蛮）。20 世纪 80 年代初，苏秉琦提出满天星斗说，将中国新石器时代考古学文化划分为北方、中原、东方、西南、东南、南方六大区系，各大区系在大致同步发展的前提下通过不断重组，最终形成大致平衡又不平衡的多元一体格局。20 世纪 80 年代末，严文明的重瓣花朵模式和张光直的相互作用圈（sphere of interaction）也从不同视角支持中华文明的多源头论，主要争议在于是否存在中原中心文化。随着长江、西辽河的考古出土，多源头论成为主流，各文化既相对独立，又相互交流。囿于研究目的和专业素养，在确认各文化既自有特色也保持交流的前提下，本书基于苏秉琦的文化区系讨论各种疑似龙的意义。北方区系以西辽河流域为核心，中原区系和东方区系以黄河流域为核心，西南区系、南方区系、东南区系以长江流域为核心，三大流域共同孕育了中华文明主体。

各种疑似龙贯穿了新石器中晚期的考古发现。良渚文化的申遗成功宣告了五千年中华文明，但疑似“龙”的遗迹更早。参考严文明(1996)的分期，新石器时代分为早期(约 11000—9000 年前)、中期(约 9000—7000 年前)、晚期(约 7000—5000 年前)、铜石并用期(约 5000—4000 年前)。冠以“第一龙”的遗迹自新石器时代中期出现，主要分布在四个区系，包括兴隆洼文化辽宁阜新市查海华夏第一龙(石堆塑龙)、红山文化辽宁朝阳市牛河梁中华第一龙(玉龙)、仰韶文化河南濮阳市西水坡中华第一龙(蚌塑龙)、石家河文化湖北天门第一龙(玉龙)、夏文化河南偃师区二里头中国第一龙(绿松石龙)等。南方区系和东方区系尚无报道龙遗存出土，本书不讨论。需要指出，考古学界尚未解决精确测年，一个遗址有不同文化层，遗址的序列、类型和断代等难免存在争议。

文化场所中的动物或活物构成龙所在的符号系统。无论其原型或意义，世界各地文化中的龙都具有活物属性。从认知心理学看，活物(animate)总体上比非活物更容易引人注意，更早符号化。对“动静”的感知提升了人的心智，龙可能属于相关符号系统。

第一节　北方区系的疑似龙

北方区系的疑似龙出自西辽河流域。玉器是中华文明的特色，北方区系发现了中国境内迄今最早的玉器，黑龙江小南山的玉玦距今约 9000 年。辽河上游的西辽河流域位于东北大兴安岭与燕山之间，北源西拉沐沦河、南源老哈河在内蒙古自治区翁牛特旗汇合而成，流经辽宁境内。兴隆洼、赵宝沟、红山等文化一脉相承，夏家店下层文化是青铜器时期。① 疑似龙总体上外形类似、一脉相承，具有猪首的大鼻孔、拱嘴上瓦沟纹褶皱和大耳的特点，也有身躯蜷曲或蜿蜒的特点。

---

① 北方文化的分期参照刘国祥(2010)。

一、新石器中期各种猪首形器

西辽河的疑似龙必须置于当地生态背景中来理解。西辽河流域号称华夏第一龙和中华第一龙的故乡，具备兽类特征。以下统计表明，西辽河流域考古学兽类遗存以野猪和鹿科为主，牛、熊和狍等占少量(索秀芬，李少兵，2013)。

1. 白音长汗：马鹿(36%)、斑鹿(15%)、狍(15%)、野牛(15%)、野或家猪(12%)和熊(6%)；

2. 兴隆洼：鹿、狍、猪、鱼；

3. 南台子：鹿、蚌；

4. 兴隆沟第一地点：猪居多，还有鹿；

5. 查海：野或家猪(72.7%)、鹿(9.1%)、牛(9.1%)、马(9.1%)；

6. 西梁：蚌类(30%)、马鹿(31%)、野猪或家猪(8%)、狍(5%)、牛(3%)、野兔(3%)、梅花鹿(2%)、貉(2%)、獐(2%)、麝(2%)。

野猪以整体或部分、实物或器物的形式出现在兴隆洼文化。根据木炭标本，兴隆洼、白音长汗、查海等兴隆洼文化主要遗址最早可追溯至8200年前，最晚为约6500年，兴隆洼、兴隆沟、查海等遗址常见居室葬，可见玉器，西拉木伦河以北的白音长汗和南台子未见居室葬和玉器(赵宾福，2006)。兴隆沟房址出土了较多有灼烧和钻孔的猪头骨和鹿角，第一地点H35圆形祭祀灰坑的底中部，两个野猪首相对摆放，陶片、残石器和天然石块摆放成“S”形弯曲身体，研究者称它们为猪首龙(刘国祥，2006)。兴隆沟二期聚落的中心性房址内M118居室大墓规格最高，男性墓主双耳旁有环形玉玦，右侧有雌雄两头整猪，还有陶杯、石斧、野猪獠牙饰品等，丰富的随葬品显示了墓主的特殊身份(薛志强，

2012）。在年代更晚的朝鲜半岛新石器遗址和日本列岛绳纹文化中，发现了类似兴隆洼文化的玉玦和陶器纹饰（郭大顺，1993）。已知出土的20余件兴隆洼玉玦整体形态类似，拱嘴上有沟纹状皱褶，有的刻有写实獠牙，这些都是野猪的特点（薛志强，2007）。白音长汗的石獠牙面（AT27②：7）有弧形双眼，尖状蚌壳表现出上、下獠牙（图4-1：1），塔尺营子的石质獠牙兽面（9295），呈长方形，眉、眼、鼻、嘴清晰可见，嘴部有明显的獠牙，双目两侧为波浪状刻划纹饰，与石巴林右旗博物馆藏石刻神面纹（图4-1：2）类似（邵国田，2022）。翁牛特旗大新井出土了双猪首联体石雕，年代与兴隆洼文化大体相当，有学者将其归入小河西文化，猪首造型与红山文化（约6500—5000年前）玉猪龙如出一辙（薛志强，2008）。成对猪首玉玦、M118中的雄雌两头整猪、H35圆形灰坑的成对猪首S身堆塑组合、双猪首联体石雕等体现了当地动物生态和文化连续性，但表现媒介不同。

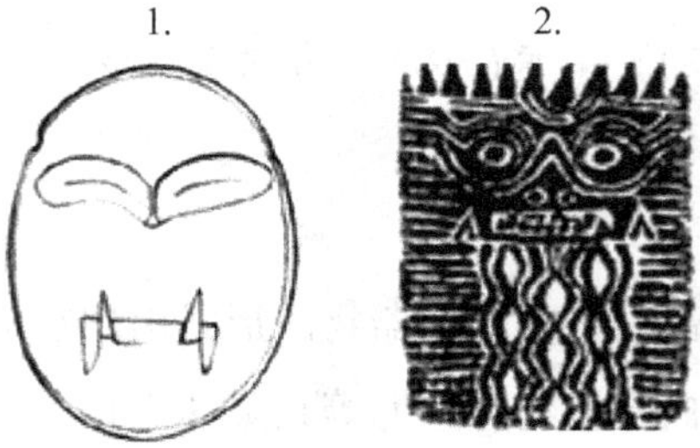

图4-1　兴隆洼文化獠牙兽纹

总体来看，双猪首和獠牙兽面是兴隆洼文化的重要符号。参考西辽河兽类考古，獠牙兽大体是野猪，玉玦和石雕上的獠牙兽、野猪残骸所指相同，其符号意义还应考虑“对双”中的二元关系。

辽宁阜新蒙古族自治县查海出土了疑似龙形的石堆塑。查海遗址距今约8000年，学术界对其文化类型尚存争议（辽宁文物考古研究所，1994）。考虑到时空临近和类似玉器（例如玉玦），归入兴隆洼文化并无不妥（杜战伟，韩斐，2019）。龙形堆塑由大小均等的红褐色石块堆塑而成，处在聚落正中心，将生活区和墓葬区一分为二，与房址建筑方向基本一致，张口，头东尾西，尾部若隐若现，身体蜿蜒，堆塑腹部下方的墓葬和祭祀坑里有大量野猪骨（吉成名，1998）。从外观看，查海堆塑无角也无腿，身躯像蛇，容易让人联想到龙。天文考古学者吕宇斐考察了该堆塑的角度朝向（215°）、长宽比例（9：1）、堆石不同部位的疏密和宽窄变化等特点，它与当时辽河流域星空的“春夏银河星图”非常类似（吕宇斐，2016）。银河属于天象，该堆塑与银河的符号关系需要借助历时和共时的证据。

野猪形象出现在赵宝沟文化内蒙古敖汉旗小山地穴式房址 F2 中的陶尊上。小山 F2 陶尊形器的腹部刻画了鹿、猪、鸟等兽类，野猪（图 4-2：1）獠牙毕露，长吻清晰可见，身躯呈“S”形，头部和身躯结合处刻有鬃毛（薛志强，2012）。该兽纹在赵宝沟和南台山等遗址陶器上也有发现，制作技艺和造型风格高度一致，面部采用写实手法，身躯采用抽象手法（敖汉旗博物馆，1991）。从外形看，该纹饰类似兴隆洼 H35 圆形祭祀灰坑中的猪首堆塑组合。冯时整体地释义这三种动物，猪象征北斗，两边的鹿和鸟分别象征北宫和南宫的星象，早期的北宫是鹿，晚期才演变为玄武（冯时，2001：108）。天文考古学视角有启发意义，毕竟无字天书大体只能通过图像记录和传承。不过，作为基本范畴的鸟在中华文明中既是南宫的喻体，也是太阳的喻体。若考虑知识形成史，后者更具历法意义，可能比南宫星象更早被符号化。

时空临近的河北境内发现了单猪首形器。河北处于燕山南麓，毗邻西辽河，北福地、上宅、北埝头、孟各庄、安新庄、东寨等遗址显示了不同程度的兴隆洼文化要素，这些遗址大体接近燕辽文化区。北福地一期大致与兴隆洼同期，F12 房址出土了陶刻猪首（图 4-2：2）和玉玦（陈明辉，2013：98-102）。2016—2017 年国家博物馆与河北省文物研究所在河北康保兴隆第三期地层内的 M1 墓葬内（约 7450—7150 年前）发现了一个工艺精湛的骨雕猪首残件（图 4-2：3），其他随葬品为头部佩戴的玉串饰(郭明建等，2019)。此外，与赵宝沟时空临近的北京平谷上宅发现了红褐色陶猪头(T0308⑤：4)，头形瘦长，双耳较小向后背，猪吻较长，两侧刻画一对獠牙(图 4-2：4)，同时出土的其他动物形器还有石鸮(鸟)、石龟、石猴和陶鸟首形镂孔器(郁金城，王武钰，1989)。可能由于年代久远，平谷未见墓葬或任何动物遗存，相关物品被归为装饰品，但报告者也推测其祭祀功能。河北姜家梁发现了红山文化玉猪龙(M75：1)，拱嘴、立耳(图 4-2：5)与河北境内稍早的猪形象类似(谢飞，周云，2001)。虎和獐也有獠牙，但拱嘴显然是野猪的特点，这也与当地动物考古一致。

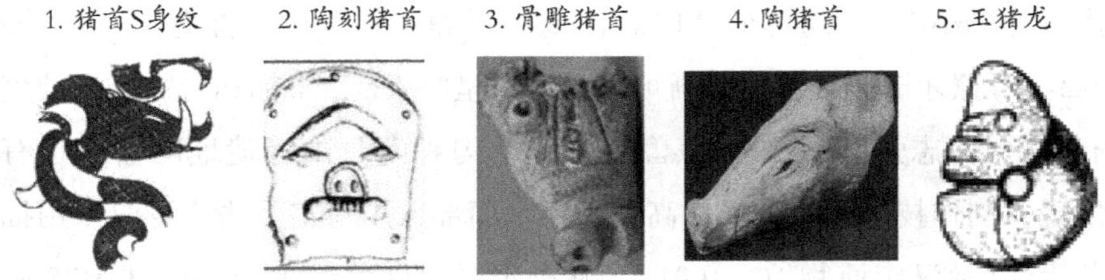

图 4-2　燕辽地区的猪首形器或纹饰

综上所述，考古学者和天文考古学者通过不同的体验域理解这些疑似龙。北方新石器中期的疑似龙主要出自毗邻的河北、内蒙古和辽宁，时间约为 8000—7000 年，河北境内的疑似龙显示了文化连续性。从符号关系看，鸟、鹿、猪(首)成组出现，偶见猴、龟。考古学者一般把身躯蜿蜒的器物或遗迹命名为龙，但释义无法涵盖猪首，只好采用模棱两可的“猪龙”。天文考古学者视其为天象的像似符，但没有解释天象符号出现在墓地的原因。从隐喻视角看，第一种解释没有提供本体，第二种解释确立了喻体和本体的映射关系，并且反复出现的类似器物符合文化连续性。

二、新石器晚期猪首形玉器

红山文化上承兴隆洼、赵宝沟文化，农业经济更发达。红山文化可大体分为西水泉期(约6500—5500年前)和东山嘴期(约5500—5000年前)两阶段，西水泉期相当于中原的半坡和庙底沟阶段，有明确出土单位的红山玉龙多属于东山嘴期，牛河梁遗址最具代表性(段天璟，高云逸，2021)。当地植物考古表明，兴隆洼到红山的阶段经历了半农业到农业的发展。兴隆沟第一地点浮选样品中共发现了1万余粒多种炭化种子，其中栽培作物遗存有黍和粟，炭化黍的籽粒约有1500粒，约占第一地点出土种子总数的15%(赵志军，2004)。此外，炭化黍的籽粒保留了较浓厚的野生祖本特征，粒形较长，尺寸较小，这表明黍处于从野生到驯化的阶段(孙永刚，2014)。红山文化出土了掘土、收割、加工等成套农具，中期基本确立了农业经济的主导地位，农业经济在红山晚期彻底占据主导地位，相对稳定的食物来源为人口增长和手工业的分化提供了基本保障，密集分布的文化遗址和超大规模中心性聚落的出现证明了社会组织复杂化(刘国祥，2010)。农业的主导地位以相对完备的历法为前提，所以，历法会以某种形式出现在巫觋墓中。

红山文化继承了兴隆洼、赵宝沟以来的猪首形象，工艺更精细。玉器是红山特色，20世纪80年代以来陆续出土，由于类似器物命名不尽相同，需要比对描述和图片才能找到其中反复出现的关键器物及其组合关系。总体来看，兴隆洼文化的猪、赵宝沟文化的猪、鸟、龟等动物形象被忠实地继承，玉器更常见。松花江上游吉林农安左家山下层西水泉期文化的玉龙(T4②：1)可能是红山玉龙的祖型(图4-3：1)，身体蜷曲似玦，面部相对模糊，但可见明显的立耳及眼睛，背部钻一圆孔(段天璟，高云逸，2021)。该遗址还出土了两件鸟形陶塑(王璐，2015)。牛河梁N2Z1M4墓中两只相背的环形玉器(图4-3：2)蜷体如环，扁平光素，猪首特征明显，头部较大，双耳竖起，均呈圆尖状，双目圆睁，吻部前凸，嘴微张；XVIM1西侧扰土中的双猪首形器(图4-3：3)略呈长条形，顶侧呈三联弧状，底侧平直，器身中部并排三圆孔，两端雕刻神态类似的猪首，双耳较大，额头隆起，双目菱形，吻部前撅；单猪首形器包括那斯台（图 4-3：4）和尖山子的猪首环形器、三星他拉猪首“C”形器（图 4-3：5）等（刘国祥，2000）。此外，猪首形器还包括东山嘴祭坛的双猪首玉璜（图 4-3：6）、凌源三官甸子的三孔双猪首玉器（薛志强，2007）。2016 年，朝阳市半拉山红山墓地（距今约 5300—5000 年）出土了祭祀建筑、140 多件玉器和陶器等，规格最大的 M12 玉器包括玉鸟、三联璧、玉猪龙（猪首环形）、玉斧、兽首（似虎）柄端饰石钺等（李来玉，2017）。从报道图片看，玉猪龙外形与红山文化其他遗址发现类似。

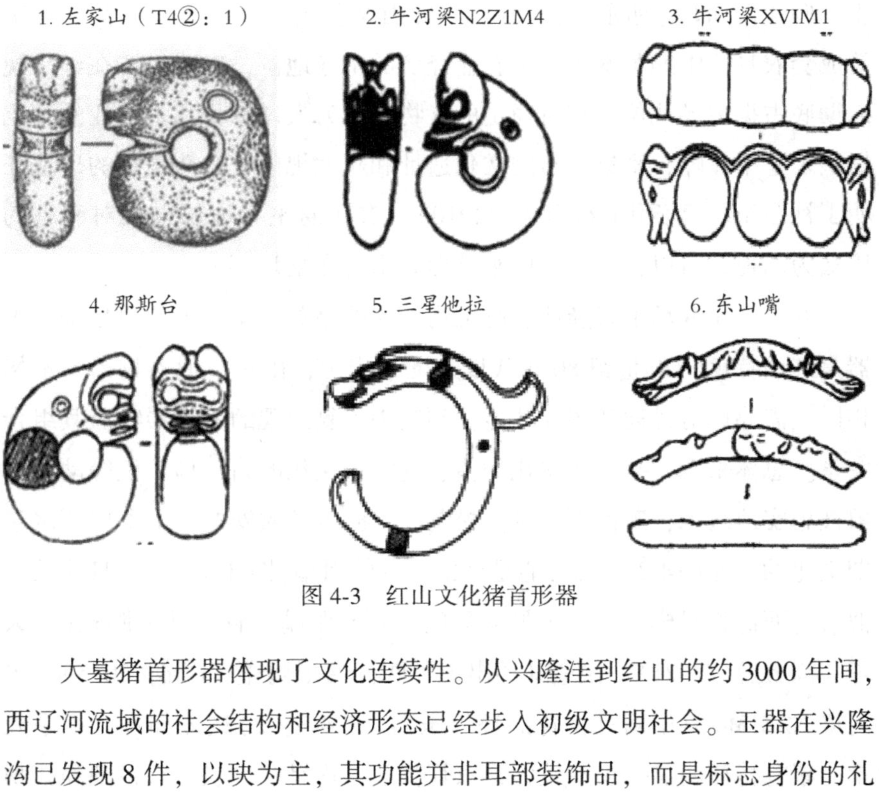

图 4-3　红山文化猪首形器

大墓猪首形器体现了文化连续性。从兴隆洼到红山的约 3000 年间，西辽河流域的社会结构和经济形态已经步入初级文明社会。玉器在兴隆沟已发现 8 件，以玦为主，其功能并非耳部装饰品，而是标志身份的礼器（刘国祥，2011）。牛河梁墓葬延续了该传统，展示了以玉器标志贫富、贵贱、圣俗等身份差异的玉礼制，巫觋阶层初步形成。考古学界用玉龙、玉猪龙、玉雕龙、玦形龙、龙形玦、“C”形龙、猪龙形器、龙形玉器等命名北方区系大墓中的蜷体玉器，命名混乱折射了释义分歧。其中，玉龙和玉猪龙的用法更常见。玉龙呈“C”形，以三星他拉玉龙为典型，玉猪龙大体呈环形，首尾相连或相邻，以建平玉猪龙为典型。牛河梁墓葬中的相关器物一般称为玉猪龙，均双耳竖立，眼、嘴、鼻线条清晰，拱嘴，獠牙，有明显瓦沟纹褶皱，这些面部特征与野猪有关。目前可确认出土地点的 2 件“C”形龙均来自翁牛特旗境内，东拐棒沟的黄玉龙外形和三星他拉的碧玉龙几乎一样，昂首、弯背、卷尾(王苹，刘国祥，2014)。“C”形龙同样展现了野猪首的特点，包括自头到肩的鬃毛、长而前伸的嘴巴上多道瓦沟纹褶皱、獠牙等。以“龙”冠名的思路凸显了“C”形或近环形的身躯，但玉龙、玉雕龙、玦形龙、“C”形龙等遮蔽了猪首特征，这有悖于面部特征比其他特征更能区分动物的常识。这些器物前端都像猪首，身躯都蜷曲，其他局部差异难以区分出别的动物。参照器物面部特征和大墓实物猪首葬俗，它们都可称为猪首形器，是同一范畴内的符号聚合关系。

红山文化祭坛的建筑规划理念为理解猪首意义提供了线索。文献表明，效法天象是古代皇家建筑规划的理念。秦始皇“焉作信宫渭南，已而更命信宫为极庙，象天极”(《史记·秦始皇本纪》)，咸阳城“渭水贯都，以象天汉；横桥南渡，以法牵牛”(《三辅黄图·咸阳古城》)。红山文化祭坛表明，有字时代效法天象的建筑规划理念源自无字时代。先民以人造景观写实地呈现盖天说，北极星的符号可能就在景观中。天文考古学者在黑龙江炮台山祭祀遗址(约 4500—4000 年前)、敖汉旗城子山祭祀用岩石平台(约 4000—3500 年前)、朝鲜半岛镇墓石等遗迹上发现了北斗图，城子山祭祀地外围主墙上还出土巨型石雕猪首(孙小淳等，2010)。农业的主导地位以相对完备的历法为前提，北斗处在拱极圈，以其目视亮度、规律变化和终年可见等特点成为最佳观测对象。北斗和猪首在红山文化具有共现关系，北斗及其周围星象是相对抽象的事物，野猪是具体事物，两者间可能存在隐喻关系。此外，上述考古事实表明，猪首而不是全猪具有符号意义。

三、猪首和斗魁的隐喻关系

基于文化连续性和红山文化祭坛的星象学特点，猪首形器是斗魁的符号。前述北京平谷上宅发现了陶猪首和石龟，龟、猪也是红山文化大墓常见动物形象(参见表 4.1)。文化遗存中反复出现的动物组合既体现了文化连续性，也体现了文化整合性。龟甲是盖天说的模型，其占卜功能当源自星象学。北方区系目前只出土了人工龟形象，先民在不生长龟的地方费力地制作出龟，必定有重要意义。红山文化建筑规划的星象学特征、北斗遗迹、龟甲等专属大墓或祭祀地，这些器物限定了猪首所在的体验域，它们一定与观天职责有关。韦伯定义的魅力(charisma)是享受玉礼葬的文化资本，这种魅力大体来自长期积累的星象学。基于考古调查和天文学测算，冯时认为红山文化猪首形器的两眼和两鼻孔可能对应斗魁四星，斗魁在约 6000 年前的位置和亮度最适合成为北极星(冯时，2001：111-112)。猪首作为斗魁的像似符与龟甲作为天圆地方的像似符遵循相同的符号化机制，两者还是组合关系。从外形看，斗魁呈不对称梯形，猪的两眼和两鼻孔呈对称梯形，但器物猪首不一定呈对称梯形。牛河梁 N2Z41M21 大墓中发现了一块丫形玉兽面(图 4-4：1)，经田广林(2003：160)考证是猪首形器的正视展开图。该兽面形器上的四孔略显不对称，考虑到红山先民精湛的玉器技术，这种非对称梯形应该是刻意模仿斗魁的形状，借此达到形似、数同的目的。该器物既以猪面四窍模拟斗魁四星，还以猪的活性模拟星体运动。

四平山积石墓的带四孔璇玑可佐证牛河梁玉兽面的历法意义。四平山位于辽东半岛，清末被日本人发现，出土器物全部被掠夺，相关发表很少，年代可能属大汶口晚期至龙山时期。栾丰实(2005)的牙璧(璇玑)研究佐证了四平山与大连本土和山东的双重文化联系，四平山出土的璇玑在大连位列第一，共 9 件，器型有两牙、三牙(图 4-4：2)、四牙等三种。如图 4-4：2 所示，四平山三牙璇玑刻有两条线，一条线两侧各刻两孔，另一条线两侧各刻一孔，共六孔。其中四孔可能是斗魁，另两孔可能是斗柄两侧的左辅和右弼，两孔之间的线条就是斗柄，逆时针旋转即可得出四季斗魁。红山文化与四平山文化同处大连地区，可能有时间差异，但北斗的历法价值在相当深远时空中有效。在历法意义上，四平山璇玑与红山丫形兽面同等。

四孔的释义可参照郑州双槐树和青台仰韶中晚期河洛文化北斗遗迹。仰韶先民以罐子在地面呈现冬至北斗图，两地北斗布局几乎相同。双槐树北斗(图 4-4：3)包括斗魁、斗柄和斗柄左右两星，星图上端对应北极的位置发现了一头向南并朝着门道的完整麋鹿，斗柄指向符合《鹖冠子·环流》的描述，北斗九星也符合道教文献(范毓周，2020)。麋鹿在冬至前后脱角，古人称之为“麋角解”(《礼记·月令》)。现代人解释“麋角解”的视角是生物学或动物学，是麋鹿受光照年周期影响的生理反应。换句话说，“麋角解”是冬至的物候指示符，兼具星象学和动物学意义。中国先民基于体验同现的转喻赋予麋鹿以冬至瑞兽的文化意义，斗柄指北是冬至昏见的几何图，两种符号的同现形成互证。于是，麋角解和斗指北成为季节转换的常识，通透、自然而简单，双槐树遗址中的北斗和麋鹿可能都意指冬至。

以四孔布局追溯兴隆洼遗存，一些石雕或蚌雕是红山玉兽面的祖形。兴隆沟遗址发现或征集的石雕或蚌雕一般被识别为人面，但不对称造型和大小不一的四窍不符合人面特征。相关器物(见图 4-4)主要来自兴隆沟、兴隆洼和白音长汗，一些是半成品或简化版(张弛，2022)。兴隆洼文化四孔形器的组合关系不明，但四孔布局与红山玉兽面类似。在观察者眼中，斗柄和斗魁永远运转，不同季节或不同时间都会出现相同外观的北斗，其具体历法意义必须参照观察时间。比较而言，季节的意义对于农耕先民更重要，更早被符号化。所以，四孔器物宜从季节角度释义，《鹖冠子·环流》和《史记·天官书》是依据。① 参照城头山和

① 《史记·天官书》中斗柄朝向与季节的对应关系基于“昏见”时段的天象，可能承自《鹖冠子·环流》，后文关于四孔的释义总体沿用这个时段。

双槐树先民以器物大小对应目视亮度的规则，兴隆洼石雕孔径大小可能对应斗魁四星的目视亮度。肉眼看斗魁，亮度最大和最小的是天枢和天权，天玑和天璇的亮度居中，且相差无几。四星的肉眼距离也有参考价值，天权和天枢连线最长，并构成斗口。如果最大和最小的孔径分别指示天枢和天权，参照斗口朝向，可推测季节，天枢在春夏秋冬斗魁的位置分别对应左下、右下、右上和左上。那么，图4下面两孔略大，可能指示夏至昏见斗魁，图5、图6残缺而不能判断，图7的四

1. 牛河梁 N2Z1　　2. 四平山璇玑　　3. 双槐树北斗①

4~8　兴隆洼文化石雕

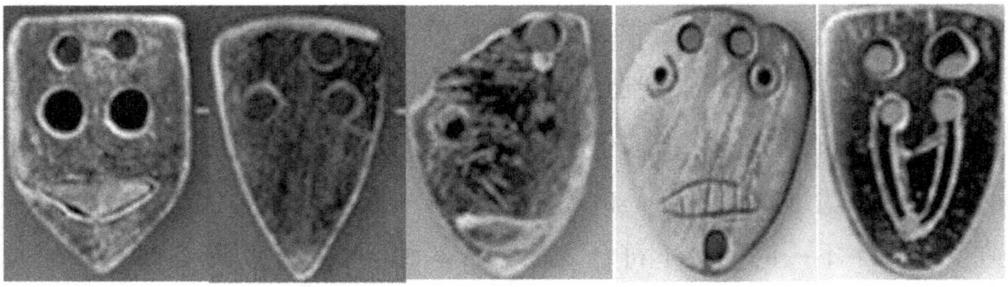

图4-4　北斗在不同媒介上的符号化

孔缺乏形似，不好判断，图8上面两孔大，可能指示冬至昏见斗魁。红山兽面有六孔或两组四孔，参照红山双猪首形器的符号意义，它可能是两分斗魁的合成图。技术发展推动媒介演变，实物猪首、石头、蚌壳、玉器等只有载体之分，承载的意义未变，四孔以形似、数同呈现了当时

① 图来自李安. 河南巩义“河洛古国”重大考古成果发布.《中国政府网》，2020-5-7. http://www.gov.cn/xinwen/2020-05/07/content_5509501.htm

最重要的星象学知识。

以动物喻星体符合隐喻的认知机制。北斗是遥远的运动星宿，具备神秘性，而猪是身边的具体动物，以身边常见具体事物理解事关生活福祉的天上抽象事物既符合当地生态，也符合认知规律。以国风版动画形象奇谭为例，它的獠牙、鬃毛、立耳、两眼、拱嘴鼻孔等特点与红山猪首形玉器类似，但红山先民凸显猪面四窍的形似和数同，奇谭作者凸显猪妖的辛苦生活。除了猪首形器外，勾云形器和箍形器(也称马蹄形器)也反复出现在大墓中(见表 4.1)，它们的释义应该借鉴该组合关系。勾云形器并无统一形制(图 4-5)，不同个体呈现了兽牙、眼睛、鸟喙、足、鸟翼、龟背等特点（李新伟，2004）。无论什么形制，总体上呈现了活物之意，符合星象学符号的特点，勾云形器和箍形器应该属于同一个体验域，都以玉为媒介，所指可能不同。视觉或触觉中的玉都是珍稀品，且能长期保存，这些属性比一般石头更能匹配宝贵的知识。

表 4.1　牛河梁主要大墓玉器①

墓葬 N2Z1	玉器(Z1 一号冢内未见陶器)
M4：3	猪首环形器 2(胸部)，箍形器 1(置于头下，头有砍痕)
M9：1	勾云形器(带齿)1
M11：1	玉蚕 1
M14：1	勾云形器 1(龟形)，
M17	双人首三孔形器(头骨附近)
M21 大墓：20	菱形饰 1，箍形器 1(头顶上方)，勾云形器(龟形)1，丫形玉兽面 1(猪首形器)，玉璧 1，双联璧 2，龟 1，竹节状器 1，手镯 1，璧 10，管箍状器 1
M22：3	箍形器 1(头顶部)，勾云形器(带齿)1，右手镯 1

① 根据如下文献整理. 崔岩勤(2017)；薛志强(2012)；朱达(1997)；甸村(1997)；孙守道等(2008).

续表

墓葬 N2Z1	玉器(Z1 一号冢内未见陶器)
M23：4	鸟兽纹形器 1，玉钺 1，右手镯 1，绿松石坠饰 1
合葬 M24：2+1	女墓：右手镯 1，勾云形器(龟形)1；男墓：右手镯 1
M25 大墓：7	左耳玉珠 1，右颈部玉珠 1，箍形器 2(后颈下和腹部)，左右玉镯 2，斜口管状玉饰 1
M26 大墓：4	双鸮(兽)首形器 1，斜口管状玉饰 1，玉镯 1，玉饰 1
M27：1	勾云形器(带齿)1
墓葬 N2Z4	玉器
4 号冢周围：2	勾云形器残件 1，玉鸟 1
墓葬 N5Z1	玉器
M1：7，男性	玉璧 2，鼓形箍 1，玉龟 2，勾云形器(龟形)1，玉镯 1
M9：1	玉蝈 1
地层中：1	玉蚕 1
墓葬 N16	玉器
79M1：1	双猪首三孔器 1(西侧扰土中)
79 M2：2	勾云形器 1(龟形)，玉鸟 1
M4：6+2，男性	玉环 3，鸟、人、箍形器各 1 件；小型绿松石坠饰 2；
M13：2	勾云形器(带齿)残件 2
M14：8	猪首环形器 1、璧 1、环 3、箍形器 1、镯 1、细石器刀刃 1
M15：1	勾云形器(带齿)1
地层中：3	勾云形器(带齿)1，玉龟 1，玉蝗(鸟)1

说明：N 表示牛河梁地点，Z 表示冢，M 表示墓葬。

既然猪首是斗魁像似符，北斗在时空中的动态规律如何符号化？答案可能在于猪首形器的构件和造型。自兴隆洼文化始，双猪首形象在北方文化中反复出现，包括兴隆沟第一地点 H35、M118；大新井双猪首联体石雕；牛河梁 N2Z1M4、N1679M1、N16M14；东山嘴双猪首形器等，实物和玉器中的双猪首分别朝向相反方向。基于同样的星象学逻辑，冯时(2001：110-113)认为N2Z1M4中相背的两件猪首形器象征北斗的两种相反指向，青、白两色象征春、秋。从兴隆洼四孔石雕看，当地先民可能已经掌握了分至四时。北斗的突出特点就是绕极运动，农耕社会最重要的两个季节是春耕秋收，斗柄的东、西朝向具有农时意义。鉴于双猪首在西辽河流域近3000年间文化场所的持续出现以及与天文观测和祭祀遗迹的共现关系，冯时的解释合理。以此观之，双猪首形器象征两个季节的斗柄朝向，而环形或"C"形猪首形器是北斗周年运动的轨迹图。

猪首形器的组合关系能佐证星象学释义。由于北斗和盖天说是组合关系，大墓陪葬物可能会同时出现两者的符号。龟是盖天说的像似符，出现龟的大墓可能也会出现北斗的像似符。表4.1中，龟要么和猪共现(N2Z1M21)，要么和勾云形器共现(N16地层中、N2Z1M21、N5Z1M1)。勾云形器形制各异，但均可见动物特点。以部分形制(图5-5)为例，第一排器物总体上形似龟，第二排器物下端的獠牙或牙齿也提示动物。结合其他带獠牙的器物和当地兽类遗存，第二排是猪首形器的变体，獠牙是野猪首的转喻。陆思贤等(2005：95)认为勾云形器象征星空旋涡，中心是北极星神，是原始社会巫觋观天身份的符号。基于西辽河流域丰富的天文学遗迹，可进一步确定这些器物的星象学意义。第一排器物象征天，和玉龟属于一个范畴内的聚合关系；第二排器物和猪首"C"形或环形器属于同一个范畴的聚合关系，都象征北斗绕极运动。第二排勾云形器上的兽牙和鸟翼组合延续了赵宝沟、平谷的动物形象，只不过红山先民创造性地把猪鸟整合成一个器物，N2Z1M23中的鸟兽纹形器的释义相同。猪和鸟是基本隐喻，猪鸟组合显示了两者的密切关系。比较而言，先民首先认识太阳，赵宝沟陶尊上的鸟可能不是南宫的符号。箍形器可能也有星象学意义，可能是鼓框、猪拱嘴形支座或龟甲，若解释为发箍，其重量和尺寸难以匹配头发。

图 4-5 部分红山文化勾云形器

北斗符号连接了燕辽地区的文明史。如前所述，皮尔斯在晚年意识到像似符、指示符和象征的区分有不足之处，因为前两者也可能是象征，关于象征和对象之间是否有联系的问题，他和索绪尔持相反立场，但他晚年认为存在联系。某个象征形成之初大抵只能借助像似符或指示符，但该联系会遗落在历史中，后人难以理解。从相似性看，兴隆洼猪首堆塑组合、红山玉兽面与斗魁形似，而双猪首形器则是北斗绕极运动的神似，从形似到神似的转变就是像似符向象征的转变。单猪首形器、双猪首形器、勾云形器等越来越抽象，它们以不同构图表达北斗的静态外观、春秋和四季的轨迹特点。从隐喻视角看，体验相似或体验同现可产生隐喻，像似符是一种基本隐喻，野猪是喻体，斗魁是本体。根隐喻是民族文化之根，往往与一个民族的宇宙观有关，野猪首是北方区系当之无愧的根隐喻。从西辽河兽类遗存看，鹿和猪最常见，它们成为星象学符号并不奇怪，以环境中最常见兽类理解天象恰恰符合隐喻的认知机制。天圆地方、北斗建时、四季更替等都是当时的星象学常识，全部以可见的符号再现和传承。星象符号化的机制是概念隐喻，体现了隐喻的系统性、连贯性、体验性。猪神和北斗崇拜在中国历史上保持了持久生命力，“在璇玑玉衡，以齐七政”(《舜典》)指出了北斗和王权的关系，这是星象学赋权。关于璇玑，基于此前的北斗七星、北极、观天浑仪等三种解释，冯时(2001：92-96)认为璇玑是由极星规划的天盖的凸起区域，由于北斗在史前相当长时间内是北极星，璇玑与北斗关系密切。作为玉器的璇玑一般整体像璧，但边缘有两到四组牙齿状凸起，所以另名牙璧。《史记·天官书》记载“斗为帝车”，可见，兴隆洼文化中北斗与王权的紧密关系一直在延续。中国自主研发的导航系统以北斗命名，秉承了北斗在中华文明的隐喻意义。

综上所述，北方区系截至红山文化时期尚未出现龙。动物形象中，猪最常见，其次是龟和鸟(含鸮、鹰等具体的鸟)，偶见的蝈、蝗、蝉也可归入鸟类。玦形龙、熊龙、猪龙、鹿龙等命名自相矛盾，玉龙或某形龙等名称遮蔽了猪首特征。猪首作为斗魁的像似符契合当地动物生态、经济生活和文化连续性，也符合隐喻机制，猪首以外的构件则是斗柄轨迹的模拟。以此观之，文化场所多次出土的猪首形器和带獠牙勾云形器都能得到合理的解释，现代人就是从这部分识别出后世的龙，但他们无法解释龙的意义何在。有学者把猪的文化意义归因于其残暴攻击性和作为美味食物的双重特性，又爱又怕的矛盾心理导致了野猪崇拜(薛志强，2007)。比较而言，野猪绝非自然界最凶猛或最美味的动物。古典图腾研究表明，除非特殊祭祀需要，图腾兽类很少是日常食物来源。兴隆洼文化出土了大量野猪遗骨残渣，但实物或器物双猪首只出现在大墓中，这表明作为随葬品的野猪与稀缺无关，而与身份有关。红山文化大墓或祭祀地很少再发现野猪实物，玉器猪首才具有文化意义，这同样与身份有关。图腾论的漏洞源自西方人把自己的理解强加给其他民族，后者的图腾不仅表达兽类的自然差异，更是以分类系统为核心的宇宙观，兽类成为图腾不是因为利于嘴巴，而是因为利于思维。猪首的面部特征与斗魁构造相似，前者以简单明了的形式向先民们形象地呈现了头顶时钟和星历。当地生态中若有能呈现北斗构造的其他动物，可能也会被吸收成文化符号，然而稍微观察该地兽类遗存的活物特征，猪首是最佳选项。

第二节 中原区系的疑似龙

黄河流域众多史前文化各成系列，也在中原汇流。中原区系以关中、晋南、豫西为中心，辐射整个黄河中游乃至部分下游地区。由于处在西辽河和江淮之间，中原区系有承接、交流和传播四方文化影响的优势，仰韶时期可见多区系交流。前面已述仰韶文化中晚期郑州青台祭祀圆丘和双槐树河洛古国的陶罐北斗，北斗-天圆地方的共生与北方区系完全相同。

从墓葬和祭祀遗迹看，猪首形象在中原区系也广泛存在。猪是黄河流域常见家畜，兼具食物价值和文化意义。依据猪遗骨的病理现象、年龄结构、数量比例等特点，考古学者发现约 9000 年前的河南舞阳贾湖先民已经拥有家猪(罗运兵，张居中，2008)。贾湖大墓也随葬龟甲和猪颌骨，时间早于北方区系。范方芳和孙丹分别描述的葬俗地图中，龟甲和猪首(颌骨)葬俗均源于中原文化，最早见于贾湖遗址一期的极少数墓地，后来沿黄河上、下游扩散至陕、鲁境内，持续近 3000 多年(孙丹，2017；范方芳，2008：27)。西辽河先民在玉石或骨头上雕刻出猪首形象，黄河先民主要在彩陶上呈现猪首形象，常见猪首形器或猪面纹(兽面纹)。前仰韶文化已经出现猪首形陶器，典型器物有贾湖 H9 猪拱嘴形支座(图 4-6：1)、裴李岗梯形四孔陶猪头(图 4-6：2)、莪沟北岗陶猪头(图 4-6：3)、北福地陶刻(4-6：4)、老官台陶猪头等(图 4-6：5)。仰韶猪首形器或纹饰见于甘陕地区，如半坡形甘肃王家阴洼 M53 葫芦瓶和陕西临潼区姜寨 M312 细颈壶(图 4-6：6)、陕西何家湾的线刻三面骨雕像(图 4-6：7)、陕西杨官寨墓地猪面陶环和陶猪头(图 4-6：8、9)。一些拱嘴、獠牙特征的器物或纹饰被命名为人面(纹)，这显然低估了先民区分人兽的能力，况且该能力生死攸关。猪在中原大墓中也主要以首部出现，且与龟甲共现，这与北方区系一致。东北平原和华北平原连成一片，无不可逾越的地理障碍，前述河北境内的考古文化毗邻北方和中原，兼具两地特色的文化面貌可佐证文化交流。

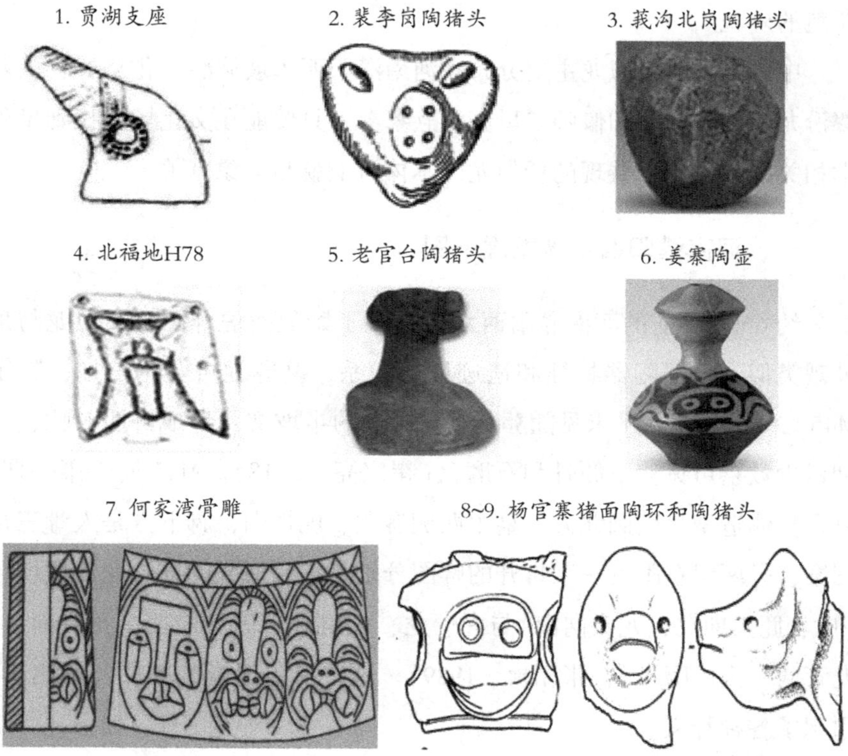

图 4-6　中原区系猪首形器或纹饰①

猪首的历法意义联系了兴隆洼、北福地、磁山、裴李岗、贾湖等遗址。这些遗址均在 8000 年前后，地理上两两毗邻，有类似陶器，都是农耕为主，文化源流关系存争议。在器道关系上，器物可能不同，宇宙

① 图 1、图 4 来自陈明辉(2013：62，99)；图 2 来自李友媒(1979)；图 3 来自李永强等人(2020)；图 5 来自田小娟(2019)；图 6 来自瑰宝之韵——甘肃省博物馆馆藏精粹(2011)；图 7 来自西乡旅游. 我县启动 2019 年田野文物安全巡查专项行动［EB/OL］.（2019-2-22）［2020-3-20］. https://www. sohu. com/a/296733074 _ 726731；图 8-9 来自王炜林等人(2011).

观必定完全相同。北福地陶刻可见猪拱嘴，四孔分布在边缘。裴李岗陶猪头的拱嘴更直观，猪拱嘴上的四孔虽然偏离了实际，但符合昏见冬至斗魁的外观。

中原区系的疑似龙主要分布在河南濮阳西水坡仰韶文化墓葬、山西襄汾龙山文化陶寺和偃师二里头贵族墓葬。只要能在文化场所找到星象学相关器物，与之共现的疑似龙的本体可能就与天象有关。

一、河南濮阳西水坡龙虎蚌图

约 6500 年前的河南濮阳西水坡发现了疑似龙虎蚌图，疑似龙与鼍外观类似。根据陶器特征和遗迹地层关系，墓葬地可分为三期，除了 M45，一、二期几乎未见随葬品，与同期的半坡文化形成鲜明对比，三期极少数墓可见猪下颌骨和石磨盘（崔宗亮，2018）。M45 属于第一期，墓穴整体造型呈南圆北方，墓主两侧有龙、虎蚌图，脚下方是人骨三角图案，另两组在附近一字排开的蚌图分别是重叠而成的虎、龙、鹿组合（虎、鹿头向北，龙头向南）与虎、龙、人组合，虎头向西，龙头向东，龙背骑一人（丁清贤，张相梅，1989）。这些形象逼真的蚌图一经出土，引起了各种释义。

现有释义大体可分为天象说和图腾论。言明（1988）质疑发掘报告中的一些结论和表述，支持闻一多的龙图腾合并论，龙虎蚌图象征墓主巫觋身份。李学勤（1988）用四象解释第一组蚌图，它们象征东宫龙、西宫虎和帝星。张光直（1988）提出三蹻说，M45 墓主是仰韶文化的巫觋，蚌壳摆塑的龙、虎、鹿是能听他使唤并助他上天入地的三蹻。受到三角图案旁边的两根人胫骨和曾侯乙墓葬漆箱龙虎北斗天象盖图的启示，依据《周髀》盖天说和四分历分析 M45 中的宇宙模式，冯时（1990）发现墓穴形状模拟了盖图中的两分、冬至的日道和阳光照射界限，第一组蚌图与该遗址年代的东宫、西宫和北斗的星象特点一致，其他两组蚌图都有天文学涵义。从像似性看，墓主两边的图案具有明显的动物特征，脚下图案看起来不是鹿，三蹻说存疑。其他解释可归为图腾论，与天象说针锋相对。朱乃诚(2019)赞成龙虎图的说法，但反对四象解释，他认为龙是扬子鳄(即鼍)，扬子鳄凶猛，吼声是下大雨的预兆，具有通神特点，蚌图可能是为了纪念墓主生前驯服鳄和虎的英雄事迹。正如图腾论难以解释西辽河流域野猪的文化意义，它也难以解释黄河流域鼍的文化意义。驯服鼍、虎的能力和墓主身份不一定有关系，况且几乎未见驯服鼍的记载。从外形看，第一组被认定为龙的蚌图与鼍形象一致，爪子的个数和外观均符合实物。鼍在新石器时代黄河流域是食物来源之一，过度捕杀是灭绝原因之一，大汶口文化山东兖州王因(约 6000 年前)出土了大量作为食物残渣的鼍骨，安阳殷墟也有类似发现(周本雄，1982)。M45 的文化分区、蚌图意义、小孩人殉身份等存疑，但基本可确认墓主的首领身份。同一墓中不同器物的意义关乎文化整合性，不能单件分别解释，至少第一组蚌图应该作为一个整体来解释。在这个意义上，天象说更合理，但需要更多证据，毕竟其中的鼍与文字时代的龙在外观上有差异。

天象说的关键在于找出鼍和龙之间的联系。从地理位置看，濮阳位于豫北，邻近冀南，冀南的磁山文化在约 8000—7000 年时就和兴隆洼文化有密切联系(陈明辉，2013)。前述河北易县北福地一期文化中的陶刻猪首和玉玦显示了兴隆洼影响，北京上宅文化也可见兴隆洼要素，赵宝沟文化有裴李岗要素。北斗对北半球先民具有普遍的宇宙观意义，如果北斗观察在新石器时代中期就形成，与北方区系临近的中原区系也应该有类似知识。该墓地形呈天圆地方，与西辽河流域的宇宙观一致，间接证明了观天是 M45 墓主的职责。北方区系众多器物的文化意义都与天象的像似符有关，这种思路同样适合该遗址，因为墓主西侧的蚌图看起来确实像虎。把人胫骨、两个蚌图作为一个整体来阐释，既符合以北斗作为观天坐标点的惯例，也符合四兽体系。冯时对 M45 第一组蚌图的天文考古学解释最具说服力，但尚欠鼍和龙之间的联系。黄河流域的鼍如何变成龙？山西襄汾龙山文化陶寺鼍首蛇躯形器为该问题提供了解答线索。

二、山西襄汾陶寺龙盘

山西襄汾龙山文化陶寺发现了疑似龙形象。约4300年前的陶寺遗址包括宫殿区、居民区、仓储区、手工业区、墓葬区、祭祀区等，祭祀区内有天坛和地坛，与王族墓葬群临近。墓地与生活区分离，地势偏高，该布局透露了生死分类的思维。2012年以来的宫殿区考古揭示了四面城墙、残玉琮、陶铃、铜蟾、柱础石等，规模宏大、形制规整。陶寺城址东南共发现1309座墓地，以早期为主，大城东南出土中期墓葬28座，早期5座王级大墓在晚期全部被报复性毁坟曝尸，中期王级大墓ⅡM22墓主被腰斩，早中期墓地异址、中晚期尚玉、三期葬俗变化等可能与内部政权更迭或外来人有关(高江涛，2017)。该墓葬群多数没有葬具和随葬品，以器物区分墓主等级的现象与北方区系一致。1309座墓葬中，35座出土了猪颌骨，墓主多为壮年男性贵族，但不是王者，个别墓葬中的猪颌骨超过100幅(夏宏茹，高江涛，2022)。疑似龙形象出现在四座早期王级大墓(M3072、M3073、M2001、M3016)的彩绘陶盘上(简称龙盘)，与之共现的器物还有鼍鼓、陶鼓(也称缶鼓、土鼓)和石磬组成的乐器组合、猪颌骨、猪头、木器、石器、玉器、陶器等(高炜，李健民，1983)。1983年的考古报告没有说明单座墓葬的器物组合关系，只报道了疑似龙与乐器的组合关系和固定位置，且只出现在大墓。

陶寺的后续出土为疑似龙的释义提供了知识背景。陶寺时期是成熟的农耕社会，居民掌握了石质、木质和骨质等三类农具，多种家畜遗迹、密集的水井、大量植物纤维遗迹、酒器、大型储存粮食的陶器等证明当时农业发达，制石、制木、制玉、制陶等行业形成成熟的社会分工(高天麟，1993)。星象学是农耕社会的必要知识，也是王权的基础。中期王族墓地附近出土了兼具授时和祭祀功能的观象台，太阳和月亮均是观测目标，根据夯土柱遗迹可推算出当时的20节气太阳历，陶寺可能是尧时的地中(何驽，2015)。中期王级墓ⅡM22棺内出土随葬品46

件，包括绿松石饰件、玉钺碎块、小玉璜、木柄、子安贝等，墓室出土随葬品 72 件，头端中央显著位置以一具猪颌骨为中心，南北两侧对称放置三件彩漆柄玉石兵器（中国社会科学院考古研究所等，2003）。墓室东南角的木杆被证明是先秦文献中的圭表，这是陶寺君王垄断历法的证据，先民使用夯土柱观测日出，使用圭表测日影（何驽，2009）。Ⅱ M22 墓主是毫无疑问的观天者，中心显眼位置的猪颌骨可能象征北斗。从文化交流看，Ⅱ M22 中的玉琮、玉璧、玉钺、玉佩（似鸟）、似虎玉兽面等玉器显示了齐家、石峁、红山、大汶口、石家河、良渚等文化的要素，北方文化中猪首的星象学意义同样适合陶寺。2001 年，晚期中小墓 M11 出土 2 件 29 齿铜齿轮形器，置于墓主手臂，其胸前佩戴小玉璇玑、玉璧和蚌壳饰品，这些器物显示了陕西石峁文化的特色（邵晶，2020）。

陶寺至少验证了基于北方区系的四点结论。第一，随葬品的多寡和组合关系与阶层分化、社会分工有关。第二，盖天说是基本宇宙观，天文观测是王者或贵族的职责，观天技术进一步发展。第三，星象学和农业文明、王权之间紧密联系，历法是三者的共同基础。第四，猪首是标示大墓墓主身份的随葬品，与稀缺性无关。

早期大墓中的疑似“龙”必须置于星象学的体验域。报复性毁坟曝尸现象可能与政权更迭或外部人入侵有关，但星象学是普遍有用的客观知识，观天者的身份符号不会彻底改变，三期大墓中连续出现的猪颌骨或猪头是证据。鼍鼓、磬和陶鼓以固定组合出现在早期大墓，“鼍鼓逢逢，依我磬声”等文献和殷商王室墓地考古确证了这些乐器的礼器功能，它们与平民无关，只与观天者有关。此前先民创造的星象学符号大多是视觉像似符，该遗址中乐器和星象学的联系只可能是乐器对神秘声音的模拟，即听觉隐喻。下列文献中的“如”“象”“效”等文字证实了天-雷-鼓-帝（君）之间的隐喻关系群：

1. 东海中有流波山，入海七千里，其上有兽，状如牛，苍色

无角，其光如日月，其声如雷，名曰夔。黄帝杀之，取皮以冒鼓，雷兽之鼓，声闻五百里，以威天下。(《大荒东经》)

2. 雷泽中有雷神，龙首而人头，鼓其腹。(《海内东经》)

3. 黄帝伐蚩尤，玄女为帝制夔牛鼓八十面，一震五百里，连震三千八百里。(《黄帝内经》)

4. 帝颛顼好其音，乃令飞龙作效八风之音，命之曰承云，以祭上帝。乃令鼍先为乐倡。鼍乃偃寝，以其尾鼓其腹，其音英英。(《吕氏春秋·古乐》)

5. 帝尧立，乃命质为乐。质乃效山林溪谷之音以歌，乃以麋革置缶 而鼓之，乃拊石击石，以象上帝玉磬之音，以致舞百兽。(《吕氏春秋·古乐》)

6. 天鼓，有音如雷非雷，音在地而下及地。(《史记·天官书》)

7. 鼓，其声象雷，其大象天，其乐象君，故凡鼓瑟、鼓琴、鼓钟、鼓簧、鼓钲、皆谓之鼓，以五音非鼓不节也。(《礼书》)

鼓是先民模拟雷声的产物，鼍鼓和陶鼓是先民因地制宜创造的听觉隐喻。从中原区系星象学史看，西水坡先民至少掌握了东西宫二象知识，陶寺先民掌握了四宫四象知识，且都以动物形象表达和传承。其中，鼍是东宫星象。鼍是有攻击性的大型危险兽类，对下雨前的气压变化有物候反应——隆隆叫声如雷，因此鼍叫声是下雨的物候指示符。雷是天的声音，能致人死命，能呼风唤雨，先民自然地把它符号化——攸关性命和农事的雷神。雷神看不见，摸不着，但声音隆隆。仪式需要呈现出信仰对象，鼍皮制成的鼓声音也如雷声隆隆，还能长距离传播，再加上鼍在下雨前的物候反应，这些特点足以使鼍鼓成为雷的听觉像似符号。猪首是北斗的像似符，鼓声是雷的音似符，两者都是非语言隐喻。雷泽是基于“水域-鼍叫声-雷声隆隆”产生的隐喻和转喻，夔牛、夔和雷兽等称呼是基于体验相似和体验同现的隐喻和转喻。史密斯（Smith，

1972：392）注意到仪式要素具有传染性（infection 或 contagion），与仪式场所接触或邻近的人和物都有神圣性，自然和超自然、物质和精神混淆难分，某些物质向外界传染超自然影响。从认知机制看，仪式要素传染性与范畴模糊性、等级性和关系性等特点有关，转喻导致仪式传染性。鼍鼓由于其原材料和音质的特殊性成了乐器之王，“夔”借此成了主管乐器的官职。《尚书·舜典》记载了负责典乐教育的夔，夔大抵是掌管礼乐的官职，并非动物。陶寺中的鼍鼓全部出自早期大墓，上下贯通，鼓腔内散落鼍骨板，器身依稀可见几何形纹和云纹（高炜，李健民，1983）。所以，鼍的圣俗之分取决于体验域，餐桌上是俗物，仪式上是圣物。

《太平御览·天部》卷十三梳理了天、雷、鼓、君、乐的隐喻、转喻关系群：雷，天地之鼓；天雷如击连鼓；鼓之以雷霆；有云然后有雷，像君臣也；雷霆之声可以钟鼓写也。这些描述中，隐喻或转喻的本体和喻体借助如、像、写等字眼联系在一起。“天-雷-鼓-帝（君）”隐喻关系表明，鼓和舞事关王权和祭祀；云纹是云气动态变化的像似符，鼍鼓的声音和器身纹饰是鼓与星象学关联的双重证据。

为什么鼍相关礼器遗迹不多？石峁和大汶口文化都发现了类似陶寺鼍鼓内残留的鼍骨板，但由于没发现鼓腔，难以判断它们是鼍鼓残留还是食物残渣。与猪、龟相比，鼍的数量少或者难捕获并非主因，鼍鼓的喻体价值是声音，能模拟出隆隆雷声的其他材料都可以用来蒙鼓。虽然鼓作为随葬品可能会腐烂消失，但这并非先民的考虑因素。陶寺鼍鼓、鼓槌、石磬的识别推动了陶鼓的识别。此前，学术界难解一些陶器：两头贯通中空、一端或两端附近有凸起或折沿、无实用功能，它们可能都是鼓。换句话说，鼓很早就有出土，但没有被辨识。冠名为喇叭状陶器（青海民和阳山墓地）、喇叭形器（陕西杨官寨庙底沟墓地）、漏器（山东邹县野店）、无底筒形器（牛梁河）、器座（湖北天门肖家屋脊）、陶异形器（陶寺）等陶器可能都是鼓。迄今为止，北方区系出土的陶鼓较早（均由辽宁朝阳德辅博物馆收藏），包括小河西陶鼓和赵宝沟陶鼓，且外形类似(王冬力等，2018)。红山无底筒形器就是陶鼓，一般出现在墓葬和祭坛中(朱达，吕学明，1997)。前文提到辽宁城子山祭坛的建筑布局具有星象学意义，该地紧贴石砌台阶位置布置了成排陶鼓，这种组合关系也证明了鼓的礼器意义。约 6400 年前的山东北辛文化晚期发现了陶鼓，大汶口文化中更常见，兖州王因、邹县野店、泰安大坟口、广饶五村、青州桃园等遗址共出土了 20 余件(何德亮，2003)。红山文化和马家窑文化陶鼓上都有旋纹，这些纹饰与陶寺陶鼓上的云纹、雷纹可能都有星象学意义。根据费玲伢的统计(见表 4.2)，陶鼓在史前文化中广泛出现，外观大同小异，具有圆形、中空、鼓腹、可冒革、有纹饰等特点(费玲伢，2009)。

表 4.2　三大流域新石器陶鼓粗略统计

流域	数目	报告名称	遗址(括号内为葬鼓比例%)
辽河	22	无底筒形器、敛口罐等	辽宁城子山、胡头沟、牛河梁、东山嘴等
黄河	44	尖底器、器座等	陕西姜寨(1.7)、北首岭(0.4)；甘肃乐山坪；青海民和(0.08)；河南巩义等
江淮	91	大口尖底瓶等	河南后庄王、下王岗(5.5)；山东野店(6.7)、大汶口(2.2)、花厅(2.2)、王因；江苏大墩子；安徽尉迟寺(2.4)、凌家滩；湖北屈家岭、肖家屋脊、邓家湾、中堡岛等

鼓是各区系共享的文化要素。鼓的制作因地方而异，鼓皮一般来自动物，鼓框可能来自木头、陶土或玉石。从葬鼓比例看，只有大墓出土，这与龟甲、猪颌骨的随葬分布类似。从组合看，龟甲和猪颌骨一般出现在大墓，鼓也出自大墓，它们以相对稳定的组合表达星象学。由于皮革因腐坏而消失，研究者一度难以辨识出陶鼓，只能从陶框上的旋

纹、十字纹或回形纹等纹饰蠡测其祀天功能。例如，红山、城子山祭坛和屈家岭文化肖家屋脊的陶鼓上有清晰的旋纹，马家窑永登乐山坪彩陶鼓上有旋纹和十字纹组合。文献也佐证了鼓的祀天功能，鼓在周代八音中位列群音之首，“鼓琴瑟”意指琴瑟开弹之前必有鼓声先导。《史记·乐书》记载了乐与宇宙秩序的关系，“乐者，天地之和也；礼者，天地之序也。和，故百物皆化；序，故群物皆别。”从陶鼓到鼍鼓，再到《周礼·地官》的“六鼓四金”，铙鼓作法、鼓舞士气、鼓人掌教、击鼓鸣冤、腊鼓频催等应用场景都与以鼓喧天的通神活动有关。陶寺鼍鼓的出土串联了文献记载和各种考古发现，揭开了鼓作为天的音似符的价值，鼍鼓也串联了中原区系陶寺涉鼍器物和西水坡龙虎蚌图，鼍体现了中原区系的文化连续性。

陶寺龙盘是多个基本隐喻的复合(compound)。陶寺龙盘(图 4-7：1)的描述大体如下：头部似鳄，嘴里含着类似禾穗的植物，红、白两种颜色描画出蜷曲身躯，躯体遍布鳞甲，由外向内盘绕(高炜，李健民，1983)。以面部特征识别该兽类为鼍，但鼍无法盘绕身躯，自然界有此身躯的可能是蛇。“天-雷-鼓-帝(君)”是基于体验相似和体验同现产生的隐喻或转喻，鼍是雷神的符号，也是天神和王者的符号。天既是瞬间抬头可见的蓝天白云寓所，也是随季节变化祭出风雨雷电的神秘力量，不同族裔群体因地制宜以声音、图像、动作等符号化表达和传承本土星象学。陶寺先民以鼍象征东宫星象，但鼍无法以蜷体象征东宫星象的四季变化，正如北方区系猪首形器的身躯部分多呈环形或蜷形，这两种器物显示了类似思维。自然界蜷体动物不多，蛇是该范畴的典型成员，所以人们很容易从中识别出蛇的样子，但此前北方区系和中原区系均未发现包含蛇首的完整蛇形器。当兽类只利于嘴巴时，就只是蛋白质来源，当兽类利于思维时，就可能是图腾。《左传》昭公二十九年中的陶唐氏后裔刘累为夏帝孔甲养龙，以供食用，并获赐御龙氏。综合陶寺鼍鼓、龙盘和黄河流域其他遗址中鼍残渣的事实，刘累养的龙就是鼍，图腾论难以解释鼍的食物价值。龙盘的圆形外观可能象征天圆，鼍首以外的蜷体象征天象的四季轮回，鼍嘴中的禾穗则象征农耕社会。猪首蛇身或鼍首蛇身的混合动物看似荒谬，正如两个或多个单纯词形成一个复合词。想象动物不符合自然规律，但符合认知经济性。

陶寺龙盘以一种想象兽类简洁地呈现了星象学和墓主身份。陶寺先民掌握了更多星象学，动物由于某种属性成为星象学符号。陶寺龙盘既不是鼍，也不是蛇，这种兽类不符合世俗分类系统，却符合道格拉斯意义的符号特点，它注定是神秘的。根据面部特征决定动物分类的原则，陶寺龙盘的构造特征是鼍首蛇身。山西石楼商青铜觥是龙鼍联系的另一种物证，俯瞰觥盖似兽，头呈半圆形，顶角，昂首向天，分布七个星纹。冯时(2011)认为中央最大的星是大火，器盖兽纹是升龙。器壁饰以多个兽纹，一兽纹的头、尾、爪、鳞显然是写实的鼍(图 4-7：2)。鼍纹前面的动物卷尾、吐舌、方纹、方头，可能是虎，器壁纹饰是龙虎图。《山海经》中各种珍禽异兽不符合现实动物特征，龙只是其中之一，今人试图找出它们对应的自然动物可能徒劳。龙盘动物能被阐释的部分原因在于其所属文化的高级知识价值，虽经后人反复增删修改，仍有孑遗流传至文字时代。陶寺龙盘因其嘴含禾穗的要素直观地契合农耕文明，星象学服务生计。西辽河的猪首形器和陶寺龙盘都以动物形象呈现了相互联系的星象学、仪式、农事和政治，在大道至简的认知机制方面难分伯仲。

1. M3072龙盘　　2. 商青铜觥的盖和壁（王莹，2009：11）

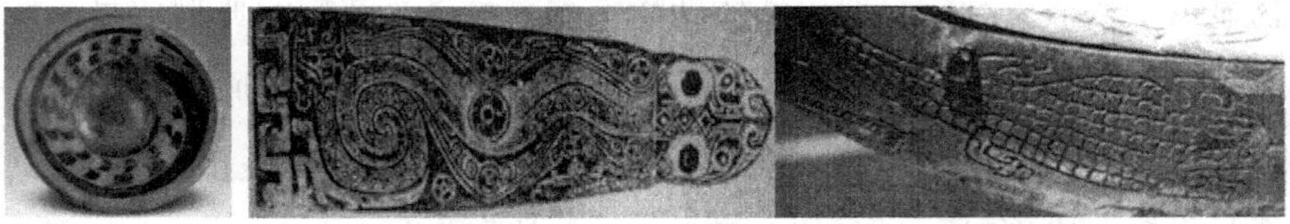

图 4-7　鼍/龙纹

陶寺墓葬动物形象的历史变化可能与不同部落有关。陶寺可见四方文化因素，都城显示了王国气质，早晚期间隔了数百年，即使毁坟曝尸是王国内部矛盾，象征星象学的器物也不应该被亵渎。随着石峁城的更多出土，石峁与陶寺在观象台、铜齿轮、陶鼓、口簧、璇玑、陶器、虎面等方面的联系被揭示。不同阶段的石峁陶器表明，该文化整合了河套地区土著、甘青地区齐家、成都平原三星堆等文化，呈现出大型都邑的强大态势，与同时期的陶寺比肩（马明志，2019）。发掘者认为石峁早期是龙山时期（约 4300—4100 年前），晚期是二里头早期（约 4100—3800 年前），即夏朝早期，破坏陶寺并取而代之的族群正是南下的晚期石峁先民（何驽，2017）。陶寺早期大墓主要动物形象是鼍，中晚期是鸟、虎、蟾（蛙），石峁出土了虎形器和鸟形器（玉鹰笄和大型陶鹰），三种动物都有星象学意义。陶寺宫殿铜蟾也指向了甘陕境内，如秦安大地湾半坡类型、天水师赵村五期、临潼姜寨一期、高陵杨官寨墓地（浮雕蛙纹陶釜）和西乡何家湾等仰韶文化、马家窑文化的陶器蛙纹和齐家文化的玉蛙。何驽（2015）认为晚期陶寺铜轮和新疆哈密天山北路墓地的齿轮形铜器均是历法器物，前者是朔望月小轮，29 齿对应一月 29 天，后者是太阳历法的大日轮，31 齿对应阳历大月 31 天。除了蛙纹或蛙形器，下文偃师二里头绿松石铜牌也显示了新疆北路墓地、甘肃天水、石峁等地的文化交流。这些证据表明，陕甘先民可能以蛙或蟾象征月亮。石峁和陶寺的先民可能曾和平相处，后来南下征服了后者，废弃的石峁城可能迎来了朱开沟先民，后者重新利用石峁人遗留的石雕。

三、河南偃师二里头绿松石龙牌

偃师二里头的疑似龙由青铜和绿松石构成。徐旭生在调查夏墟时发现了二里头，时间处于中原龙山文化和二里岗商文化之间，可能是夏朝遗迹。根据测年报告，二里头可分四期，上限约 3700 年，其源头可能是新密市新砦（约 3800—3600 年）的二里头文化（李维明，2009）。陶寺的毁墓现象和其他遗址中的乱葬坑表明部落间和部落内的战争是原始社会末期的常态，阪泉之战、涿鹿之战、启代益作后、太康失国、后羿代夏等传说可佐证。龙山时期甘青地区发现过零星青铜器，陶寺也发现过铜铃，但二里头是成熟的青铜文明，大墓以成套青铜礼器为标志，青铜爵和青铜鼎是首创。经过近 40 年的发掘，二里头文化的疑似龙主要来自二里头(图 4-8)，包括三件陶片、三件绿松石铜牌、一件大型绿松石器，还有一件陶片来自新砦。绿松石铜牌还发现于其他地区，包括甘肃天水 1 件(齐家文化)、四川广汉三星堆真武仓包包 2 件、广汉高骈 1 件和流散到境外的 9 件，共 16 件(王青，李慧竹，2007)。大型绿松石器出自二期宗庙 3 号基址中庭南院的 2002VM3 墓葬，被男性墓主右臂拥揽，一件带石铃舌的铜铃置于中部。这些疑似龙的出土信息简介如下：

新砦陶盖 99HXXT1H24：1。属新砦二期晚，主体为近方圆形，蒜头形鼻略近心形，长条形鼻梁上刻四条两行平行阴线，鼻梁分三大节，近臣字形纵目上似有高竖的弯月眉。吻略前凸，两侧有双阴线勾带内弯似龙须。共现随葬品包括尊形器、平底盘、深腹罐、鼎、器盖等。

02VM3 大型绿松石器。属二期，置墓主肩部至髋骨处，巨头卷尾，吻部略突出，两侧卷曲弧线似须。三节实心半圆青、白玉柱组成额面中脊和鼻梁，蒜头状鼻端硕大。鼻梁玉柱和鼻端根部雕平行凸弦纹和浅槽装饰，梭形眼眶，顶面弧凸的圆饼形白玉眼珠。身略曲伏，中部出脊线，向两侧下斜。共现随葬品包括铜铃 1，绿松石条形饰 1，鸟首玉饰 1，带穿孔绿松石珠的斗笠状白陶器 3，穿孔绿松石珠 2，穿孔海贝 90 余；觚、钵形器、带柄容器等漆器；陶器若干。

81VM4 绿松石铜牌。属二期偏晚，置墓主胸部略偏左，长圆形，中间两侧呈弧状束腰，两侧各有二穿孔钮。正面由不同形状绿松石片镶嵌排列成兽面纹。共现随葬品包括铜铃、玉管、玉柄形饰、绿松石管饰、漆钵、漆鼓等。

87ⅥM57 绿松石铜牌。出自四期中型墓，青铜铸镂空框架，绿松石片镶嵌成兽面纹，头窄身宽，圆头，两眼圆睁，弯眉，虎鼻状直鼻，颌有利齿数颗，身有鳞状斑纹。

84ⅥM11 绿松石铜牌。属四期，置于墓主胸部，碎小长方形绿松石片整齐地镶嵌成兽面纹，边侧四孔钮上下两两对称，可系绳。共现随葬品包括铜爵1，铜铃1，玉戚璧1，玉圭1，玉刀1，玉管状器1件，陶盉2，陶爵1，圆陶片4，绿松石管饰2，漆盒1，海贝58，大扇贝1等。

1.　2.　3.　4.　5.

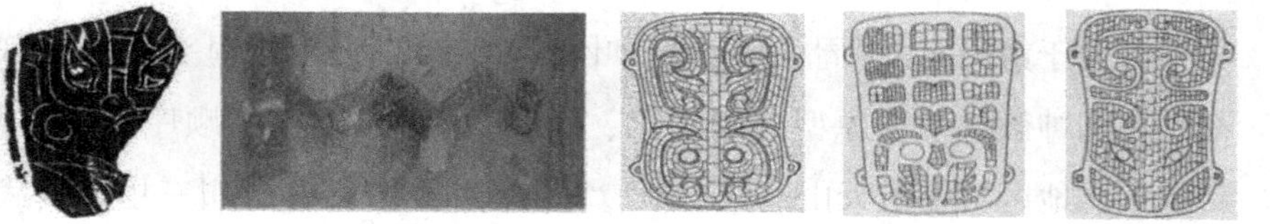

1. 新砦陶盖 99HXXT1H24：1　2. 02VM3 大型绿松石器

3. 81VM4 绿松石铜牌　4. 87ⅥM57 绿松石铜牌　5. 84ⅥM11 绿松石铜牌

图 4-8　二里头文化疑似龙

学术界对三块铜牌动物和大型绿松石器 2002VM3 的阐释以“龙说”占主导。李学勤（1991）最早提出三块铜牌上的兽类是龙。叶万松等（2001）认为它们是夏朝统治者胸前的神徽，象征崇龙和尊龙，并称它们为虎龙牌和虬龙牌。绿松石器方形大头，身躯蜿蜒卷尾，这些特征强化了此前基于铜牌阐释的龙说。杜金鹏（2006：104）推测 2002VM3 墓主是参与宗庙管理和祭祀舞蹈的特殊身份人，龙牌是身份标志。朱乃诚（2006）认为 2002VM3 墓主是拥有驯养龙的专门技术的贵族，该龙源自陶寺龙盘。蔡运章（2006：135-142）认为 2002VM3 墓主是夏朝设立专门主管祭祀龙图腾的“御龙氏”，绿松石龙头向西北寓示飞向天宫，铜铃传达神灵的告示，绿松石条饰象征天田。许宏（2009：149-150）认为该器物是龙身、龙尾、龙鳞具全的龙形器：“龙身略呈波状曲伏，中部出脊，由绿松石片组成的菱形主纹象征鳞纹，连续分布于全身，龙身近尾部渐变为圆弧隆起，因此更为逼真，尾尖内蜷，若游动状，跃然欲生。”受龙说的启发，何驽（2018）认为该器物形象地呈现了金文“禹”字（，B20181）手臂揽虫的造字思路，它是夏朝乐师为祭祀祖先禹而率众跳万舞的龙牌，此前出土的三块铜牌是大型绿松石器的简化版万舞道具，且这四个器物的纹饰样与商代《萬爵》铭文的“萬”字有些接近。这些龙说总体上属于图腾论，与养龙为食的御龙氏记载相左，但目标域与敬天法祖有关。

反对龙说的学者主要有叶舒宪、陈小三和王仁湘。基于上古有熊氏传说、关于熊虎旗的《周礼》文献，叶舒宪(2008)提出二里头三件铜牌都是夏朝神徽，动物原型分别为鸮、熊和虎(按出土时间顺序)。基于新疆东北地区哈密市天山北路墓地、甘肃天水秦州区、四川三星堆真武仓祭祀坑等地出土或采集的铜牌所涉及的青铜技术和绿松石镶嵌两方面的源流关系，陈小三(2013)提出铜牌起源于新疆地区，经河西走廊甘青地区传入四川三星堆和中原地区，兽面纹上的兽类是羊或者鹿。基于商周青铜器龙虎形器纹饰特点的比较，王仁湘(器晤，2018：总225期)认为龙虎特征各异，龙顶角，虎张耳，有的龙角耳并见，正视有双角、侧视有单角的是龙，正视有双耳、侧视为单耳的是虎，盖天说产生圆阳方阴和雌雄阴阳的观点，阴阳以方菱形和圆弧形两种纹饰象征，大型绿松石器的兽类原型是虎。冯时(2011)认为由于龙星在春秋两季的位置和方向有阴阳意义，春分在东方登天(升龙)，秋分在西方潜渊(降龙)，所以龙星兼具阴阳属性，以鳞形和菱形区分阴阳。根据《后汉书·律历上》的“阳以圆为形”“阴以方为节”，这两种纹饰的阴阳意义应该与冯时的观点相反，三星堆青铜虎的绿松石饰即为菱形。前述山西石楼商青铜觥侧壁上的纹饰也符合这个特点，鼍和虎身上的纹饰类似鳞形和菱形。叶舒宪的观点也属于图腾论，难免图腾论的局限性，况且熊图腾的考古遗迹少见。陈小三为新石器时代晚期不同区系交流提供了实物证据，尤其是青铜器技术的传播，实属可贵。二里头铜牌上的纹饰为方形或菱形，王仁湘的观点可取。

兽类成为图腾是后续衍生现象，其释义必须置于文化系统中。二里头属龙山文化晚期，四方文化在中原交流、碰撞和冲突，其兼收并蓄、怀柔万邦、辐射文化的特点显示了东亚核心文化和广域王权国家的政治统治架构，都城规划、墓葬制度、青铜文明，包括礼器和礼仪的礼乐贵族文化底蕴等文化要素在三代一以贯之(赵海涛，许宏，2019)。顺时施政是所有古国的知识基础，古国到王国的跨越需要配套的普适知识，星象学具备广域性。无论哪个族群，同一片星空下的生计、季节、体验等类似，普适共享的星象学促使交流借鉴。陶寺龙盘以厚重的天文学为背景，辅之以模拟天的乐器组合，写实的鼍嘴和蜷曲蛇躯得到了实物和文献的相互印证。二里头和陶寺地理临近，时间既有重合，也有早晚。“参商不相见”传说表明观测参宿和大火在喾、尧时期由首领的儿子承担，足见其重要性。星象学是跨越地域、族群和时空的公共产品，西水坡、陶寺、二里头等遗址时空相连，这些先民都是该知识的参与者和受益者。冯时(2001：163)比较了1975年出土的二里头镶嵌圆形铜器(K4：2)和上海博物馆藏的夏铜钺(图4-9)，绿松石镶嵌纹饰外观相同，星象学意义也相同，十字纹的个数、排列及圆形铜器的边缘形象地呈现了《尧典》中的四时阴阳历。前面已述，殷历协调了不同授时星以纪年、月、日，必然借鉴了西水坡、陶寺、二里头等文化的历法。

二里头疑似龙的释义必须受限于文化连续性和文化整合性原则。从来源看，新砦是二里头文化的前身，其中1999年出土的陶器盖残片和大型绿松石器的兽面纹几乎一致。往更早追溯，二里头的玉牙璋、玉钺、兽面纹在石峁均能找到类似器物，石峁出土了天文观测台、青铜齿轮形器以及璇玑、璧、琮等祀天玉礼器(佚名，2016)。石峁文化芦山峁的动物纹有虎(图4-10：2)和鸟，礼仪用玉有璧、琮、璜、璇玑、斧、钺、锛、刀、铲等(钟雪，2020)。石峁虎、新砦陶器盖残片、二里头铜牌和大型绿松石器等上的兽面纹表现出两两相似：突出大圆睛，梭形眼眶为主、蒜头状鼻、有胡须、斑纹、长而高鼻梁。从去向看，殷商文化也继承了二里头虎要素，虎形象往往出现在钺上。钺象征军权和王权，一般出自高等级墓，外形似斧，“大者称钺，小者称斧”(《说文》)。钺上一般有纹饰，上海博物馆藏夏铜钺上有两组十字纹，妇好墓出土了著名的二虎噬人纹铜钺，亚长墓一件铜钺上有龙(鳞纹、头顶角、蜷体)、鸟和十字纹，山东益都苏埠屯亚丑商铜钺上有镂空兽面纹，台北故宫博物院和上海博物馆藏嵌绿松石铜钺上的兽面纹与之类似，也十分接近二里头疑似龙的兽面纹(图 4-9)。

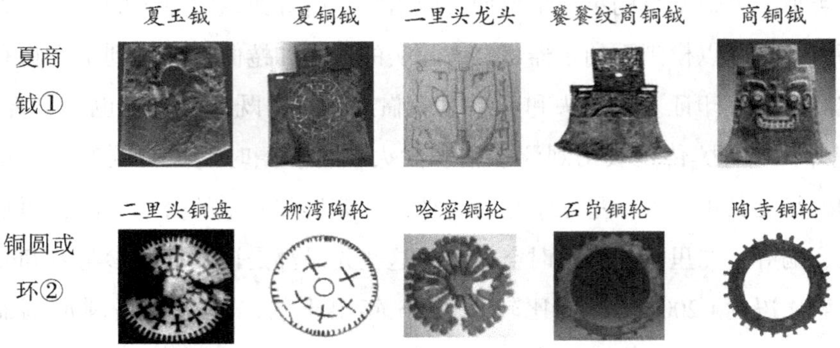

图 4-9 夏、商钺和各种圆形或环形器

这些兽面纹的原型是老虎，与蛇或鼍无关。图 4-9 的两组器物分别两两相似，每组器物通过家族相似性可归入同一个范畴。如果二里头铜盘和夏铜钺都有历法意义，那么商铜钺上的虎面也有历法意义。由此倒推，二里头的疑似龙都是虎。这些兽面纹既符合王仁湘提出的张耳、无角等特点，也符合参宿为夏人族星的记载。“三正”之夏历岁首为寅月，斗建寅，寅在十二地支中对应的动物恰好是虎。综合二里头文化疑似龙形器的兽面纹和夏商两代钺的兽面纹所展现的家族相似性，对照自然界兽类特点，虎与它们最相似。更早的虎钺组合可见于晚期红山文化半拉山墓地中的兽首形柄端钺，该兽首形似虎。仰韶文化晚期河南苏羊遗址中的兽首石雕与之类似，其中还发现了屈家岭文化的各种陶器(王圣志，任卓如，2021)。可见，自西水坡起，虎形器在中原区系前后相继，包括苏羊、石峁、芦山峁、陶寺晚期等。王仁湘的虎说总体上也属于图腾

---

① 前三图源自中国国家博物馆官网；第四图源自上海博物馆；最后一图源自李存信(2006)。

② 全部图源自贺俊(2018)。

论，他没有解释虎从何而来以及虎图腾被三代继承的原因。龙和虎都是星象学符号，夏商虽各有偏爱，但两者并非相互排斥，而是符号组合关系，在星象学上同气连理。趋同的星象学导致趋同的文化，并催化了族群融合。图腾论难以解释不同考古文化器物展现的频繁交流和逐渐统一的趋势，因为不同文化会导致持续冲突，且不易化解。二里头所展现的多元一体趋势必定以共同的知识或信仰为基础，星象学是客观、有用、普适的知识，族群迁徙和交流有利于星象学发展。

关于绿松石铜牌动物的争论可能遮蔽了二里头的太阳历。如果二里头是怀柔万邦的王国，它一定具备接纳、整合各部落历法知识的胸襟。基于各区系发现和古文献，鸟是象征太阳的动物，鸟纹、日鸟纹一直是中原彩陶上的常见纹饰，时空临近二里头的陶寺、石峁、石家河、山东龙山文化均出土了鸟形器或鸟纹。成套青铜礼器是二里头独一无二的特色，且不见于二里头文化的其他遗址，绿松石铜牌所在的墓葬组合中必然有太阳历相关的符号。依此思路分析 上述五件绿松石器物的组合关系，玉鸟和铜爵进入视野。二里头二期大墓出现绿松石铜牌，与该遗址青铜器出现时间大体一致，二期 02VM3 出现铜牌、铜铃、玉鸟组合，四期的 87ⅥM57 和 84ⅥM11 出现铜牌、铜爵、铜铃组合。此外，01VM1:3、02VM5:6 也发现了鸟形玉器(秦小丽，2020)。在葬制相对稳定的前提下，铜爵和玉鸟可能有相同的所指，铜爵应该是新材料出现后玉鸟的升级版。李少龙(1999)以商人的玄鸟图腾论支持爵与雀(鸟)的关系，二里头时期、商早期及西周早期等阶段的铜爵底部有烟炱痕迹，商中、晚期则未见。贾洪波(2003)支持爵的酒器功能，玄鸟图腾论不符合二里头的夏文化属性。就历法而言，遗址的精确断代或文化区分并不重要，日月星辰规律是“天行有常”的普适知识，不会因为部落、地区或媒介而改变，况且酒器和祭器的功能并不冲突。铜爵器型与山东龙山文化鸟形陶鬶类似，昂首长喙，三足符合日中三足乌的传说。《说文解字》释爵为“象雀之形”礼器，爵的读音“取其鸣节节足足也”。可见，爵和雀之间具有音近形似的隐喻关系。最珍贵的器物一般首先献给神和贵族，石器、陶器、玉器、青铜器等被不断推陈出新，青铜器由于材料珍贵、适合火燎而成为祭祀天神的最佳媒介。青铜爵上的烟炱痕迹可能与早期燎祭太阳神有关，火祭太阳神普遍见于世界各地古代文化，这体现了太阳如火的普遍体验。晚期铜爵要么被新媒介取代，要么平民化、世俗化，从二里头到西周，青铜器经历了由少到多，礼崩乐坏的本质是青铜器的平民化和实用化。所以，陶爵、铜爵的原型可能是鸟，祭祀对象是太阳。

器物是精神的物化，太阳历把三代文化一线牵。与太阳相比，参宿和大火毕竟是次要授时星，虽然各王国可能偏好参历或火历。从动物形象看，陶寺早期太阳历包含了火历要素，晚期太阳历包含了参历要素，二里头太阳历包含了参历要素。商从二里头继承的王国气质必然包含太阳历，鸟、虎、龙、龟、猪等青铜星象动物集真正体现了整合的历法知识。在敬天法祖方面，三代的敬天对象相同，法祖对象不同。

二里头疑似龙实为虎，这并不降低其重要意义。龙、虎、鸟、鹿、猪等都是星象学符号，并形成了组合关系，龙虎意义相互定义。2002VM3 大型绿松石器的蜿蜒身躯和卷尾试图强化已有龙说，但这些龙说的根本遗漏在于忽视了文化连续性。同一文化序列必然包含类似要素，如果把二里头绿松石器附会为龙，就必须把石峁、陶寺的虎形象（图 4-10）附会为龙。文献、纹饰、器物等多重证据表明二里头疑似龙都是虎，是西宫星象。二里头文化没有发现鼍（龙）形象，但其中的铜铃、石磬和鼓等乐器与陶寺类似。“参商不相见”传说表明大火（龙）和参宿（虎）在喾时代是授时星，商人祖先契（阏伯）和周人祖先弃（后稷）都是他的儿子。火历、参历、太阳历等的形成、竞争和整合反映了上古时代部落文明的兴起、分裂、交流和融合。只有基于星象学，二里头文化才会具有怀柔万邦的胸怀，普适知识是文化领导权的基础。

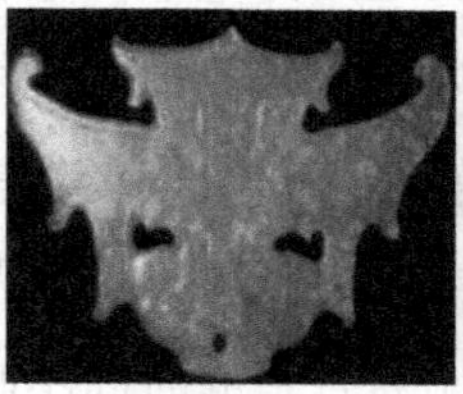

1. 陶寺ⅡM22 玉兽面

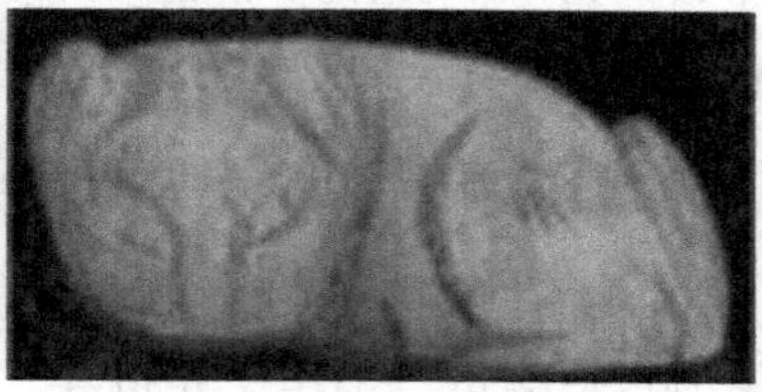

2. 芦山峁虎(采)

3. 二里头疑似龙

图 4-10　陶寺、石峁、二里头等地的虎形象

第三节　东南和西南区系的疑似龙

基于两个考虑，合并讨论东南区系和西南区系的疑似龙形象。从生活方式看，两个区系很早就掌握了稻作，东南区系稻作遗迹可追溯至旧石器时代末。学术界关于两区系的源流关系尚无定论，文化交流不是单向道，相互借鉴更可能。地理邻近促进了多区系交流，难以一概而论各地文化分期和源流关系。河南贾湖、浙江上山和广西甑皮岩的先民可能以不同方式影响了长江中游新石器中期文化，后者也反向输出经过整合了的文化。约 8000 年前，基于文化整合而大同小异、以釜、圈足盘和豆为主要特征的“长江中下游文化系统”借助裴李岗文化与“黄河流域文化系统”彼此交流(韩建业，2010)。成熟语言和文字产生前，写实图像是唯一能达成交流的符号，以动物记录、传承和交流星象学不失为解码当地所谓“第一龙”的关键。从出土遗迹看，两个区系的陶器在外观和纹饰等方面的相似可追溯到新石器中期，疑似龙形象的外观也很相似。

一、凌家滩玉龙

东南区系以太湖为中心，北邻东方区系，西邻西南区系，地理环境有利文化交流。该区系迄今最早的新石器遗址是浙江浦江县的上山文化，遗址公园主题墙上的前言以“万年上山”为篇名，大口盆、石磨盘和稻栽培等关键词夯实了长江下游作为中华文明源头之一的地位。除长江外，通济湖、南湖、太湖和巢湖也为该区系的稻作提供了水利条件。11000 多年前的上山、钱塘江流域 8000 多年前的跨湖桥、7000 多年前的河姆渡、6000 多年前的马家浜和崧泽、5000 多年前的良渚等文化前后相继，江南水乡生活包括捕鱼、稻作、养猪等，驯养野猪的时间不晚于贾湖文化(兰廷成，赵大川，2019)。稻作是当时农耕之本，对应知识体系是理解大墓内器物意义的背景。

东南区系最早的疑似龙出自安徽马鞍山市凌家滩。凌家滩(距今约 5800—5300 年)上承崧泽，后者跨越安徽境内长江西段、东海之滨，北部达江苏中部，南部越过钱塘江，其他重要遗址包括崧泽、东山村、龙虬庄、北阴阳营、薛家岗等。凌家滩偏近长江下游，自 1987 年以来的 5 次发掘出土了大量玉器。遗址显示了功能分区和贫富分化，居住区、墓葬区和祭祀区相互分离，丰俭不同的陪葬品体现了社会阶层，城市雏形初现。大墓出土了大量玉制的钺、玦、璧、环、斧、锛、铲、饰品等，没有使用痕迹，属于礼器。疑似玉龙(见图 4-11：1)出自 98M16，呈扁环形，首尾相连，吻部突出，獠牙、梭形眼、头上鬃毛、双耳等清楚可见，无角。遗憾的是，98M16 墓葬受到破坏，无法看出组合关系。关于其命名，考古学界形成龙虎两派。孙机(2001)认为红山、凌家滩、肖家屋脊、陶寺、妇好墓等诸多遗址中的蜷曲成环的器物均为龙，原型动物是金龟子类的昆虫。朱乃诚(2019)认为凌家滩 98M16 中的环形玉器是虎，该遗址 85M1(图 4-11：2)、87 含征、87M15 中的动物形象都是虎。从外观看，这些动物外形兼具异同，都有獠牙，但 98M16：2 的头有鬃毛，獠牙在拱嘴后面，其他动物的獠牙在嘴巴里面。对比自然界的獠牙兽，前者只能是野猪，后者可能是虎。从图片看，凌家滩 85M1：7 可见前脚，有五趾，这也符合虎的特点。从天象体验域看，虎宿的隐现能指示农时，虎首璜体现这种二元关系。

第五次发掘发现了迄今玉器随葬品规模最大的王级墓 07M23。07M23 保存完整，330 件文物中包括玉器 200 件，石器 97 件、陶器 31

件，另有碎骨和绿松石各 1 件，墓主从头顶到脚底全身有规则地覆盖钺、猪、龟、璧、环等大量玉器，填土中的玉猪重达 88 公斤，与 87M13 中的玉猪外形一致，均有獠牙和拱嘴(安徽省文物考古研究所，2008)。这种葬礼类似红山大墓的玉礼葬，但比前者种类更多、规模更大，与《周礼·大宗伯》描述的玉殓葬大体一致。从动物形象看，其他区系反复出现的猪、龟在列，写实风格一目了然，未见疑似龙。

需要指出，凌家滩发掘报告略显混乱。该遗址器物的命名、编号和数量在不同报告中不一致或含混(如玉饰)，且实物图片和线图均不够清晰。以 87M4 大墓器物数量为例，发掘主持人张敬国在《文物》1989 年第 4 期报道 131 件，在《东南文化》1991 年第 2 期报道 138 件，在《文物鉴定与鉴赏》2018 年第 4 期报道 145 件。同一墓葬，张敬国在 1989 年《文物》第 4 期报道了两件璧；基于他提供的考古记录和公开发表，张忠培在 2000 年发表的《窥探凌家滩墓地》中没有报道璧。对本研究而言，器物的种类和组合关系更重要，第二种不一致可能影响研究结果。碰到这种情况，笔者选取发掘人的原始报告，并整理为表 4.3。基于星象符号的活物原则，墓葬中的动物形象是研究重点。

表 4.3　凌家滩大墓主要随葬品①

墓葬编号	随　葬　品
87M1(15 件)	石锛 2、石斧 2、石璧 1、玉人 3、玉璜 2、玉玦 1、玉饰 2、玉环 1、(同心双连)玉璧 1；陶器等
87M4(玉器 100 件+石器 30 件+陶器 8 件)	玉斧 10、玉镯 1、璧 2、玉玦 4、玉璜 17、玉环 12+石环 1、玉管 2、长方形玉片(也称玉版)+玉龟(背甲+腹甲)+玉签 1 组合、玉饰 34、石凿 4、石锛 6、石斧 16、石钺 1、玉勺 1、三角形玉片 1，其他；陶器等

① 参照下列文献整理：安徽省文物考古研究所(1989)；杜佳佳(2011：39-40)；安徽省文物考古研究所(1999)；张忠培(2000)；安徽省文物考古研究所(2008)。

续表

墓葬编号	随 葬 品
87M9（60件）	璜4(含龙凤璜1和猪/虎首璜)、镯7、环1、玦2、管34等
87M13	玉猪1，其他器物不详
87M15(121件)	玉镯2、玉璜30、玉钺1、玉玦1、玉双连环1(双联璧)、玉管49、玉冠3、玉饰11；石锛8、石钺7；陶器等
98M4(126件)	玉斧10、玉龟2、长方形玉片1、玉笄(签)1、三角形玉片1、玉璜17、玉环12、玉玦4、玉镯1、玉纽扣1、玉管2、玉饰34、玉勺1、其他9；石斧16、石锛6、石凿4、石钺1、石环1、其他2；陶器若干
98M16(被破坏，19件)	玉璜1、玉镯2、玉珏2、玉管5、玉饰8、疑似玉龙1；其他
98M20(62件)	玉铲1、玉钺2、玉璜4、玉环2、玉板4、玉芯1、玉料1；石铲18、石锛23、石板2；其他
98M23	玉环1、玉芯2；石工具3：极少量陶器
98M29(85件)	玉镯1、玉璧5、玉玦4、玉璜4、玉环11、玉管7、(八角纹双猪翅)玉鹰1；玉饰15、石钺2、玉铲2、玉戈2、玉芯1、玉人3、石铲7、石板1；其他陶器
07M23(共330余件，玉器200件)	玉斧9+石斧3、玉镯36、玉璧2、玉玦28、玉璜12、玉环83、玉管1、玉龟+玉签组合3套、玉饰1+绿松石饰1、石凿2、石锛4+玉锛1、石钺44+玉钺2、玉芯1、玉料3；碎骨1；各类陶器；大玉猪(有獠牙，外观似87M13)

98M16疑似玉龙的释义需要参照文化序列的大墓葬俗。凌家滩上承河姆渡、马家浜，下启良渚，该文化序列的共同要素是理解疑似龙的参照系，稳定出现的主要动物形象是猪、鸟和龟，疑似龙形象在崧泽文化时期是孤品。龟是占卜通神器物，除了实物龟甲，制作精良的器物龟也连续出现。例如，河姆渡文化浙江田螺山的龟背形陶盉(T1038：25)腹部刻有猪、鹿和火焰纹，崧泽南河浜(M27)出土了两个陶龟，良渚也出

土了玉龟。东南区系中明确的猪形象遗迹有：浙江河姆渡的猪纹圆角长方钵(T243④：235)和灰陶猪、马家浜罗家角的兽面陶器耳、崧泽上海青浦灰陶猪首形匜、崧泽-良渚官井头的猪首璜(M65)、良渚江苏龙虬庄猪形陶罐等。鸟形象在东南区系一以贯之，河姆渡文化遗址门口的双鸟朝阳凸显了鸟的符号意义；崧泽晚期浙江嘉兴南河浜出土了数个鹰首壶；良渚也出土了玉鸟。除了动物形象外，纹饰也呈现了文化连续性，八角纹是典型(详见下章)。南河浜包含了早期到晚期的崧泽文化和良渚文化，能呈现文化连续性。南河浜发现了崧泽方形祭台、崧泽墓葬92 座、良渚墓葬 4 座，大部分墓葬没有或很少随葬品，高等级墓随葬品以陶器和玉器为主，陶器包含龟、鹰头壶、塔形壶等非生活类器物，玉器有璜、钺等礼器(浙江省文物考古研究所，2005)。凌家滩 98M16 疑似龙是崧泽时期的孤品，但多个良渚遗址发现了类似器物，一般呈环形，大的像镯，小的像坠，有拱嘴、立耳，有的拱嘴上刻有褶皱。以坠形物(图 4-11)为例，它们都出自大墓，分布在江苏常州青城墩(M71)、常熟市罗墩(M8)、普安桥(M17)；浙江省杭州市官井头(M65)、宁波市后头山(M18)、海岩市仙坛庙(M51)、海宁市皇坟头、嘉兴市梅园等(王宏伟，2019)。以后头山为例，该遗址共发现 21 座墓葬和 4 座灰坑，出土玉、石、陶等各类器物近 250 件，时间跨越崧泽晚期至良渚晚期，唯一疑似龙形象(图 4-11：7)出自唯一有木棺葬具的 M18，随葬玉器反映的等级也最高，包括玦、璜、珠、圆牌、指环、镯、锥形器等 15 件(丁品等，2008)。从耳朵形状看，猪耳偏尖，虎耳偏圆，上述环形玉器的首部均尖耳、拱嘴，更像猪。

基于文化整合性原则，凌家滩大墓体现了墓主的观天者身份。考古发现和文献记载表明，钺象征军权和王权，龟甲象征神权。87M4 位于祭坛，随葬品种类丰富，玉器为主，龟甲卜卦器具、钺等显示了政教合一的身份特点(张忠培，2000)。07M23 大致位于凌家滩祭坛的东南，靠近祭坛顶部，墓主身份与 87M4 墓主不相上下(安徽省文物考古研究所，2008)。对比两座大墓，两者都离祭坛很近，都有龟甲卜卦器具，

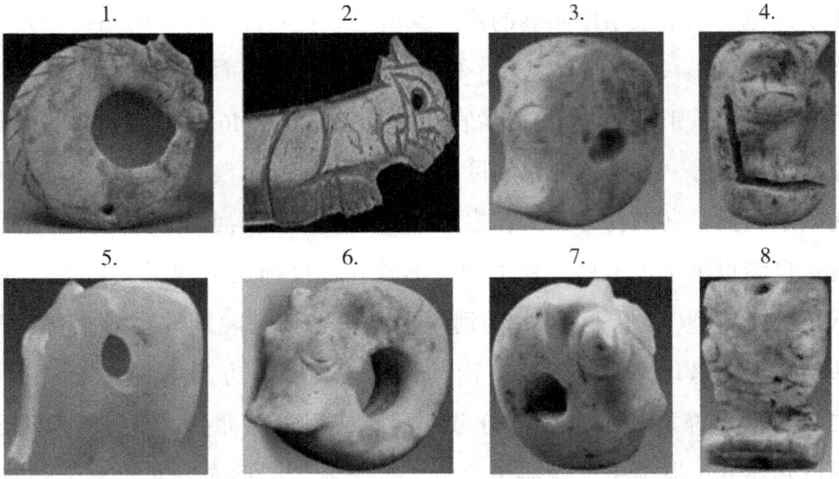

1~2. 凌家滩 98M16：2、85M1：7　3~4. 普安桥 M17：2、M8：28
5. 仙坛庙 M51：2　6. 官井头 M65：20　7. 后头山 M18：1　8. 达泽庙 M10：4

图 4-11　东南区系部分疑似龙形象①

器物组合关系绝大部分相似，不同之处在于 87M4 中有玉勺和三角形玉片，而 07M23 中有大玉猪。盖天说和北斗的符号在北方区系共现，07M23 中的龟甲和大玉猪可视为该共现关系的地方变体。87M4 中有龟甲，北斗的符号可能是其中的玉勺。冯时(2001：99)考证河姆渡文化的余姚木勺实际上是北斗像似符，因为其形状不匹配勺的实用功能。冯时的解释无懈可击，后世罗盘上的勺子可佐证。凌家滩 87M4 和 98M4 中的玉勺也应该象征北斗七星，是木勺的升级版，把勺子理解为餐具不符合葬俗的文化连续性和整合性，因为随葬品中无其他餐具。良渚文化也出土了玉勺，有的玉勺刻有与良渚玉镯或玉坠上类似的兽面。如果把勺理解为北斗的像似符，而不是餐具，87M4、98M4 和 07M23 就具备了北斗和盖天说共现的规律。此外，98M29 墓中的八角纹双猪翅玉鹰也包含了明显的双猪拱嘴，中间的圆形八角纹是盖天说的地方符号。

① 图来自朱乃诚(2019)。

不规则梯形四孔可佐证斗魁在凌家滩的符号化。凌家滩和红山在时间上既有重合，也有早晚，两地存在文化交流，疑似龙是证据之一。除了疑似龙，凌家滩也可见北方文化中的四孔，这是两地交流的另一重证据。四孔器物包括玉龟甲(图 4-12：1)、玉璧(图 4-12：2)、同心双连璧(图 4-12：3)。玉龟甲是凌家滩最重要、最著名的器物之一，玉版夹在背腹甲之间。玉龟甲背脊线两侧的四孔明显不对称，若有孔径数据，可推测具体季节。学术界讨论的凌家滩玉璧线图与网络流传的彩图(图 4-12：4)有差异，前者刻意使四孔布局对称，扭曲了先民的原意。2022 年，凌家滩的燎祭遗存出土器物 260 余件，包括 60 余件钺、少量管、珠、璜、镯等，其中一件玉璜阴刻成猪首(图 4-12：5)，齿轮形玉器(图 4-12：6)刻有四孔，一件玉牌饰(图 4-12：7)也刻有四孔(安徽省文物考古研究所，含山县凌家滩遗址管理处，2022)。图 4-12：5 的首部与 98M16 中疑似龙、87M9 中龙凤玉璜的一端均类似，拱嘴明显，发掘者一以贯之地以龙命名这些器物。图 4-12：6 中规整的齿轮形与不规整的梯形四孔形成对照，图 4-12：7 中可见两条边框辅助线，四孔大小不

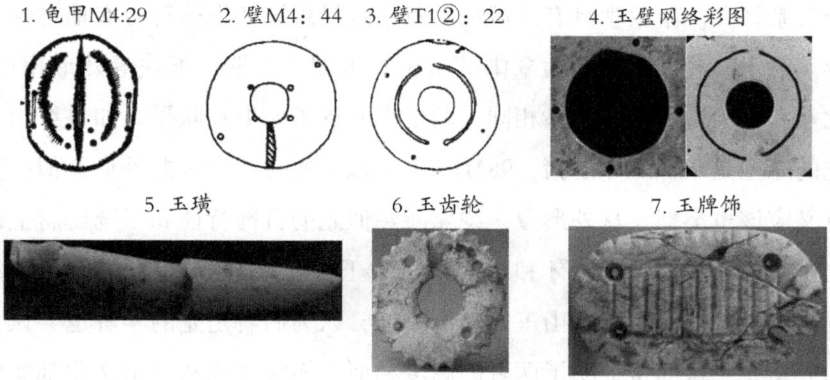

1. M4 玉龟甲　2. 87M4：44 玉璧　3. 87T1207②：22 同心双连璧
4. 实物彩照四孔截图　5-7. 凌家滩祭祀坑 2022

图 4-12　凌家滩龟甲和璧上的四孔①

① 线图 1、2、3 来自田名利(1999)。

一，分布在线的内外或线上。在星象学视角下，四孔可能都是斗魁符号，形似、数同。

跨区系比较可进一步确认 98M16 中疑似龙其实是猪。星象学是阐释北方和中原文化场所动物遗迹的背景，这同样适合凌家滩。如前所述，自河姆渡文化以来，东南区系陆续发现了天文观测遗迹和符号，八角纹是其中代表。凌家滩 87M4 中的玉版置于龟甲和腹甲之间，中间刻有八角纹，中间刻有圆形和方形，四边缘刻有钻孔。李新伟(2004)认为该玉版是盖天说模型，直观地呈现天圆地方、四方四维等概念，98M29 中的八角纹双猪翅玉鹰也有星象学意义。魏陈斌(2018)认为该玉版上的钻孔是基于“形相似、数相同”原则模拟的二十八星宿图，它体现了以北极星为坐标点的天文学知识从东西两象向四方四象的发展。根据史前八角纹、上古天数观、天文学的分至启闭八节、九宫、八方、五位等天文数理传统，冯时(2001：第 8 章)认为该玉版是五位九宫复合图，五位图是指示四方和中心的河图，九宫图是指示八方和中心的洛书。这些观点不尽相同，但都属于星象学解释，都符合农耕文明对墓主的知识要求。由于凌家滩疑似龙所在墓地 98M16 受到破坏，难从其组合关系释义。星象学具有广域性，只不过呈现该知识的符号有地方性差异。红山、凌家滩文化大墓中的玉龟、玉镯、玉璧、玉玦等外形相似，北斗和盖天说的组合关系相同，两地都发现了 8 形双联璧。如果红山玉龙的原型是象征北斗的猪，98M16 中疑似玉龙与红山玉龙外形类似，其意义应该也类似。从外形看，凌家滩疑似龙的首部特征和玉鹰翅膀上的猪拱嘴类似，两者的獠牙和 07M23 的大玉猪和 87M13 的猪獠牙都类似。疑似龙的环形身躯与红山玉龙整体类似，认为后者是龙的学者也会认为前者是龙，这间接证明了两者的高度相似。崧泽文化和红山文化都毗邻东方区系，三个区系都发现了天文考古学遗迹，大汶口文化多件 8 形双联璧可佐证三地联系。凌家滩疑似龙与红山玉龙的原型都是猪，以面部四窍象征，以蜷体象征北斗绕极运动。图 4-11 玉器上的拱嘴和沟纹状皱褶以极简的方式呈现了猪首形象，而其环形身躯的意义承上启下，这种文化连续性的主要原因是星象学的普适性。

凌家滩体现了周边文化交流。如前所述，兴隆洼玉器被红山发扬光大，后者也受到邻近的东方区系的影响，东方区系又毗邻东南区系。凌家滩在同时期诸考古学文化中发展程度高、意识观念复杂，发展水平在约 5500 年前各考古文化中位居前列(朱乃诚，2011)。从吸纳四周文化、礼制、大型广场、祭坛、城市规划等方面看，凌家滩在比二里头早近两千年的时候就已经是江淮地区兼收并蓄的文化。良渚显然受到凌家滩影响，但创造了地方宇宙观符号——标准化的良渚神徽。从时间看，凌家滩比二里头更接近相互作用圈的形成时期。玉殓葬、日鸟图、神龟负书、八角星、猪、虎、环形等都是中华文明密码，它们为阐释良渚神徽和其他被附会为龙纹的纹饰提供了线索。台湾蓝田山房所藏的一件良渚玉璧上刻有一写实的猪，后腿系长索，满身卷云纹，是名副其实的天猪。李新伟(2004)认为该璧的意义是北斗，猪身为斗魁，长索为斗柄。这件器物是有多种星象学意义的视觉隐喻，以璧礼天，北斗是天神，北斗神也是猪神，它与一些兽面良渚璧的符号意义完全相同。随着星象学交流、古国到王国的社会发展，一种自然动物形象发展为多物种的想象动物。东南区系在跨湖桥时期就和西南区系的高庙有交流，然后向四周扩散整合过的文化，西南区系的石家河、三星堆文化可见良渚影响。最新考古发现表明，南方区系的珠江三角洲石峡、香港涌浪、广州甘草岭、中原区系的石峁等遗址的玉器在造型、组合、制作技术等方面都可见良渚要素(邓聪等，2019)。考虑到东南区系发达的农业、手工业、水利设施和利于文化交流的平原地貌，标准化的神徽在此出现就很自然了。头戴羽冠、身跨天猪的神掌控时令，它象征地上王者墓主，并在文字时代表征为“帝车”组合。

二、石家河玉龙

西南区系疑似龙出自长江中游石家河文化。大体以汉江为界，长江中游形成了两支考古学文化，但各自内部再有分支，是“左洞庭而右彭蠡”(《史记·孙子吴起列传》)的三苗居住地。汉江以西和环洞庭湖地区以彭头山文化较早，中晚期时在贾湖、上山-跨湖桥文化的影响下形成兼具异同的城背溪·皂市下层文化和高庙文化，汤家岗文化同时受到两者影响。湘西北和鄂西地理相邻，自彭头山、城背溪·皂市下层、大溪以来的文化脉络清晰，以釜、罐为特色(刘辉等，2021)。汉水以北、以东形成了边畈-油子岭-屈家岭等文化，屈家岭开启了相对完整而统一的长江中游文化，并向其他区系扩张(郭伟民，2021)。屈家岭文化几乎遍及长江中游，中心区域在江汉平原，南至湘北澧水流域，北至汉水支流的豫西南，湖北宜昌杨家湾、湖南澧县城头山、京山屈家岭等地均可见。河南苏羊遗址同时具备仰韶、屈家岭、红山等文化要素，似虎的石雕兽首、彩陶轮、玉钺等体现了5000多年前的跨流域文化交流(佚名，2021)。屈家岭以后的石家河文化是长江中游文化的鼎盛，其中的疑似龙必然体现四方文化的影响。

獠牙兽面、鸟、八角等纹饰是湖南新石器中期文化的特色。新石器中期至晚期，环洞庭湖、湘江、沅水中上游等岭北山区出土了大量白陶。高庙遗址分为上层和下层，下层距今约7800—7000年，祭祀地发现了猪下颌骨、鹿角和单个成年男性头骨，兽骨有火烧痕迹，M2男性墓主随葬石片石器、陶罐残片、鹿、猪、鱼、龟等动物骨骸，M1几乎无随葬物，动物相关的陶器纹饰有羽翼、凤鸟、双翼兽面、鸟载日、獠牙兽面等(图4-13：1)，且反复出现在不同陶器上(贺刚，向开旺，2000)。湖南泸溪下湾发现了高庙、汤家岗、大溪、肖家屋脊孙家岗类型等不同文化，高庙文化层不仅发现了太阳、鸟、八角、獠牙、兽面等高庙纹饰要素，还出土了此前未见的四鸟载日纹陶刻、玉钺和玉璜(尹检顺，2021)。泸溪下湾动物遗骨排名前三位的是猪科、牛科和鹿科，猪科包括豪猪、猪獾、野猪和家猪(湖南考古所，2020)。湖南湘江上游桂阳千家坪早期约为7800—6800年，与高庙下层年代相当，陶器器型类似，太阳、鸟、獠牙兽面、八角、天梯等纹饰也类似，獠牙兽面呈蝶形，与鸟首组合(图 4-13：2)重复四次(尹检顺，2020)。该遗址载日鸟纹外观类似凌家滩八角纹双猪翅玉鹰和石家河玉鹰，鸟胸部刻有太阳。折肩曲腹罐以写实鸟兽描画鸟喙、鸟翼和兽的獠牙、面部四窍、立耳，肩部饰带似为谷穗，斜颈鼓腹罐以抽象线条呈现鸟翼和獠牙，两种风格都呈现四兽四鸟组合。比较自然界动物特征，这个兽面应该是猪首，也是斗魁的符号。大汶口文化大墩子也发现了类似兽面(报告称人面骨雕)，该遗址还出现了双鸟负日骨雕、鸟纹石璧(张学海，李玉亭，2009)。类似器型可见于马家浜文化，嘉兴博物馆中的马家浜兽面陶器耳整体呈蝶形，上翘的粗鼻形似猪拱嘴，两眼两鼻孔形成梯形。

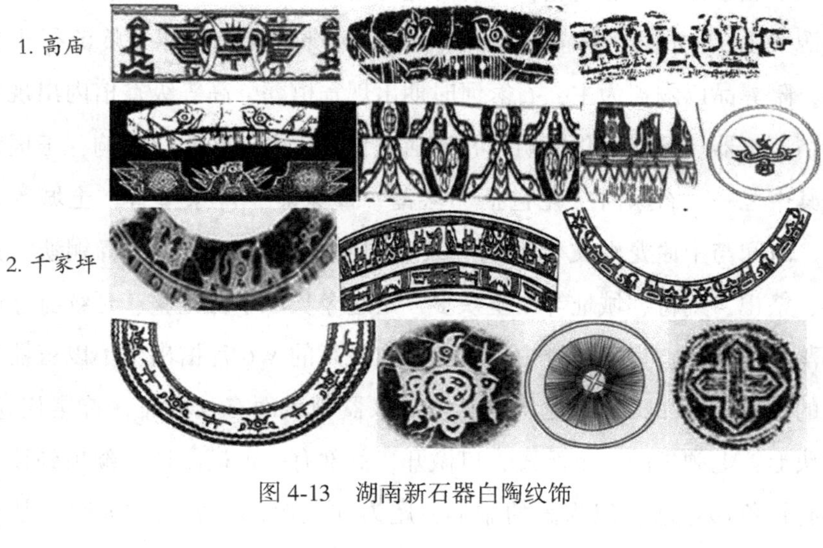

图 4-13 湖南新石器白陶纹饰

湖北钟祥六合屈家岭到石家河的文化叠层体现了新石器晚期文化大交流。该遗址破坏严重，早期遗存包括 14 座墓、灰坑和文化层，随葬品以陶器为主，随葬猪颌骨的少数墓(M3 和 M4)未见生产工具，但有鼎和曲腹杯等生活用具，陶片上可见旋纹，晚期墓葬大部分只随葬陶器，W46瓮棺随葬猪下颌骨一块，石家河一期墓葬完全腐朽，葬式不明，二期25座瓮棺共出土17件玉器，包括人头1件(W18：1)、虎头3件、蝉3件等动物形象、璜、佩、管、纺轮等(张绪球等，1987)。其中一件虎头(W9：1)形似陶寺ⅡM22的玉兽面，两地应有交流。石家河文化其他遗址的玉虎分布在肖家屋脊、枣林岗、谭家岭、孙家岗、罗家柏岭等地，玉虎、牙璋、鹰笄组合和外观与石峁文化类似(邵晶，2021)。比较石峁、陶寺中晚期、二里头、石家河等遗址，猪颌骨随葬仍延续，鸟虎外形两两相似或三两相似，但獠牙兽面是石家河的特色。作为文化交流的辅助证据，石家河文化还出土了陶鼓，罗家柏岭考古报告称其为器座。

湖北第一龙出自肖家屋脊。从彩陶看，石家河(约4800—4400年)继承了屈家岭太极彩陶轮，后者可能与高庙八角纹、大溪太极彩陶轮有渊源关系(赵柏熹，郭静云，2019)。从墓葬特点看，屈家岭流行土坑葬，陪葬品以陶器为主，石家河时期出现瓮棺葬，高等级瓮棺内出现大量精美玉器。葬俗变化表明，石家河文化一定受外来文化影响，玉虎就是其中之一。石家河文化包括邓家湾、谭家岭、肖家屋脊、土城等地点，时间与中原龙山文化晚期和夏朝早期有重合，陶器、青铜块、玉器、祭祀、刻符、城址等出土众多，是迄今长江中游完整、延续有序的部落聚居文化。肖家屋脊中规模与档次最高的W6瓮棺出土了以玉器为主的大量随葬品，疑似龙出自其中。该器物表面有灰白斑，首尾相卷，成玦形，上颌尖凸，下颌短，口微开，额部有一道横凸棱，额顶到顶后部有长角形浮雕，似为鬣的雏形，尾为钝尖形(朱乃诚，2008)。从外形看，它和其他区系的疑似龙非常相似(见图4-14)。

湖北“第一龙”是否可信？文化具有稳定性，石家河文化既是本区系继承者，也吸收了其他区系的要素，疑似龙的释义需要同时考虑这两个要素。红山、凌家滩、良渚等文化中的疑似龙大多具备拱嘴、獠牙、蜷体，和其他器物以稳定而持续的组合出现在不同区系文化场所中。参

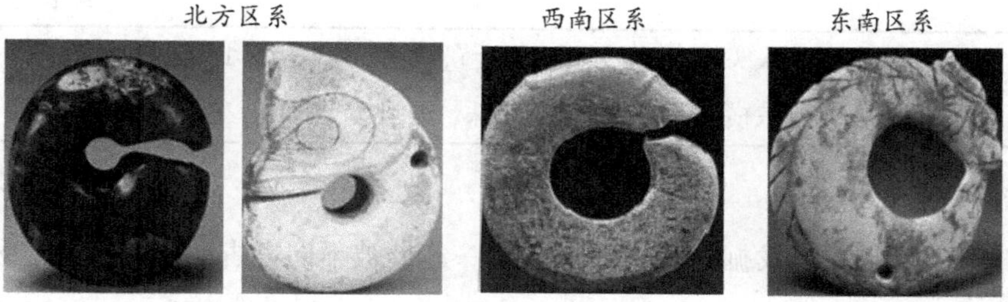

图 4-14　各区系代表性疑似环形玉龙①

照文化连续性和文化整合性，它们都是北斗绕极运动的符号。疑似龙在石家河文化中只出现一次，这种孤品的释义必须参考该文化其他遗址的玉器及其组合关系。谭家岭和罗家柏岭都保存了屈家岭早期至石家河晚期文化遗存，也出土了大量瓮棺随葬玉器，三个遗址应该呈现文化连续性。鉴于其他区系中的猪形象主要出现在高等级墓葬，并且肖家屋脊的盘龙也出现在大墓，谭家岭和罗家柏岭内大墓的玉器组合是释义该器物的线索。综合多个考古报告，三个遗址的稍高等级瓮棺中反复而稳定地出现了虎、蝉、鸟和人的组合关系(表 4.4)。

表 4.4　石家河文化大墓玉器随葬品摘要②

谭家岭 W9 (63 件)	玉虎、虎头纹玉如意、双头玉虎、玉鹰、玉蝉、凤纹透雕玉牌、透雕玉牌、双人连体头像、头像(有獠牙+无獠牙)
谭家岭 W8 (45 件)	虎头纹玉管、鹰纹玉圆牌、璇玑(钺?)、玉人头像、虎脸座双鹰、对称透雕玉牌
罗家柏岭 (44 件)	玉人头像、人头像坠饰 1、玉蝉、虎形环、凤形环、玉璧、环形饰、棍形饰、管形饰、残玉器片

① 全部图来自朱乃诚(2019)。

② 根据下列文献整理. 张云鹏，王劲(1994)；湖北省文物考古研究所(2016)；蔡青(2019)。

续表

肖家屋脊 W6 （56 件）	人头像（有獠牙+无獠牙）、玉虎首、玉龙 1 件、玉蝉、玉鸟、玉璜、玉管、玉坠、玉珠、玉圆片、玉笄、玉柄形饰、玉碎块

由于各遗址发掘时间不同，且同一遗址被不同考古队多次发掘，器物命名难免不一致。其中，虎、鸟和蝉比较好辨识，但被称为玉人头像类的玉器必须再细分。1994 年的考古报告对 1955 年罗家柏岭大墓出土并冠名为“人头像牌饰”的描述如下（张云鹏，王劲，1994）。

Ⅰ式人头像牌饰（T20③B：3）：耳上端呈尖刀形，耳垂着环，无眉，豆荚形大眼斜竖，嘴鼻相连。冠玉领均较宽，中部各有一小穿。

Ⅱ式（T20③B：18）方耳，耳垂着环，有眉，斜眼较小，眼与鼻梁相连。冠与领较窄，顶面和底面两端各有对称两穿。

其中，“斜眼较小，眼与鼻梁相连”和“豆荚形大眼斜竖，嘴鼻相连”的形象显然不符合人脸特点。湖北文物考古研究所在报告中只提供简图，外观不甚清晰。参照“善行文玩”网，该网站上的两个罗家柏岭的玉头像（图 4-15：1）都有斜眼、拱嘴特点，应归入猪面。① 一些考古报告把具备獠牙、拱嘴、斜眼、鬃毛的器物冠以人面，实属牵强，人兽之分是先民必须具备的能力。古典人类学时期，欧洲学者认为原始人不能区分人、兽、星体，一些中国学者显然受到图腾论的误导。

2015 年谭家岭发现了石家河文化晚期玉器瓮棺葬，高等级大墓 W8、W9 也出土了玉头像（图 4-15：2）。根据公布彩图，这些头像大体

---

① 参见青铜时代早期玉器巅峰——石家河文化玉器鉴赏之玉人头像. 善行文玩官网：http://www.wwjie.com/hetianyu/3142.html

可分为有獠牙和无獠牙两种，肖家屋脊大墓 W6 出土的头像(图 4-15：3)也可按此分类。

图 4-15　石家河文化头像①

石家河文化疑似龙和獠牙兽面都是象征北斗的猪。人兽都是活物，但獠牙绝非人的特点，有獠牙、无獠牙玉面至少体现了人兽之别。况且，獠牙兽是必须区分的危险动物。对比罗家柏岭中眼睛像豆荚、鼻梁和嘴巴相连、眼鼻相连等特点的器物和谭家岭 W9 的獠牙面，它们更像猪面。两座墓中无獠牙、无拱嘴的器物可能是人面像，三星堆的部分青铜人面像与之类似。以此观之，罗家柏岭“嘴鼻相连”的器物、谭家岭的獠牙兽面和肖家屋脊中的玉龙其实都是猪，三件器物证明了猪作为墓葬玉器组合成员的文化连续性。石家河墓葬兽类组合为虎、鸟、人、蝉、猪，虎和蝉也出现在低等级墓葬中。石家河獠牙头像只出现在高等级墓葬中，这与其他区系涉猪葬俗完全一致。如果猪首是北斗的像似符，从认知机制看，獠牙是猪首的转喻，与猪颌骨、猪首等随葬品的意义相同，只是媒介不同。石家河文化中的虎鸟组合体现了太阳历的参宿要素，也印证了南蛮集团的虎图腾。在邻近的成都平原，虎鸟组合也出现在三星堆。

① 谭家岭头像来自湖北省文物考古研究所(2016)；肖家屋脊头像来自蔡青(2019：50)。

三、三星堆青铜龙

文献中的古蜀国与周边的联系时密时疏。川鄂分处长江中上游，巴、蜀、楚、巴楚、巴蜀等兼有异同的文化概念都与传说中的苗蛮集团有联系。苗蛮也称三苗，分布于长江中游两湖地区，一般认为屈家岭、石家河文化是苗蛮遗存(何介钧，2004：468)。相关记载有诸多抵牾，不过大体可证明古蜀人很早就有跨族裔、跨地域交流。根据《华阳国志》，古蜀国“肇于人皇，与巴同侑”，故有巴蜀之称。根据《国语》，少典和有蟜氏是炎、黄二帝的父母，“黄帝以姬水成，炎帝以姜水成”，“异德”的两兄弟是炎黄大战的主角。根据《吕氏春秋·古乐》，黄帝之孙颛顼出生在若水(可能通弱水)，生活在空桑(鲁豫一带)，是《承云》舞乐的主创者。根据《史记》，黄帝“迁徙无常处，以师兵为营卫”，娶妻西陵氏嫘祖，生子玄嚣和昌意，昌意娶妻蜀山氏女，在弱水生子颛顼。颛顼之孙是敬康，此后的谱系是句芒、蟜牛、瞽叟和重华，重华就是舜(《淮南子·天文训》)。尧舜禹时期，被讨伐的三苗从江淮和荆州迁到三危，成为西戎，成都平原可能是迁徙地(《史记·五帝本纪》)。《禹本纪》记载“禹生于石纽”，治水成功后，“执玉帛者万国”中有古蜀国(《尚书》。殷商时期，古蜀国和中原王国联系较弱，“梁俗变为蛮夷，贡职不修，贡道遂废”(《水经注》)，甲骨文记载了商王武丁讨伐羌蜀。牧野之战中，古蜀国出兵支持周武王，位于川甘青陕鄂等地区的庸、羌、髳、微、卢、彭、濮等古国也支持武丁(《牧誓》)。周朝时，巴蜀以道路险阻为由，“复不与中国通”(《水经注》)。根据汉晋文献，历经蚕丛、柏灌、鱼凫、蒲卑、开明等王朝后，古蜀国接受中原礼仪，“始立宗庙，以酒为醴，乐为荆”(《华阳国志》)。这些简短梳理表明，至少在贵族阶层，古蜀国与黄河中下游、长江中游有时密时疏的交流，包括娶妻、联盟、征伐等。

古羌、苗蛮、藏族、彝族等词语涵盖的人群借助地理邻近有密切联系。甲骨文中的羌方是殷商以西的敌人，征伐羌方是妇好的功绩之一

(《库方二氏所藏甲骨卜辞》130)，难怪周武王伐纣的队伍包括羌人。周人是姬姓和姜姓通婚形成的部落(《史记·周本纪》)，姬姓部落和姜姓部落的祖先分别是黄帝和炎帝(《国语·晋语》)。从地理看，周原南望连接青藏高原、云贵高原和四川盆地的藏彝走廊，北倚连接甘肃和青海的河西走廊，五千多年前的马家窑先民在此创造了灿烂的彩陶文化。从河西走廊到藏彝走廊，通婚、贸易、战争等不可避免地促进民族交流。下列文献概述了多个民族或部落的谱系关系、通婚情况、从牧羊到农耕的生活方式变迁轨迹：

昔少典娶于有蟜氏，生黄帝、炎帝。黄帝以姬水成，炎帝以姜水成。成而异德，故黄帝为姬，炎帝为姜。(《国语·晋语》)

共工氏姜(羌)姓。(《国语·周语》)

有北狄之国，黄帝之孙曰始均，始均生北狄。(《大荒西经》)

黄帝生苗龙，苗龙生融吾，融吾生弄明，弄明生白犬，白犬有牝牡，是为犬戎。(《大荒北经》)

羌，西戎牧羊人也，从人从羊，羊亦声。(《说文解字》)

禹生于西羌。(《史记·六国年表》)

周后稷，名弃。其母有邰氏女，曰姜原。姜原为帝喾元妃。……弃为儿时，屹如巨人之志。其游戏，好种树麻、菽，麻、菽美。……封弃于邰，号曰后稷，别姓姬氏。后稷之兴，在陶唐、虞、夏之际，皆有令德。(《史记·周本记》)

吐蕃本西羌属，盖百有五十种，散处河、湟、江、岷间。(《新唐书·吐蕃传》)

考古发现表明，除了甘青地区，古蜀和长江中游也有交流。迄今成都平原较早考古学文化遗址是宝墩和桂圆桥，宝墩古城和稻作显示了屈家岭晚期的影响，桂圆桥可能受岷江上游文化营盘山的影响，营盘山显示了邻近的甘青马家窑要素(赵殿增，2021)。所以，约4500年前，黄河上游的甘青文化和长江中游的文化在成都平原相遇，由此提升了三星堆文化多元性。成都平原借蜀身毒道联通南亚，两地交往可能远早于张骞访问(见《西南夷列传》)，三星堆中的印度洋海贝可佐证。根据传世彝文典籍，古彝人的居住环境、迁徙路线、文化仪式等与三星堆文化和古蜀国传说有诸多相同(巴且日火，2005)。三星堆体现了四方文化的要素，例如二里头牙璋、屈家岭玉人面、良渚玉琮、南亚海贝以及西亚黄金面具、金杖等。三星堆反复出现的鸟、虎也体现了四方文化的要素，且具有明显的星象学意义。

虎的星象学意义可佐证上述族群身份联系。滇、贵一带的彝族节日“罗罗濮”保留了崇虎痕迹，彝族人认为祖先是虎，历法的首月、首日均是虎。20 世纪 80 年代彝族十月历的发现是现代中国天文学史研究的一件大事，其巨大价值在于它为从天文学视角追溯和理解八卦、阴阳五行、周易、天干地支等中国文化基因提供了关键环节(李维宝，陈久金，2019)。不太容易追溯这些文化基因的时间、地点和族群，因为它们都历经长时间，且在族群迁徙过程中吸收了其他部落的知识。不过，古文献大致证明炎帝、黄帝、尧、禹、周人等部落与上述文化的亲缘关系，他们都与古羌有关。《后汉书·西羌传》记载，“西羌之本，出自三苗，姜姓之别也”，“自爰剑后，子孙支分，凡百五十种”。陈久金(1982)考证古羌使用十月太阳历，他们广泛居住于甘肃、秦岭南北、汉水流域、伊洛河间，后来扩展到川、滇、贵以及中原地区。前面已述，彝族十月太阳历也叫十兽历或虎历，季、月和日都以动物命名，彝族历元的确定可能与参宿有关。

虎特点是古羌巫觋的身份标志。昆仑山地区有各种观天活动，有“日月所出”之山，也有“日月所入”之山，有灵山，“十巫从此升降，百药爰在”，有人“处西北隅以司日月之长短”(《大荒西经》)。他们的职责包括观天或司天，陆吾“是神也，司天之九部及帝之囿时”，西王母“司天之厉及五残”(《西山经》)。一些巫觋在身上佩戴与虎有关的装饰，开明“身大类虎而九首，皆人面”，陆吾“其神状虎身而九尾，人面而虎爪”，西王母“其状如人，豹尾虎齿而善啸，蓬发戴胜”(《海内西经》)，这些描述与《后汉书·南蛮西南夷列传》中苗蛮集团的“衣服制裁皆有尾形”一致。根据《说文·虎部》和《尔雅·释兽》，苗通猫，猫通虎，“虎窃毛谓之虦苗”意指浅色的老虎是猫或苗。三星堆出土了绿松石青铜虎(000088WGS)、虎形金箔(K1：11-1)、龙虎尊(K1：158、258)、虎形器(K1：62)，金沙出土了虎形炉、石卧虎(2001CQJC：211)和虎纹饰，这些器物彰显了虎的文化价值(李绍明，2008)。巫觋身兼观天、历法和行医职责，作为昆仑山附近巫觋身份符号的“虎”配饰具有星象学意义。原始社会巫医不分，“虎”特点是基于相似(模拟虎啸或佩戴类似虎尾装饰)和接触(例如虎皮、虎齿、虎爪或虎毛)的巫术。中国民间至今仍有人认为虎骨可健体，虎头鞋可保护儿童，这是类似的巫术心理。虎是西宫星象，古羌虎图腾源自“参为白虎”“伐为大辰”等星象学常识，虎图腾体现了巫术心理和历法规律。研究者强调陶寺的十月太阳历和龙盘，不太关注该遗址ⅡM22中的玉兽面，它和石峁的石虎、玉虎形象类似，可能是甘青地区和中原地区文化交流的另一重证据。通过陶器、玉器和兽面纹联系起来的地区与前述古籍记载的古羌活动轨迹一致，其历法都参考了参历。仔细观察各种虎形器、西宫星象、饕餮纹和甲骨文“虎”，家族相似性十分明显(图4-16)，方头、张口、菱纹、卷尾，有时吐舌。

三星堆疑似龙的释义有较多附会。成都平原东临长江中游，宝墩古城(距今约4500年)时间大体与中原龙山文化相当，三星堆、金沙与之一脉相承。三星堆大致相当于二里头文化第四期至殷墟第二期，城址或墓葬出土较少(江章华等，2002)。从器物看，三星堆与各区系有密切交流。除了前述类似虎形器，还有更多：三星堆青铜龙虎尊与安徽阜南月牙河出土的商代龙虎尊，三星堆绿松石青铜虎与商代妇好墓绿松石青铜虎，三星堆青铜人面像与石家河玉人头像，三星堆玉虎与石家河玉虎，金沙玉琮与良渚玉琮，金沙黄金太阳神鸟与河姆渡日鸟纹、凌家滩八角纹玉鹰。此外，新发现的六个坑和武汉盘龙城有类似器物，前者的

1~3.　　　　4~6.

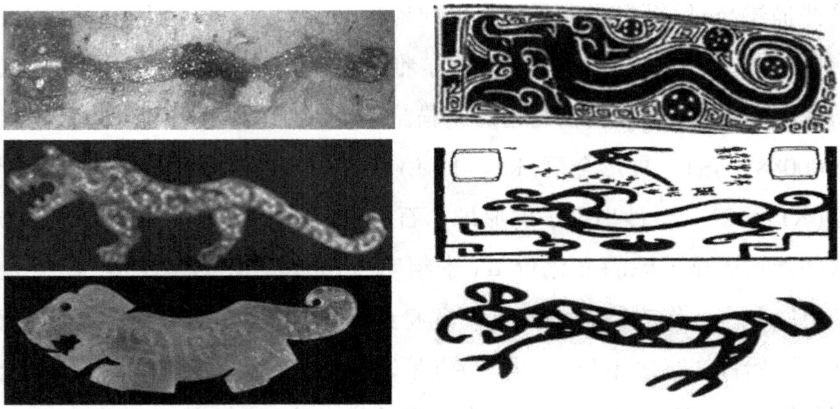

1~3：二里头2002VM3大型绿松石器、三星堆绿松石青铜虎、妇好墓玉虎①

4~6：妇好三联甗饕餮纹、西宫虎宿图、甲骨文“虎”(J12177)②

图4-16　夏、商关于虎的器物、纹饰与甲骨文

尊和后者的罍在器型上接近，毁器葬俗也类似(万建辉，2021)。疑似青铜龙包括青铜树(K2②：94)上的龙、爬龙柱形器(K1：36)、龙虎尊(K1：158、258)等。从首部看，这些疑似龙外形不同，青铜树上的龙有翼和羽冠，身躯长而弯曲，爬龙柱形器上的龙有似羊的长犄角、齿和胡子，龙虎尊上的龙有短犄角，类似商朝龙。2020年，四川省文物考古研究院在三星堆周边的联合遗址中发现了近5000年来连续不断的区域文化，泥塑陶猪面和疑似龙凤纹陶盖是重要发现。陶盖出自距今约3200年的小型聚落平民墓地，王仁湘(器晤，2020：总302期)认为疑似龙应该是虎，符合三星堆的虎图腾和古蜀国青铜虎纹饰特点(见图4-17)。比较图4-16和图4-17，纹饰总体上相似，卷尾、长躯、大张口，应该都是虎。如果陶盖上的动物释义为虎和鸟，它们的星象学意义则是

① 图按顺序来自：李存信(2006)；三星堆博物馆官网：国宝重器；朱乃诚(2019)。

② 图按顺序来自张远山(2019)；冯时(1990)。

太阳和西宫虎，与三星堆诸多其他器物的意义保持了连续一致。

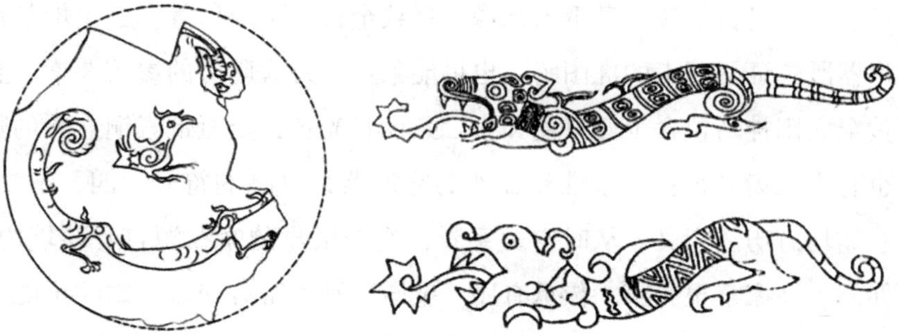

图 4-17　三星堆龙凤纹陶盖和古蜀国青铜虎纹饰

青铜树可能是具象的十月太阳历。成都平原连接甘、青、鄂、陕、贵、滇、藏，藏彝走廊所在地，青铜树的构件显示了多民族特点。1 号青铜树顶端残缺，顶端以下可见上中下三层，每层有三根主枝和一根分枝，九根主枝弓部各立一鸟，九根主枝和三根分枝顶端各有一颗果实，疑似龙附在树干上，头在下，尾在上(见图 4-18)。彭元江(2011)认为青铜树构件中的十二、十、龙都有历法意义，分别意指十二朔望月、十月太阳历和火历，被迫西迁的三苗族带来了东夷族的火历。从星象学史看，火历的符号在西水坡是鼍，在城头山是大小不一的圆坑，在陶寺是龙盘，成都平原的火历不一定来自东夷族。结合《山海经》中十乌值日、神树传说、三星堆五分青铜太阳形器(K2②：67)，十乌与十月太阳历的关系毋庸置疑，但 1 号青铜树上只有九鸟。疑似龙显然有鸟翼和鸟翎，冠名无视首部，强调蜷体，与其他区系疑似龙的冠名方式类似。如果把疑似龙释义为鸟，可以解决十乌问题，但其长而弯曲的身躯需要合理释义。三星堆还出土了一些陶器或青铜器的鸟头勺把，其中一件编号 86GSⅢT1516(9)的器物在陶鸟头以外的部分可见“S”形纹，与疑似龙的身躯非常类似，但该器物并不以龙冠名。青铜树的独特之处在于以动植物直观地呈现了当时当地的天文数理，并与神话传说一致，但疑似龙的冠名未考虑动物首部。

鸟是三星堆最具特色的常见动物，包括铜冠鸟、青铜树枝头花蕾及立鸟、人首鸟身铜像、鸟爪人铜像、鸟纹金杖、黄金鸟等。三星堆各种虎形器既佐证了西南的虎图腾，也可能象征十月太阳历的参历要素。金沙黄金太阳神鸟包含了四只鸟和十二条齿状光芒，金冠带青铜立人的冠饰也有十二齿光芒，三星堆和金沙的蟾形器是月亮的符号，四、十二、鸟、蟾均有历法意义。从时空关系看，迄今最早的蟾纹源自甘陕境内，自仰韶、马家窑至齐家，传承有序。宝墩与马家窑有交流，蟾纹可能由此进入成都平原。三星堆年代属于商中晚期，也具备四方文化的要素，如何调和太阳历、太阴历、火历、参历是当时的大科学。

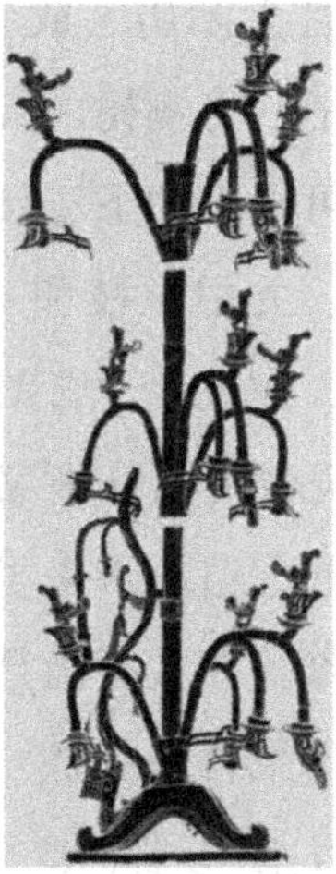

图 4-18　青铜树拓本(器晤，2021：总 368 期))

疑似龙在三星堆动物符号系统中居次要地位。关于三星堆遗址性质的判定，迄今观点有祭祀坑、灭国坑、商伐蜀后的复仇遗存坑、盟誓坑、火葬坑等，疑似龙的中原或本土铸造也存疑(唐际根，2021)。从三星堆动物符号系统看，虎、鸟、猪、鱼、蟾、龟等具有写实特点，鸟和虎更高频出现。疑似龙不仅数量少，而且外形与中原殷商的龙形象不同。附会龙的不妥在于无视器物外形差异，也无视器物组合关系形成的动物符号系统。

小　结

本章分析了四个区系新石器时代中晚期几种典型的疑似龙和相关历法要素。四个区系涵盖了长江、黄河、西辽河等流域的农耕文化，既相对独立也相互交流。自农耕肇始，大墓就体现了敬天法祖，天道是自然法，是必须尊重和执行的天命，祖是天道的执行者和传播者。农耕文化需要星象学，知识拥有者总体上是俗权和神权集于一身的大人物，但具体区系略有差异，大墓随葬品就像墓志铭一样描写其独特身份。疑似龙要么出自高等级墓葬，要么出自祭祀地。现代人把它们附会为龙的解读兼具正误，正确性在于它们和文字时代的龙一样是身份符号，错误性在于龙被泛化成无字时代独一无二的身份符号，鸟龙、熊龙、猪龙、马龙、鱼龙、鼍龙、蛇龙等都有附会的嫌疑。附会龙的错误有二，既无视动物的面部特征，也无视符号的系统结构关系。基于面部特征判断物种和以熟悉而具体的体验认识抽象而陌生体验的认知原则，各种冠以“龙”的遗存可谓“鱼龙混杂”。中国史前文明中持续、稳定而广泛出现的动物符号主要是猪，兴隆洼、红山、崧泽、屈家岭等文化中的各种疑似龙都是猪。猪首的两眼两鼻孔是斗魁像似符，“C”形或环形是北斗圆周运动轨迹。虎和鸟在史前文化中出现的广泛性、持续性和稳定性方面紧随猪后，十月太阳历可能辅之以参历，虎鸟组合尤见于苗蛮文化，如屈家岭和三星堆。借助濮阳西水坡兽类蚌图(鼍、虎)要素和陶寺龙盘上的鼍首和禾穗等要素，鼍是中原区系最明确的龙形象原型，两个遗址也都发现了虎形象(虎蚌图；陶寺ⅡM22的玉兽面)。二里头文化的“中国第一龙”和系列绿松石器都是虎，它联系了古羌的历法、族群和迁徙。屈家岭和三星堆的虎形器和鸟形器均具有写实风格，两种动物是十月太阳历和参历的符号。龙虎是以北斗为坐标点、以大火和参宿为核心的东西方星象，有农时意义。

通过先秦文献关于鼍鼓的由来和功能记载，得出一个基于陶寺的临时结论：鼍具备指示下雨的物候价值，鼍叫声如雷声隆隆，鼍鼓也如雷声隆隆，声音相似和物候指示是鼍与天之间的联系点。鼍本是普通食物来源，从水泽之低到庙堂之高，树枝本是燃料，制成十字架后就只能放在重要位置，鼍到鼍鼓和树枝到十字架的转换导致了隐喻或转喻。隐喻之字面意义就是由此及彼的转换，基于隐喻机制产生的供人们看、听、说的实物转换了意义。借助认知上的邻近关系和相似关系，天、雷、鼓、帝(君)产生了联系，鼍作为制鼓的最佳原料具有了神秘性，鼍鼓上依稀可见的旋纹、云纹或回纹佐证了其神秘性。陶寺龙盘通过鼍首和蜷曲身躯形成圆形，蜷曲身躯在绝地天通的条件下很容易被识别为蛇。比陶寺早约两千年的濮阳西水坡龙虎蚌图中的龙是写实的鼍形象，鉴于相互作用圈的形成时间和前述学者讨论的四兽知识体系形成时间，西水坡先民已经掌握了相对完善的星象学。此外，陶寺与西水坡分别处于晋南和豫北，相距不远。时间、空间、认知、器物组合关系等多重证据支持一个更具体结论：

约6500年前，鼍作为春季东宫星象、打雷下雨的指示符和象声词成为星象学符号，比猪首、鸟和龟甲的符号化晚出，传播范围仅限中原。

天象复杂而抽象，需要持久的专业传承才能形成知识，相关从业者与最早的社会分工有关。兴隆洼早、中期有居室葬，房屋兼有居住和祭祀功能，中期查海中的龙形堆塑把居住区和祭祀区、墓葬区分割在两边，晚期白音长汗二期乙类遗存中出现了建在山丘顶部、与居住区相邻的小型墓地，这是西辽河已知最早积石冢性质的墓地(刘国祥，2010)。赵宝沟时期，部分祭祀活动仍在室内举行，但大型聚落中出现了与居住区相对独立的祭祀区(刘国祥，2003)。红山晚期，以牛河梁为代表的大型祭祀中心和积石冢临近，且远离居住区，这表明祭祀和日常生活属于不同体验域。从积石冢和祭坛的形制看，兴隆洼、赵宝沟、红山一脉相承，但在祭祀遗址数量、规模、布局和位置的选择上发生了渐变。裴李岗文化贾湖一期的墓地与居住区相连，二、三期两地明显分离，葬俗和葬制相对稳定(秦存誉，2021)。凌家滩同样呈现了生活区和墓葬区的分离，长长的壕沟横亘其间。从生活区和祭祀区的合一，到两者的分离以及后来祭祀区和墓葬区独处山顶，这就是涂尔干所说的神圣和世俗的分离，龟、猪、鼍、鸟和虎等的意义属于神秘的“天机”。星象学符号总体上遵循形似、音近、数同、相关、共现的原则，并通过动物身体部位和纹饰以大体类似的组合形式出现在各区系大墓中，龙的释义参照星象学。

第五章　动物形象：无字时代的星象学符号

心智是古典人类学不同流派的共享概念，符号表现心智。进化论者自认为欧洲白人比原始人聪明，世界在他们的带领下一定会越来越好。弗洛伊德认为心智分为意识、前意识和无意识三层，本能是心智的驱动力，性爱本能主导人类生活，性嫉妒是图腾的根源。涂尔干把时间、空间、类别、原因、数量等原初范畴的起源归纳为事物间的一般关系，它们是原始人的社会共识，主导知识生活的所有细节，基本范畴之外既没有社会生活，也没有人的自由，因此图腾根源于社会性。韦伯认为受现有条件制约的心智试图把世界理解为有意义的宇宙，并据此采取相关立场，符号是具体可见的意义和秩序。列维从不完整、不系统的图腾幻象中看到了心智，原始人以图腾表达的意义表面是动物性自然差异，本质上是基于分类的二元关系。认知科学认为心智是进化中获得有利于生存的倾向性，人们有选择地理解环境中的事物，语言、社会互动、运动的天体是优先理解的领域，基于推断系统的人类化必将导致神兽。这些流派如不同方向的光束聚焦同一个观察对象，各有偏颇。人类学的研究对象是人，人兽的本质区别不是社会性、性本能、语言或劳动，兽类在不同程度上具有这些特征，人兽之别在于范畴化以上特征的能力，由此产生各种符号。从皮尔斯符号学视角看，像似符是最早的符号，象形字就是像似符。苏美尔楔形文字、古埃及圣书字、哈拉帕印章文字和殷商甲骨文的早期形态都是象形字，表意字是后来形态。《说文解字》记载了仓颉创造汉字的原理，“见鸟兽蹄爪之迹，知今之可相别异也，构造书契”。像似符既解释了不同原始文字的一些外观相似，也有助于破解原始文字的意义。

第一节 空间的符号化

原始人的首要认知活动是理解浑然一体的生活环境，分类系统由此产生。既然心智选择性地理解环境，什么东西首先要被理解？运动物体引起注意，生死攸关的东西需要警惕，鲜艳的东西突出醒目，变化的东西让人迷惑，触动心灵的东西铭记于心。有些东西同时具备几个特点，例如七曜、飞鸟、老虎、洪水、雷电、火等。《左传》昭公十七年记载了各种部落“纪事”，黄帝、炎帝、共工和少皞等分别以云、火、水、鸟等纪事，并据此命名官职。云、水、火、鸟都是引人注意的自然现象，随季节展示物候变化。人类首先从环境中识别出这些东西并范畴化，所以范畴的产生必须基于一定环境，由此产生范畴-环境关系和环境内的范畴间关系，后者也是符号关系。《道德经》阐述了无名和有名的辩证关系，无名是天地之始的浑沌，有名是对天地分类，有名与无名“同出而异名”。范畴-环境关系与宇宙观有关，包括时间和空间；范畴间关系与分类系统有关，万物各归其类。所以，伏羲女娲分立天地与禹契勘划天地缺一不可。既然范畴化能力是人类心智，还有什么比斗转星移和太阳运转更能让人产生时间、空间、因果关系等范畴？太阳定东西，极星定南北，太阳周期定四季，参商两曜斗西东，这些简练语言包含了列维所说的对立和相关、包含和排斥、和谐和冲突、原因和结果等二元关系。例如，对立二元关系有多种表达形式，如基于感官的黑白、冷热，基于动物属性的牛马、猫狗，基于方位的东西、南北等。

一、天圆地方像似符——龟甲和玉琮

龟甲纹饰记录了新石器时代的跨区系交流史。迄今最早的龟甲葬源

自贾湖(最早至约9000年前)，龟甲上有刻孔或符号，内装石子。发掘者张居中(2022)认为中华文明的礼乐制、大一统、天行有常等要素均体现在贾湖大墓，龟甲、骨管、骨叉形器成组出现，龟甲呈8、6、4、2的偶数组合，可能是卜筮工具。大汶口文化也可见葬龟甲，龟甲的背部或腹部有穿孔，里面装有石子、骨针或骨锥，有的涂色，且主要出现在随葬品丰富的男性大墓中(山东省文物管理处，济南市博物馆，1974)。类似葬俗可能源自鲁豫毗邻之地，并显示了深远时空意义。范方芳等人(2008)统计了史前各地葬龟现象，龟甲一般置于中年男性的腰部和腿部，也有相对较少置于头部、胸部、手臂和脚部。两位学者的数据整理如表5.1，第一部分是实物龟甲，第二部分人造龟甲。实物龟甲葬遗址还有湖南高庙遗址M1、湖北黄冈螺蛳山M8(大溪晚期)、田螺山等(贺刚，向开旺，2000；吴晓松，1987；孙国平等，2004)。与实物龟甲比，人造龟甲的比例很少，全部出自大墓。北京上宅的人造龟晚于贾湖、早于仰韶，应该是红山玉龟的祖形，浙江南河浜陶龟出自崧泽晚期大墓M27，崧泽与大汶口有文化接触。

表5.1 各区系史前葬龟甲统计

实物龟甲葬统计					
区系	遗址	墓葬数	龟甲墓	龟甲数	龟甲墓%
中原	贾湖	349	23	90	6.59
	龙岗寺	423	4	4	0.95
东南	大墩子	342	15	16	4.39
	刘林	197	9	13	4.57
	圩墩	86	1	1	1.16
东方	大汶口	133	11	20	8.27
	王因	899	3	3	0.33
	野店	89	2	2	2.25
	尚庄	15	1	1	6.67

续表

实物龟甲葬统计					
西南	下王岗	123	6	9	4.88
	巫山	208	4	3	1.92
人造龟葬简略统计					
区系	遗址				
北方	上宅石龟 1、胡头沟玉龟 2、牛河梁玉龟 4				
中原	马家窑陶龟 1				
西南	邓家湾陶龟 1				
东南	南河浜陶龟 2、凌家滩玉龟 2、良渚玉龟 1				

表 5.1 能说明龟甲在约 6000 年前后的中国具有跨区系文化意义。首先，迄今舞阳龟甲葬俗最早，除了南方区系未见报道，其他区系都有

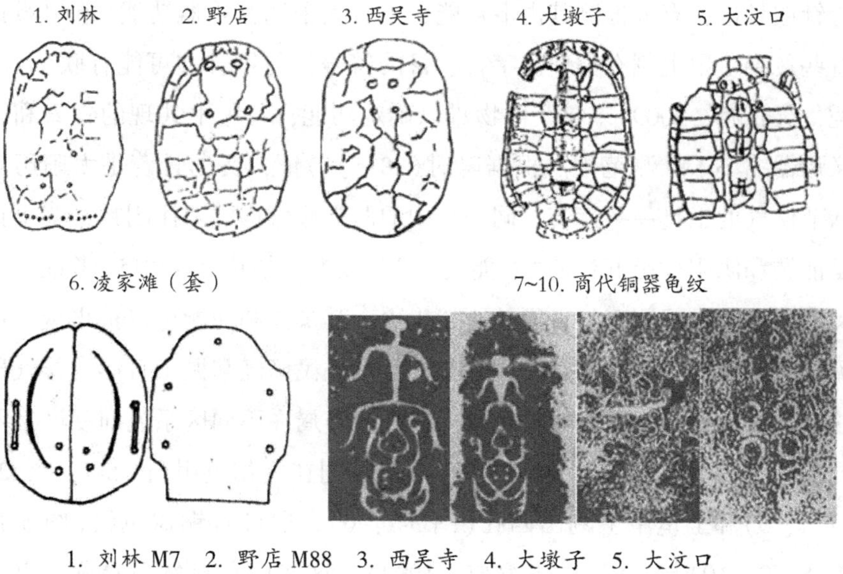

1. 刘林 M7　2. 野店 M88　3. 西吴寺　4. 大墩子　5. 大汶口
6. 凌家滩 M4　7. 子黾父癸卣　8. 子黾父乙彝　9~10. 龟鱼纹盘

图 5-1　龟甲上的梯形

该葬俗。南方气候可能不利于实物龟甲保存，无法讨论。从现有发现看，贾湖的龟甲葬俗最早，高庙和平谷次之，约6000年前后在其他区系陆续出现，该时间节点印证了相互作用圈。其次，葬龟只出现在极少数大墓，其符号意义应该契合墓主身份。能否随葬龟甲与龟类动物的丰俭无关，龟类动物也是普通食物。动物遗存调查者在贾湖发现了大量被随意丢弃的龟甲残渣，它们显然是被食用后丢弃(叶祥奎，张居中，1994)。同样事实在大汶口文化也存在，鸟、鹿、龟和鼍、猪等兽类都是食物来源(宋艳波，2012：72-78)。前述兴隆洼文化兽类遗存调查表明，西辽河流域未出土龟类动物遗迹，当地也没发现实物葬龟。红山工匠费劲地用珍贵玉石制造本地不存在的动物形象，并且只有大墓配享玉龟。葬龟风俗无关龟类动物丰俭的事实证伪了图腾论和社会地位论，能随意丢弃的东西绝非图腾，也无彰显财富的作用。树枝可随意丢弃，也可焚烧，但做成十字架的树枝必须被供奉。

葬龟甲的组合关系透露了其星象学渊源。贾湖龟甲里面装有石子、骨针或骨锥，有人推测其占卜功能，也有人推测其乐器功能(龟响器)。有些贾湖龟甲上刻有类似汉字日、目的符号，与甲骨文可能有联系(冯凭，吴长旗，2009)。单个器物难以确定功能，与龟甲共现的骨管和骨叉形器缩小了推测范围。根据冯时(2015)考证，贾湖骨管是太阳历测八节候气的工具——律管，同一墓中的两支律管构成阳律阴吕，墓主正是能调和阴阳律历五音的“八能之士”。根据张居中等(2015)考证，骨叉形器可能是观测正午日影的原始圭表，其操作和功能可以被再现。可见，这两件器物都是太阳历法工具，贾湖先民已经掌握了日影、候气历法。此外，龟甲一般经过钻孔加工，孔的布局在不同区系或同一区系不同遗址中类似。例如，大汶口和凌家滩分别在实物龟甲(图5-1：1、2、3、4、5)和玉龟甲上刻出四孔(图5-1：6)，殷商青铜器龟纹(图5-1：7、8、9、10)与之相似(王育成，1992)。这些四孔显然不对称，也不平行，孔径大小不一，商铜器龟背纹四点也具备这些特点。龟背甲与四孔或四点构成了宇宙坐标系，龟背是穹顶宇宙，龟背四点是斗魁。如果具备孔径信息，参考斗口朝向，即可辨识季节。例如，刘林龟甲形似秋分昏见斗魁。所以，贾湖大墓中的一些器物起源于科学测量，乐器功能是无心插柳，后来合二为一。从实物龟甲到石龟、玉龟、青铜龟纹的演变中，器变道不变，传承、更替、增益同步发生。

人造龟外观也透露了龟甲的意义。红山文化玉龟(例如牛河梁N5Z1M1、N2Z1M21、胡头沟M1)借助其背部的写实刻画能轻易被识别，它们一般无足，N2Z1M21中的玉龟无头、无尾、无足，如同当地墓葬的猪只有首部，凌家滩玉龟和龟形器都只有背甲和腹甲。动物部位的取舍取决于像似需要，这与现代服务业者佩戴的笑脸符无甚差异，该像似符的意义就是笑脸相迎，服务员的鞋子无关紧要。像似符创作既基于相似，也符合认知经济性，无头、无尾、无足的玉龟透露了工匠的创作思维。殷商甲骨文证明了《史记·龟策列传》记载，背龟甲是“能见存亡，明于吉凶”的占卜媒介。龟卜的功能源于像似，而不是图腾论者所说的长寿或灵性，背甲和腹甲分别象征天和地，占卜是问天神，而不是问地神，所以背甲的纹路才是吉凶的兆象。贾湖中的腹甲和背甲被小心地放在一起，凌家滩中的玉龟组合也成套出现。考古发现和文献相互印证了龟甲的星象学意义，即盖天说的宇宙模型。试想，自然界还有什么动物能够直观地模拟出天地？除了龟类动物，没有其他！在该天地模型中，头、尾、足是多余的，葬龟甲需要经过特殊加工。

如果龟甲是天地像似符，一些神话传说就能得到合理解释。女娲补天神话中，为什么要“断鳌足以立四极”？因为断了四足的龟只能待在原地，天地借此可以稳如磐石，这是模仿巫术。从这个视角看，龟甲必须去掉四足，玉龟也不能刻出四足。那么，如何解释大禹传说中的神龟背驮“洛书”？这个传说的重点是龟背甲象征的天和洛书上的历法，后人附会大禹政权的合法性来自天命，天命的本质是顺时施政，神龟负书传说是君权神授的起源。天圆地方，礼神者必向其类，龟卜便知天命，作为星象学对象的天具备神秘性。

除了龟甲，琮也是天圆地方的符号。琮最先发现于良渚，齐家玉琮一度被认为是良渚影响，但陕西庙底沟杨官寨和双庵遗址改变了这种认识。杨官寨墓地(约5500—5000年)表明中原庙底沟时期已经以璧琮组祀天，前璧琮时期则以陶器纹饰表达天圆地方(王炜林，2015)。芦山峁与良渚的玉器在组合和外形上兼具异同，引发了琮璧地域源流关系争议。芦山峁琮既有素面，也有穿孔，还有兽面纹(钟雪，2020)。邓淑苹(2022)把玉琮分为黄河上中游和长江下游的东、西两大体系，分别以良渚和齐家为典型，她把穿孔琮(图5-2：1)归为良渚器物，对芦山峁兽面纹琮(图5-2：2)的渊源也不确定。考虑到这两个文化的年代，基于共同宇宙观的相互借鉴更有可能，芦山峁琮上的兽面纹与四孔可能都是斗魁符号，图5-2：1是昏见冬至斗魁，其他三面可能也指示三个季节。芦山峁四孔琮更重要的意义是佐证龙山时期的文化统一，而不是与良渚玉器的源流关系。

图5-2 芦山峁玉琮

二、宇宙中心像似符——梯形四孔和猪首

作为盖天论坐标点的北斗是诸多四孔遗迹的所指。天象被符号化不是任意的，同一天象可有不同符号化，能指和所指的任意关系在后一个意义上成立。现代天文学测算出北斗绕极运动按日、月、季、年的速度分别为约1°，30°，90°和360°，先民凭肉眼至少可看出北斗绕极与季节更替的关系。基于四孔布局和孔径特点，迄今较早的斗魁符号分别来自兴隆洼石雕、蚌雕和高庙白陶四窍獠牙兽面纹。红山玉兽面继承了兴隆

洼的斗魁像似符，与红山时空临近的大汶口先民在龟甲上刻出四孔，大汶口和红山应有文化交流。与高庙时空临近的长江中游先民也在不同媒介上创造出斗魁星象，城背溪、大溪、屈家岭等文化连续地发现了相关遗迹。处在黄河、长江之间的裴李岗也不例外，陶塑猪头的拱嘴上出现了四孔。长江下游、江淮地区的先民同时毗邻上述两个地区，文化接触在所难免，河姆渡、马家浜、崧泽、凌家滩等文化均可见四孔遗迹。下文主要以代表性遗址中的四孔遗迹（图 5-3）为例，简析其历法意义。

大汶口文化刻孔雕筒可能与斗魁有关。器是道的载体，人们可能因地制宜在各种器上呈现斗魁。例如，除了红山猪首环形器，冯时（2001：102）从不同文化识别出多种载体上的北斗或斗魁，包括大汶口龟甲和大朱村斗柄陶符、河姆渡木勺和陶钵猪图像、良渚玉璧和神徽等。雕筒是大汶口典型器物，11 个地点 39 处遗存出土 50 余件（杨晶，2003）。雕筒两端切面呈圆形、椭圆形或三角形，侧面有雕孔或花纹，有的镶嵌绿松石，有的里面有笺，一般与龟甲、玉器、猪头、猪下颌骨、斧钺等随葬在大墓。不同形制可能意义不同，此处只讨论刻孔雕筒。基于地理临近和类似器物，杜金鹏（1992）认为大汶口早期就与崧泽交往，晚期与良渚有水乳交融的关系，良渚玉琮源自大汶口雕筒（图 5-3：1，2），两者一般都置于大墓墓主腰际。王仁湘（2020）认为这两种器物的联系链可追溯至龟甲，因为三种器物都置于墓主腰际。龟甲、玉琮、雕筒是不同媒介，类似随葬位置可能有相同所指，也可能是相同认知域内的相关符号。如果按四孔一组理解雕筒，该器物可能与斗魁有关。以第 2 幅图为例，可见 3 条纵向辅助线，四孔故意排列在辅助线的内外侧或线上，孔径大小不一，最右边辅助线上端大孔是天枢，该图是秋分昏见斗魁。良渚兽面纹是猪面四窍，与刻孔雕筒的意义相同，也分为四组，但前者还整合了鸟形象，历法意义更丰富。无论什么载体，梯形四孔外形整体类似，但方位不同。参考北方区系斗魁像似符、文化交流证据和历法需要，大汶口刻孔雕筒也是直观的斗魁。

长江中下游多种器物上可见斗魁星象。长江中下游出现斗魁星象最频繁的礼器是陶豆，也可见于璜、璧、支座。豆既是食器，也是礼器，豆是“礼”甲骨文的部首。根据《诗经·生民》，后稷首创用豆盛美味祭祀上帝，“卬(昂)盛于豆，于豆于登，其香始升，上帝居歆”。如果豆礼器上出现斗魁，上帝可能是北斗，或者北斗享有和上帝类似的祀礼。长江中游的城背溪、大溪、屈家岭等文化和长江下游的马家浜、崧泽、凌家滩等文化都连续出现四孔，布局与大汶口雕筒非常类似。湖北松滋关洲遗址具有城背溪中、晚期和柳林溪等连续文化层，遗址可分为四期，9~11 地层(树轮校正年代 7900—7500 之间)是接近彭头山四期的城背溪文化，遗址显示了稻作为主、釜和罐体系的文化特色(刘辉等，2001)。发掘报告表明，所有灰坑和除 7 层以外的所有新石器文化地层都发现了支座。其中，第 11 层支座(图 5-3：3)线图上可见大小不一、明显不对称的四孔。四孔也出现在时空邻近的大溪文化多个遗址(王杰等，1981；杨权喜，1999)，包括关庙山一期陶盘(图 5-3：4)和四孔玉璜(图 5-3：5)。巫山大水田墓地出土了猪形石器、玉鸟首、猪拱嘴支座等大溪文化常见要素，玉璜(图 5-3：6)、黑色板岩面饰(图 5-3：7)、玉环(M94：2)等非常有特色(代玉彪，白九江，2017)。大溪文化还可见 4+2 的六孔布局，包括巫山玉璜(M105)、玉玦(M37)、大溪白狮湾玉璜(M3)等，六孔布局可能意指斗魁和斗柄。屈家岭文化继承了四孔布局，如南阳黄山村、湖北邓家湾和穆林头。黄山可见仰韶早中晚、屈家岭和石家河等文化叠层，是长江中游和中原文化交流的结果。黄山屈家岭文化层墓葬等级分明，M77 大墓随葬玉钺、玉璜、象牙梳、成套陶器和 300 多件猪下颌骨，陶豆(M77：9)的柄上(图 5-3：8)刻有四孔(马俊才等，2022)。从图片看，这些四孔呈不对称梯形，与其他遗址中的四孔类似。穆林头屈家岭大墓(M26)发现了玉钺、玉璇玑(图 5-3：9)、石斧、象牙管等象征权力的器物，高等级玉器是屈家岭文化的首次发现(笪浩波等，2019)。从图片看，穆林头璇玑可有四孔，一孔明显偏大，还可看出拱嘴和眼睛。屈家岭二期湖北邓家湾 M7 也出土了陶豆，斗柄四孔(图 5-3：10)与黄山陶豆四孔类似，同出的还有高领罐、

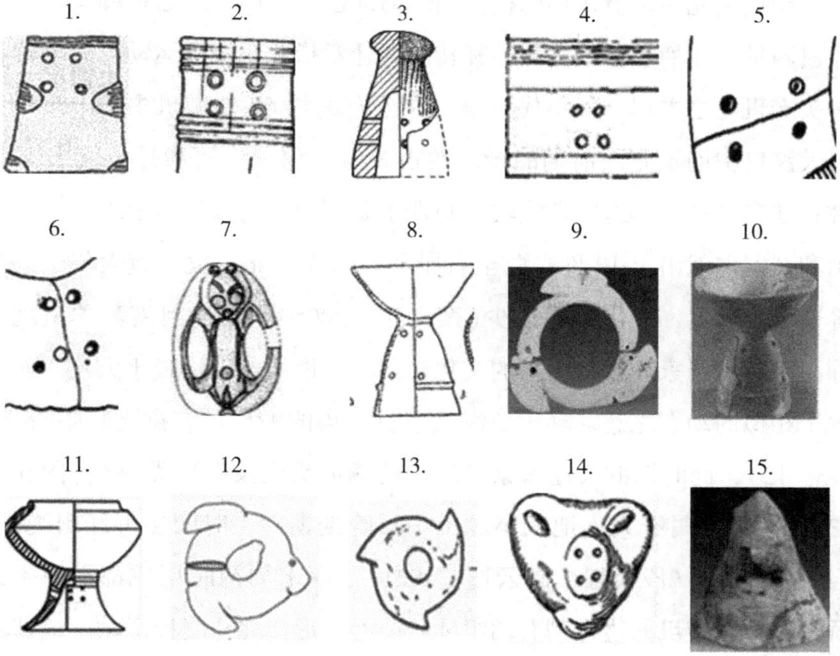

1. 大汶口 M4：10 2. 野店 M62：47 雕筒 3. 城背溪 T1918：3 支座

4. 关庙山一期 T5④：35 陶盘(局部) 5. 白狮湾 M3：3 玉璜(局部)

6. 大水田 M77：1 玉璜(局部) 7. 大水田 M92：8 面饰 8. 黄山 M77：9 陶豆

9. 穆林头 M26 璇玑 10. 邓家湾 M7：4 陶豆 11. 东山村 90M2：1 陶豆

12. 吴家村牙璧(采) 13. 郭家村Ⅰ T9③：15 牙璧 14. 裴李岗 B 区 T34 陶塑

15. 田螺山 T303③A：17 陶支座

图 5-3 不同媒介上的梯形

杯和鼎等(荆州地区博物馆，北京大学考古学系，1993)。在长江下游，至少自马家浜文化起，可见刻孔陶豆。东山村具有马家浜和崧泽文化层，陶豆(图 5-3：11)比较常见(穆东旭，2018)。从图片看，东山村陶豆柄上的四孔完全符合夏至昏见斗魁的特点。前面已述，具有崧泽要素的凌家滩出土了诸多玉器，至少 5 件玉礼器上发现了不规则四孔。凌家滩和红山的交流可能途经大汶口，毕竟凌家滩和大汶口晚期也时空临近。

璇玑是北斗绕极运动的模拟图。前面已述，四平山璇玑的构件包括斗魁四星、斗柄和左辅右弼，旋转的璧牙意指北斗绕极运动，屈家岭穆林头璇玑与之类似，但年代更早。在公布的约 60 件璇玑中，山东地区自大汶口中期至龙山前期的璇玑约占 39%，仅三里河和丹土就出土 10 件；辽东半岛大连地区自大汶口晚期至龙山前期的璇玑占 30%，仅四平山和文家屯就出土 10 件；西至石峁和芦山峁，北至敖汉旗大甸子墓地等遗址均可见，三代时期渐少（栾丰实，2005）。前述河南苏羊呈现了仰韶晚期、屈家岭和红山等的文化交流，三地的璇玑均晚于大汶口，呈现了相似的动态之意。辽宁长海吴家村采集的璇玑具有拱嘴和眼睛（图 5-3：12），同时期的大连郭家村采集的陶璇玑则没有兽类特征（图 5-3：13），两者都属于大连地区小珠山中层晚期遗存，时间接近红山晚期，但不属于红山（段天璟，高云逸，2021）。商末周初时期成都平原十二桥文化金沙璇玑的边缘刻有四组牙状凸起，形似北斗绕极运动。这些器物既佐证了跨区系文化交流中的传承和创新，也支持北斗、猪首、璇玑、璇玑天区之联系。璇玑、猪首环形器和带齿勾云形器的所指相同，都是北斗绕极运动的符号。

图 5-1、图 5-2、图 5-3 证明了北斗的跨时空意义。尽管载体相异，这些四孔和斗魁布局类似，以大小指示目视亮度，总有一孔稍微偏离，它是指向北极的天枢。斗魁是头顶时钟、年历和观天坐标点，也指示了亡灵世界的方位。无论猪首作为斗魁像似符的星象学由哪个部落首创，它内在地具有普遍意义。北斗信仰适合北半球辽阔地区，先民看到的天圆地方和斗转星移的天象大同小异。

除了梯形四孔，北斗的运动属性衍生了动物符号——猪首。红山文化表明，猪首既以四窍模拟斗魁，还以动物的活性象征北斗绕极运动，猪首比梯形四孔更接近意相通。以此视角观照，前述中原猪首形器的释义都与北斗有关，如裴李岗陶猪头（图 5-3：14）、北福地陶刻猪面、姜寨 M312 猪面纹细颈壶等。最有意思的是裴李岗陶猪头，四孔全部刻在拱嘴上，显然不规整，也不符合自然界猪拱嘴的外观。河姆渡田螺山猪拱嘴形支座上也刻有不规整四孔(图 5-3：15)，该遗址还出土了龟甲、龟背形陶盉和玉玦(孙国平等，2007)。龟背形陶盉以十分独特的造型呈现相似的符号，俯瞰是芽叶纹装饰的龟背，腹部四周刻画四头猪和两头鹿。陶猪拱嘴或支座是猪首形器的变体，河北磁山、湖南彭头山、八十垱、坟山堡和胡家屋场、鄂西城背溪、大溪和中堡岛、河南贾湖和西水坡、山东大汶口遗址北辛文化层、浙江河姆渡等遗址或文化均可见。自河姆渡以来，陶支座在杭州湾地区出现时间长达 4000 年(严文明，1982)。"支座"透露了考古学者的命名思路是实用器，但不实用的外形和无使用痕迹等特点表明了其礼器功能。

基于转喻的认知机制，獠牙兽面也是北斗符号。兴隆洼、高庙、屈家岭、良渚等文化都常见獠牙面，獠牙面器贯穿了新石器时代中晚期。自然界中的獠牙兽可能是虎、野猪和獐，虎有朝上下两对獠牙，獐只有一对朝下獠牙。由于种类和雌雄差异，野猪有三类獠牙：两对分朝上下；一对均朝上；两对均朝上。结合西辽河写实的野猪首形器和高庙、兴隆洼文化的动物遗存特点，獠牙兽更可能是野猪，不是虎或獐。千家坪折肩曲腹罐上的四窍獠牙兽面与红山四窍玉兽面类似，都是象征斗魁的猪首。獠牙是野猪的转喻，驯化猪没有獠牙，但猪面四窍的意义不变。

猪首形器的意义源自更早、更多的猪颌骨葬俗。前述北方区系兴隆洼文化大墓出土了成对野猪颌骨或双猪首堆塑组合，类似葬俗在夏家店文化仍存在。北方区系写实的北斗七星石刻、模拟天象的天文观测建筑规划、玉猪首等多重证据揭示了猪面四窍与斗魁间的隐喻关系。所以，在器道关系方面，猪首形器与猪首体现的道完全相同，技术发展导致了不同的器。该葬俗最早发现于河南贾湖(约 9000—7800 年前)，前 6 次发掘的 349 座墓中有三座葬有猪颌骨(罗运兵，张居中，2008)。王仁湘(1981)报告了新石器时代葬猪颌骨风俗大略以山东为重心，北达松辽，南逾长江，东濒大海，西至陕甘，分布范围广，延续时间长。孙丹(2018)报告了长江流域猪颌骨葬俗，自约7000年前起零星出现在汉水流域陕西境内的西乡何家湾、南郑龙岗寺，约6000年前遍及长江中下游，约4500年逐渐衰减。孙丹(2017)还报告了黄河、淮河流域随葬猪下颌骨习俗，约9000年前出现于贾湖极少数墓地，此后在黄淮地区延续近5000年，是否随葬猪颌骨与财富无关，可能有其他原因。三个报告基本能涵盖所有区系的葬猪风俗，现以孙丹报告为主，以王仁湘报告为辅，删去重复遗址，摘要为长江流域和黄淮流域史前葬猪颌骨统计(表5.2和表5.3)以及典型葬猪颌骨墓葬(表5.4)。①

表5.2 长江流域史前葬猪颌骨墓葬统计

区系	遗址	猪颌骨墓葬/总墓葬	%	猪颌骨数
中原(陕、豫)	何家湾	1/79	1.27	1
	龙岗寺	1/423	0.24	1
	八里岗	1/91	1.1	138
东南(苏、浙、皖)	圩墩	2/25	8	3
	北阴阳营	7/217	3.23	9
	薛城	23/115	20	不详
	三星村	45/1001	4.5	不详
	龙虬山	1/402	0.25	1
	草鞋山	1/89	1.12	2
	黄家堰	不详/56	不详	不详
	雀幕桥	1/5	20	1

① 一些遗址表现出多种文化要素导致归类困难，有的同时有几个文化层，处于不同区系接触带的遗址尤其如此。考古界遗址归类标准分为流域、区系、文化分期，此处大致按照区系内的出现顺序列举，难免违反其他分类标准，但不影响呈现猪颌骨葬俗普遍性的主旨。

续表

区　　系	遗址	猪颌骨墓葬/总墓葬	%	猪颌骨数
西南(鄂)	红庙岭	1/2	50	1
	螺蛳山	5/10	50	36
	塞墩(早)	6/60	10	28
	雕龙碑	34/82	41.46	403 以上
	龙王山	1/203	0.49	11
	顾家坡	131/237	55.27	不详
	六合	3/20	15	5
	放鹰台	1/33	3.03	11
	鼓山	7/233	3	不详
	陆墩	4/21	19.05	13
	塞墩(晚)	27/108	25	376
	乱石滩	2/4	50	7
	七里河	11/30	36.67	18
	清龙泉	4/33	12.12	44

表 5.3　黄淮流域史前近 5000 年葬猪颌骨典型墓葬摘要

	遗　　址	猪颌骨墓葬/墓葬	%	猪颌骨数
黄河上游	秦安大地湾 1 期	3/15	20	3
	秦安大地湾 2 期	2/15	13.3	2
	秦安大地湾 3 期	2/14	14.29	2
	乐都柳湾	1/872	0.11	1
黄河中游	姜寨	1/380	0.26	2
	元君庙	1/57	1.75	1
	清凉寺	1/189	0.53	1
	大辛村	1/3	33.33	10
	陶寺	34/1309	2.6	562

续表

	遗　　址	猪颌骨墓葬/墓葬	%	猪颌骨数
黄淮地区	贾湖	3/349	0.86	3
	北辛	1/10	10	1
	大汶口	6/45	13.3	15
	王因	10/899	1.11	12
	野店	1/42	2.38	1
	尉迟寺	7/192	3.65	7
	藤县冈上	3/8	37.5	3

表 5.4　典型遗址葬猪遗存摘要

文　　化	遗址	猪骨特点	具体墓葬信息
仰韶(陕、冀)	磁山	猪骨	未明确是否下颌骨
	北首岭	猪獠牙	3
	元君庙	猪颌骨	M419、439、442
	陕西庙底沟	猪骨架	H22、40
齐家(甘)	大何庄	猪颌骨	M34 出土 36 件
	秦魏家	猪颌骨	M52 出土 68 件
	娘娘台	猪颌骨	不详
龙山(晋)	陶寺	猪颌骨	M232、248、271、282
大汶口(鲁、苏)	大汶口	猪首	133 座墓有 96 个猪首、下颌骨或猪牙
	西夏侯	猪首	M4、6、8
	岗山村	猪颌骨	M1、2、6、7
	三里河	猪颌骨	不详
	刘林	猪牙床	不详
	大墩子	猪颌骨	M4、14
龙山(鲁)	姚官庄	猪颌骨	M10
	呈子	猪颌骨	9 座 42 件，其中 M32 出土 13 件

续表

文　化	遗址	猪骨特点	具体墓葬信息
崧泽	上海青浦	猪颌骨	四座墓，具体不详
良渚	浙北的小墓	猪颌骨	不详
新开流	新开留	野猪牙床	不详
夏家店下层	大甸子	猪首	不详

以上数据支撑大墓猪颌骨葬俗的普遍意义。从时间看，猪颌骨葬俗在约6000年前后出现在所有区系，时间与龟甲葬俗重合。不同部落在墓葬朝向、屈肢或直肢、瓮葬或棺木葬、随葬陶器或玉器、合葬或单人葬等方面有地方性差异，但猪颌骨葬俗显示了深广时空意义，唯有宇宙观能匹配其释义。对比前文葬龟现象，葬龟和葬猪颌骨在各遗址基本同时出现，不产龟的地方使用器物龟。猪是原始社会最广泛的常见动物，灰坑中的大量碎猪骨表明其普通食物价值。能否随葬猪颌骨与猪的丰俭无关，而葬猪颌骨主要出现在大墓。除湖北省内遗址外，表5.2中葬猪颌骨墓比例总体上较低，中原区系的三个遗址各只有一座墓出土了猪颌骨。湖北省内一些遗址葬猪颌骨比例较高，可能与墓葬群整体的高等级有关。以顾家坡为例，猪颌骨墓葬一般与男性、陶器、骨镞、玉器、钺等因素相关(贾汉清，2004)。如果不存在猪颌骨稀缺性，那么树枝和十字架的关系同样适用猪颌骨。随葬整猪有可能与财富有关，但猪颌骨没有财富价值，财富难以解释葬猪骨特定部位的要求。猪颌骨具有与龟甲类似的描述墓主巫觋身份的作用，两者形成了稳定的组合关系。动物形器更珍贵，符合礼器的特征。东方区系毗邻北方、中原区系，猪形器连续出现，如北辛文化山东章丘西河和小荆山中的陶猪、大汶口遗址北辛文化层猪拱嘴形陶支座等。

三、空间划分的像似符——四兽

四兽是盖天论衍生的分析性概念。四兽也称四灵、四象、四宫，是相同体验域衍生的多个隐喻或转喻。多个古文明都有星座或星宿知识体系，它们是否有共同源头？这个问题的前提是文化传播论，中外历史学界、天文学界和考古学界都试图回答。通过计算二十八星宿与天球赤道的最佳汇合年代，并分析各古文明相关文献所对应时间，竺可桢发现二十八星宿形成于约 6500 年前，四宫所占的宽窄度数与黄河流域四个季节长短吻合，巴比伦、希腊及埃及等世界其他星宿文化应是从中国经印度传入(竺可桢，1944，转引自冯时，2001：265)。基于各地二十八星宿起始宿的出现年代和本土文献记载等证据，冯时(2001：第 6 章)认为该知识体系出现于约 5500 年前的黄河流域，并经古波斯地区传播到其他地区。还有天文学者通过国际天文界最新岁差模型和《尧典》中的星象记载，测算出该知识体系大致形成于约 7500 年前的中国(赵永恒，李勇，2009)。这些结果有出入，依笔者能力无法论断。无论其源头，为什么其他文明能接纳这个动物、星宿、神话、历法、方位等相互关联的异域知识体系？如果拒绝文化传播论，为什么各地先民不约而同地用动物描画星空？古典人类学对类似文化要素的解释大体可分为独立发明论和传播论，穆勒关于天神系统的源头暗含了传播论的立场。如果人类有相同的心智和生理心理需求，当他们共享一个太阳，仰望大体相同的星空，由此产生的知识体系必定相似，分至四时与昼夜长短变化的关系具有普遍天文意义。猪首、龟甲在约 6000 年前后就作为星象学符号被史前中国各考古文化共享，其中兼有传播和独立发明(例如，以玉龟、石龟或陶龟代替实物龟甲)。当然，不同文化要素的类似既源自交流和学习，也源自相同的观测对象。即使整个族群迁徙到新地域，星象学仍保留意义。所以，星宿体系综合了星象学交流和独立发明。源头之问强调了个性，忽略了共性，前者是基于地理环境的人文，后者是基于共同观测目标的天文，共性和个性是回答星空神兽问题的框架。

前文已述中国原始社会主要授时星是七曜、大火、参宿、北斗、木星等，它们在其他文明中都有相应的动物形象和神话，有些星象的命名和神祇职责也类似。例如：

1. 星宿运行轨迹的命名方式类似。黄道十二宫(古巴比伦)、星宿(中国)、月站(Nakshatra，印度)、兽园(Zodiakos，希腊)等命名体现了星体的比拟(拟人和拟物)思维，比拟是一种隐喻。

2. 灿烂超群、光彩夺目的星体一般都成为观测对象。所有古文明都有太阳历，太阳系八大行星有对应的神话，如道教的阴阳五行说、吠陀教和印度教的九曜星象学(Navagrahas)、苏美尔的尼比鲁星(Nibiru)传说等。

3. 大火和参宿在东西方星象学体系都神祇化。大火在中华文明对应的神兽是龙，能指示农时，文献记载了基于大火周期的出火、改火祭祀活动。大火在苏美尔、古埃及文化的对应星座是天蝎座，外形都蜿蜒曲折，在苏美尔文化中是丰收神。参宿在中华文明中有伐杀之意，在古埃及文化中是冥神。

4. 北斗在中国神话中是太一巡天的交通工具，它在苏美尔神话中也有车的意义。

5. 中国、苏美尔和古埃及都有多个太阳轮流值日的神话。

以太阳、参宿、大火、北斗四星为例，它们在各文明中的名称、神话有诸多类似(见表 5.5)。

表 5.5　古代文明关于太阳、参宿、大火、北斗的神话①

神话	中国	苏美尔	古埃及	古印度	古希腊
太阳	羲和	Utu	Khepri，Ra，Atum	Surya	Helios
	十乌	太阳神巡游	太阳神轮班	太阳神巡游	太阳神巡游
参宿	参宿	URU AN-NA 天堂光	万神之父 Sahu	Ardra	猎户座
	实沈	三分人七分神 Gilgamesh	冥神 Osiris	风暴神 Rudra	Orion

① 神话参考了天文之旅、星座指南、希腊神话、埃及旅游等网站，详见参考文献。

续表

神话	中国	苏美尔	古埃及	古印度	古希腊
大火	龙星	蝎 GÍR. TAB	蝎或蛇 Ta-Bitjet	Jyeshtha	天蝎座
	阏伯	丰收神 Ishhara	医神 Ta-Bitjet 创世神 Thoth	主神 Indra	地母神 Gaea
北斗	北斗	MAR. GÍD. DA 车	Msxtwy 公牛前腿	Saptarshi 七智者	大熊座
	帝车	风女神 Ninlil	混沌神 Set	Vasishta 等※	Callisto

※ Vasishta 等，其余神话人物是：Bhrigu，Atri，Angirasa，Kratu，Pulastya，Pulalaha

四兽和二十八星宿是中国先民描画黄赤道附近星空与地面生活关系的本土概念。上表所列四颗星中，历法、神话、生活安排、祭祀等要素的交织在各文明中相似，地理环境和生业方式导致兼具异同的星象学。各文明首先认识七曜，太阳首当其冲，其他影响生业的星宿紧随其后。西水坡蚌图表明，东、西宫比南、北宫的概念化稍早，前者与史前中国农业的关系更密切。基于良渚陶器刻符，王仁湘(2021)认为良渚先民已经具备四宫知识，符号分别是鼍、玄武(龟)、雀、猪，猪后来被虎取代。该观点合理，但虎和猪的符号意义不准确。2023 年 4 月良渚文化丁埂遗址公布了虎纹石钺，再加上凌家滩的虎首璜，作为西宫符号的虎自西水坡时期就具有广泛的星象学意义。农业发展与星象学专业化如影随形，遍布各地的史前粮仓可佐证。根据《尧典》，尧有四位历法官负责观象授时，昼夜长短、太阳位置、四象位置、季节变化、人类活动、鸟兽生长等息息相关。以春季为例，相关要素为：羲仲、东方、旸谷、日中、星鸟、仲春、厥民析、鸟兽孳尾。虽然先民没有解释其中的因果关系或相关关系，其中的联系主义确实存在，与《左传》昭公十七年中少皞鸟历一样体现了天文和人文的息息相关。

斗转星移也体现在信仰内容的细微变化。如前所述，北斗的符号在新石器中晚期文化场所最常见，它是宇宙中心，也是头顶时钟和年历，“参商两曜斗西东”与北斗的观天坐标点、斗柄指示季节的功能有关。由于岁差影响，成为极星的星体并不固定，这是占星师难以理解的天象。曾经接近北极位置的北斗渐渐由别的星体取代，北斗的符号意义有细微调整。《史记 · 天官书》中的北斗是帝车，历法价值是“运于中央，临制四乡，分阴阳，建四时，皆系于斗”，东晋天文学家虞喜发现了岁差，唐朝太史令李淳风提出“斗极”（《晋书 · 天文志》）概念，意指天皇和人君。概念演变既体现了天文学发展，也延续了此前天文与人文的关联。

东宫龙在特定时段对农耕社会尤其重要。星象学在无字时代只能以器物、图像、口头等形式传承，它们后来发展为文字时代的易学。其中，流传至今的只有《周易》。《周易》无所不包，四方四隅、风雨阴晴、吉凶祸福、君子德行、运气兴衰、季节更替等内容在基于逻辑实证主义的现代科学视野下退居一隅，成为玄学。伏羲氏创造八卦的目的是理解天象中的神明之德，手段是鸟兽之文和八卦（《系辞下》）。鸟兽之纹与天象的联系不仅见于中华文明，各古文明的满天星斗都被符号化为动物园，唯有隐喻视角能还原各种联系。由于岁差影响，东宫龙在特定时段成为农时的标志。民间谚语记录了四兽与季节的关系：冬春之交，苍龙显现；春夏之交，朱雀升起；夏秋之交，白虎露头；秋冬之交，玄武上升。火历和参历的授时主星分别位于东方苍龙和西方白虎，借助星和象的部分整体关系，大火和参宿也称为龙星和虎星，每个宫内的其他星宿可能以同样方式别称，这是转喻思维。“冬春之交，苍龙显现”之时，东亚地区进入一年最重要的春耕时节，“作龙求雨”的目的就是春耕。乾卦六龙就是《左传》昭公十七年中大皞“龙纪”，即龙星历法，它与黄帝云纪、炎帝火纪、共工水纪、少皞鸟纪等一起形成了那个时代的星象学分支。

四兽是以北斗为坐标点的细分宇宙空间模型。天象是复杂难懂的神秘领域，只能借助日常生活中具体范畴来理解。星宿动物是基于外形相似和活性相似的隐喻，而星、象不分的称呼是基于体验同现产生的转喻。命名神秘天象的动物也具有了神秘性，自然动物变形为神兽。四象、四灵、四兽、四宫、二十八星宿等是同一体验域内相互联系的概念，是中国先民集跨部落、跨时空的智慧对以北斗为中心的星空进行时空秩序化的知识体系。

第二节 时间的符号化

时间是先民要解决的首要问题之一。农耕文明把太阳能转化为生物能，错过农时意味着挨饿，太阳历联系了人生一世和草木一秋。后羿射日、夸父追日、两小儿辩日等传说证明了中国先民的探日努力，史前至少产生了三种太阳历。如北斗历所示，太阳至少有静态和动态两种符号化，前者大体是某种动物或圆形，后者是回归年周期轨迹，能象征时间空间化和空间时间化的统一。

一、太阳的符号——几何图和鸟

无论各地先民如何符号化太阳，圆形和鸟是普遍符号。圆形是太阳形状的模拟，这是像似符，可称为太阳纹。上山、跨湖桥、贾湖、北辛、高庙、城背溪等遗址中的太阳纹非常写实，圆形四周是辐射状直线或火焰。苏美尔、古埃及和梨俱吠陀中的太阳神都有鸟的特点，身披鸟翼、头顶鸟冠或太阳、乘鸟巡天，中华文明有十乌和三足乌传说。鸟的起居节奏、生活空间均与太阳一致，两者都具活性特点，日鸟兼具隐喻和转喻的认知机制。鸟不一定象征太阳，但日鸟纹肯定是。高庙、大汶口、仰韶、河姆渡等文化中的日鸟纹直观地体现了鸟和太阳的符号关系，鸟形器或纹饰可能隐含了史前太阳历知识。

至少自新石器中期以来，鸟是中原区系彩陶的常见纹饰主题。20世纪60年代初，基于马家窑文化彩陶的源流，石兴邦(1962)提出庙底沟类型彩陶鸟纹及其几何线条表现形式。70年代末，基于甘肃彩陶纹饰的源流，严文明(1978)提出鸟纹、日鸟纹、太阳纹之间的紧密联系，它们最终演变为旋纹，鸟和蛙(蟾)是日月的符号，它们在半坡期陶器上已经出现，文字时代的金乌和蟾意指日月。90年代，张朋川(1990)对庙底沟类型写实和简化鸟纹再次细分，提出三类简化鸟纹。进入新世纪，更多学者支持鸟纹的写实、简化、几何纹之间的联系。王仁湘(2011)把庙底沟彩陶图像中的简化鸟纹归入连弧纹、西阴纹、花瓣纹和旋纹等类别。鸟纹组合可粗略分为日鸟纹、鱼鸟纹和对鸟纹，但实际器物可能兼具日、鸟和鱼。鱼鸟纹主要见于陕西境内仰韶文化史家类型和庙底沟类型，前者包括陕西武功游风、宝鸡北首岭、临潼姜寨二期、陇县原子头、华阴南城子等遗址中的陶器，后者包括河南庙底沟、灵宝西坡、三门峡南交口、甘肃秦安大地湾和陕西泉户村等遗址，也见于更晚的石家河、三星堆和其他区系的零星遗址(李新伟，2021d)。日鸟纹常见于甘青地区马家窑文化鼎盛期的瓶、钵、盆等，漩涡纹、月牙纹、锯齿纹、十字纹、同心圆点纹等都是日鸟纹的抽象变异(韩高年，陈凡，2022)。对鸟纹中的两鸟朝相反方向飞行(相背、对顶、上下错位)，抽象的对鸟纹呈现“S”形，庙底沟时期遍布各区系的旋纹实际上是对鸟纹的简化和抽象(李新伟，2021c)。总体来看，仰韶彩陶纹饰的特点之一是鸟纹，多种几何纹可能由此衍生。其中，旋纹最常见。中原龙山时期出现不同媒介的鸟形器，如石峁陶鸟和玉鸟、二里头玉鸟和青铜爵。

鸟也是其他区系的常见主题。北方区系赵宝沟文化时期有鸟纹陶尊、陶鸟杯、鸟形木雕，红山鸟形象更广泛，仅那斯台、胡头沟、东山嘴、牛河梁、半拉山等地的石或玉雕鸟多达15件(张星德，李能交，2020)。东方区系与东夷族有关，传说中的少皞氏崇鸟，大汶口时期有三足鸟形陶鬶，日鸟纹是大口尊的标志性纹饰，龙山时期出现鸟喙(也称鸟首)足陶鼎、鸟纹玉圭等。东南区系在上山和跨湖桥可见太阳纹和似卦象的纹饰，未见动物符号。自河姆渡时期起，鸟形连续出现。浙江境内有丰富遗迹，如河姆渡的双鸟朝阳纹牙雕、鸟纹骨匕、鸟形象牙圆雕、浮雕双飞燕器盖、四鸟喙陶盘等，鸟纹出现在良渚文化的琮、钺、璧、璜等各种玉器上(尤含悦，2018)。值得注意的是，双鸟朝阳纹牙雕上的多圆圈看似七衡六间图，类似图形在河姆渡不是孤品，兽形陶塑上也可见。其他时期的鸟形器还有南河浜三足鸟形盉和鹰首壶(M15)、凌家滩八角纹双猪翅玉鹰、良渚玉鸟纹等。自高庙文化以来，鸟形连续地出现在两湖平原，如高庙日鸟纹、鸟獠牙兽纹(91T2003)、大溪玉鸟(巫山大水田 M199)、屈家岭京山玉鸟、屈家岭邓家湾陶鸟(H116：27)、石家河圆形玉凤、罗家柏岭鸟首璜形玉饰、后石家河谭家岭虎脸座双鹰等。各种鸟纹或鸟形器中，日鸟纹最直观地呈现了以鸟喻日(见图 5-4)。

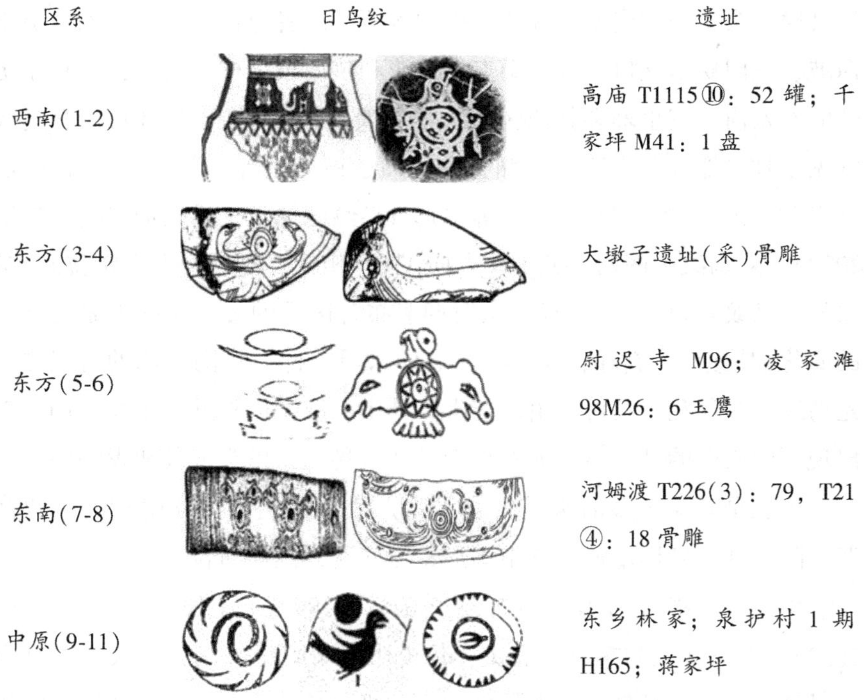

图 5-4　各区系典型日鸟纹①

---

① 图 5-4 中，其中图 1 来自贺刚，向开旺(2000)；图 2 来自尹检顺(2020)；图 3～图 4 来自张学海，李玉亭(2009)；图 5 来自赵李娜(2012b)；图 6 来自李新伟(2020)；图 7～图 8 来自孙华，黎婉欣(2022)；图 9～图 11 来自赵李娜(2012a)。

一些日鸟纹与八角纹具有组合关系。西南区系皂市下层文化发现了迄今最早的八角纹，历经高庙、汤家岗、大溪、屈家岭等时期，传承中有创新(图 5-5)。八角纹在太湖、海岱地区更广泛，是“龙山时代”的证据之一。基于大汶口文化与长江流域、东部沿海地区文化在陶器和石器方面的诸多相似，张光直(2002a：238-239)提出了龙山文化时期，该文化约 6000 年前始于长江流域和北方，沿东部海岸扩展到台湾和珠三角，延续近千年。在《中国史前陶器图像反映的天极观念》一文中，李新伟追溯了延续近 3000 年的八角纹(图 5-5)，遗址包括湖南的高庙、汤家岗、松溪口；山东的大汶口、王因、尉迟寺、花厅、野店；浙江的河姆渡、草鞋山、吴家场、庄桥坟；安徽的双墩、神墩、崧泽；江苏的北阴阳营、刘林、龙虬庄、祁头山、大敦子；湖北的塞墩、屈家岭、柳林溪、肖家屋脊、石家河、谭家岭；辽宁的牛河梁。八角纹的分布体现了傅斯年的“夷夏东西”说和童恩正的“边地半月形文化传播带”，前者大体以太行山为界，后者更宏观，经东北、历长江中下游、遍及沿海的广大地区(冯时，2008)。从组合关系看，图 5-5：4 和 5-5：5 中的八角纹一般和圆形、鸟纹、太阳纹共现，纹饰组合从视觉上呈现基于太阳运动的时空观。

八角纹和十字纹的所指相同，前者内在地包含后者。“十”在甲骨文中是“甲”字，后者还可写作⊕，可见于石家河文化玉鸟和商代玉鸟或玉人的腿部或臀部，这些联系提示“十”的星象学意义。《淮南子 · 天文训》记载了二绳(子午、卯酉)、四钩(丑寅、辰巳、未申、戌亥)、两至斗中绳，这些概念都基于测日影。《说文解字》记载：“十，数之具也，一为东西，丨为南北，则四方中央备矣。”如果加宽十字纹的纵横两纹，可得到“亞”，后者可指示四方四隅，与八角纹同义。当十字纹的纵横两纹在顶端分叉，也可形成八角纹。迄今最早的十字纹和八角纹均出自高庙文化(见图 4-12 和图 5-5)，太阳运动产生了四和八的数理。高庙十字纹位于太阳正中，太阳位于鸟翼，千家坪既有单独的十字纹，也有日鸟十字纹，十字把圆形一分为四。以约 7000 前的双墩为例，太阳、八角、十字、亚(图 5-5：13)等纹饰全部可见，还有树形、(单或双首)猪形、鱼形。一年有四天特殊日影，其中两天出落日影重合成一条直线，方向是东和西，对应两分，另两天的正午日影最长和最短，而且重合，方向是北和南，对应两至。十字纹和八角纹是太阳观测的结果，前者可能与四方五宫有关，后者可能与九宫八卦有关。

1. 皂市下层 T9H13 上：8 器盖　2. 汤家岗 M1：1　3. 松溪口 T1⑦：6 盘
4. 大溪柳林溪 IAT0916⑧120　5. 肖家屋脊 AT409-5：9　6. 肖家屋脊 T34-3：3
7. 大汶口 M1018：32 陶盘　8. 野店 M35：2 陶盘　9. 尉迟寺 F33：38
10. 大墩子 T3：1 纺轮　11. 尉迟寺 T4013-8：2　12. 花厅 M34：33 纺轮
13. 双墩 91T0719⑮：62　14. 河姆渡 T235 4A：102 陶轮
15. 南河浜 M44：2 器盖　16. 崧泽 M33：4 壶底
17. 北阴阳营 T373③：26 纺轮　18. 薛家岗 M117：3 壶底
19. 凌家滩 98M19：16 纺轮(双面)　20. 凌家滩 98M26：6 玉鹰

图 5-5　西南、东南、东方区系的八角纹①

---

① 图 1 来自何钦法，罗仁林(1994)；图 7、8 来自田名利(1999)；其他来自李新伟(2020)。

十字纹的另一变体是卍纹。卍纹作为佛教符号广为人知，但基于“Swastika”的互联网检索表明了卍纹的世界意义，当然释义不尽相同，其历史至少有一万年。中国多地远古文化可见卍纹，迄今最早的卍纹出自高庙，泸溪下湾陶刻四鸟喙(图 5-6：4)清晰可见，河姆渡四鸟喙盘(图 5-6：5)再现了该纹饰，马家窑发现了大量卍纹陶器，尤其是柳湾墓地(图 5-6：1)，这些纹饰直观地呈现鸟、四与太阳的数理关系。马家窑柳湾、宗日、民和等地的卍纹、十字纹或变形鸟纹出现在旋纹圆圈内部，这些纹饰集中体现了太阳崇拜(柳春诚，2006)。辽西小河沿文化石棚山墓地直筒罐(M52：1)周身至少出现了三种卍纹(图 5-6：2)，该墓地还出土了鸟形壶、鸟纹(李恭笃，1982)。河北赵窑仰韶文化层小口瓶(T93：24)纹饰(图 5-6：3)与石棚山直筒罐上中间的卍纹类似(陈惠江，达煌，1982)，与柳湾墓地卍纹也类似，尾端呈多线条状。这些两两类似的纹饰表明，日鸟纹、十字纹、卍纹的意义相互关联，卍纹是四鸟纹的几何抽象，个别卍纹可见鸟羽。以类似思路理解千家坪和汤家岗的纹饰(图 5-7)，要么是鸟兽的写实，要么是鸟兽的几何化。

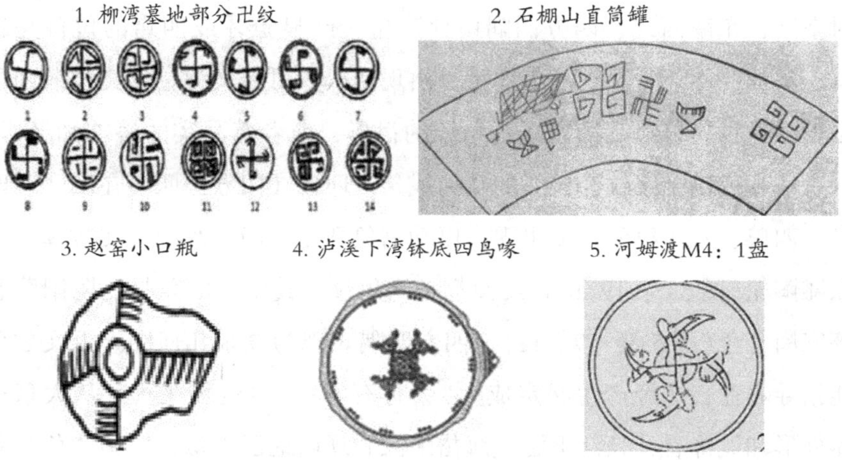

图 5-6　同中有异的陶器卍纹①

① 图 5-6：1 来自青海省文物管理处考古队(1984：236)；图 4 来自尹检顺(2021)；图 5 来自李新伟(2020)。

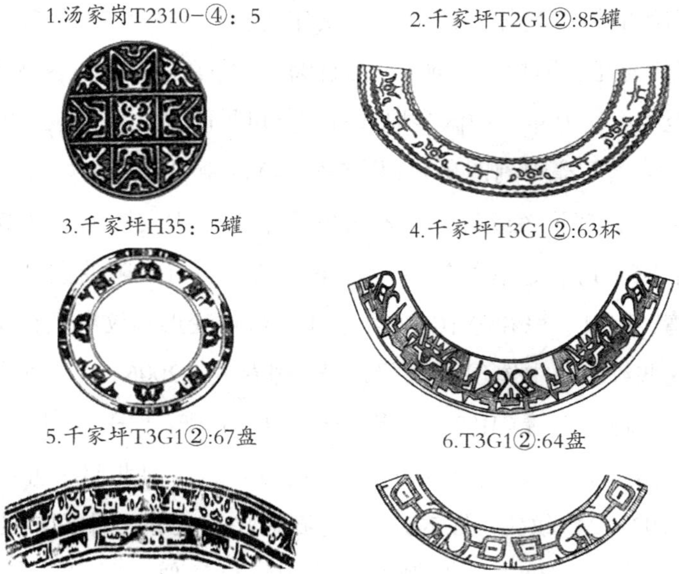

图 5-7　包含四、八意义的陶器鸟兽纹①

上述纹饰以鸟、兽呈现圆形内的二、四、八的数理关系。鸟身上的圆形象征太阳，有的圆形内有十字或八角纹，后两者是太阳运转产生的时空观，东南西北、四方四隅由此产生。凸显獠牙或四窍的兽首是猪首，象征北斗。千家坪鸟兽纹重复出现四次，可释义为昼夜交替或四季更替。这种鸟兽纹是汤家岗八角纹的祖形，前者有写实的兽首和鸟喙，后者演变成以十字纹为核心的几何线条，四兽在四方，四鸟在四隅。四鸟、四兽、八角纹的反复出现，以动物象征二、四、八的天文数理。凌家滩陶轮(图 5-5：19)的正反面都是八角纹，其中一面兼具北阴阳营和薛家岗特色(图 5-5：17、18)，四方四隅表现为复杂几何图。天文数理能指导农业，一经产生必定成为“天行有常”，可流传久远。从大墓玉器外形和纹饰看，长江下游、海岱地区和辽西地区类似，以猪、龟、鸟等动物表达的宇宙观有密切联系(李新伟，2020)。以早期大汶口文化

① 图 5-7：1　来自李新伟(2020)；其他来自尹检顺(2020)。

刘林类型大敦子为例，该遗址共有186座墓葬，只有8座墓随葬龟甲，M44墓主随葬物多达53件，两幅龟甲、八角星彩陶盘、(鸟形)三足高柄杯、带柄勾形器、獐牙勾等器物显示了其重要身份(张得水，1998)。从认知机制看，这些器物或纹饰是基于形似、意通的视觉隐喻，它们是无字时代星象学的核心概念。从皮尔斯符号学视角看，太阳纹是像似符，八角纹和十字纹是方位指示符，日鸟纹是象征。从隐喻视角看，太阳纹是基于相似的隐喻，日鸟纹是基于体验同现和体验相似的隐喻。

《左传》昭公十七年中少皞氏的鸟官制可能与太阳历有关。鸟是东夷族的图腾，写实的太阳是大汶口文化陶器的标志性纹饰(如大口尊)。先秦文献关于少皞氏的谱系关系记载并不一致，祖先可追溯至帝俊、黄帝(帝鸿氏)，春秋郯国国君郯子自称其后裔。根据郯子，少皞氏的历法官均以鸟命名，且一分为四。少皞继位时出现了凤鸟，凤鸟基于体验同现关系成为少皞的瑞兽，于是以鸟命名历法官。凤鸟是基本范畴，玄鸟、伯赵、青鸟、丹鸟等下位范畴的官员主管两分、两至、两启、两闭。与《尧典》相比，四星官的职责从四节扩展到八节。除了历法官，其他重要官职全部以鸟命名，即五鸠、五雉、九扈。郯子的描述既有鸟分类的知识，也有官职分工知识，这种以鸟类命名官职的思维体现了以具体(鸟类)理解抽象(官职)的认知过程，还间接说明了天文历法的标准价值。在图腾论中，智力低下的先民无法区分人和鸟；在认知心理学视角下，凤鸟体系用隐喻简明扼要地把少皞的治理体系分门别类。兽类是人们的思维工具，少皞继位时出现的鸟联系了部落所有重要领域的官职，该联系支持了涂尔干关于分类学的原始思维，也证明了天文历法是原始社会百科全书式的知识体系。不同层次的鸟范畴以及范畴内成员形成了一个庞大的语义网络，这是形成以鸟象征不同领域的认知基础，此鸟与彼鸟的关系映射出此官职与彼官职的关系。

二、日行迹的符号——旋纹

普遍纹饰可能是普适知识符号。中华文明的新石器时代以农耕为基本特征，南稻北粟几乎同时出现。每个人都是太阳观测者，人体是观测工具，长短横竖变化的人影是数据。一万多年前的上山陶器描画了太阳纹和长短横线，后者可能是卦象的前身。人们共享一个太阳，但在不同时空通过不同作物把太阳能转化为生物能，族群迁徙促使知识、生计、技术等多重交流。上山、彭头山、磁山、裴李岗、老官台、大地湾、兴隆洼等文化均有早期农业遗迹，包括种子、农田、成套农具等。付巧妹（Yang et al.，2020）团队的遗传学研究表明，中国南、北方人群至少在约 9500 年形成，约 8300 年前开始融合，约 4800 年前出现强化趋势。参照前述北斗指季的出现时间，中华大地几乎同步出现稻粟作，南北人群随后产生，天人合一具有实质意义。在农业扩散背景下，南、北方人群可转译为稻、粟作人群，人群融合不仅体现在 DNA，也必然体现在星象学和农业技术。大汶口晚期、庙底沟二期、马家窑、屈家岭、早期良渚、红山等文化均显示多文化要素，稻粟混作和类似纹饰是例证。八角纹、十字纹是粗浅的太阳历符号，比太阳纹更精确，它们与日鸟纹的组合持续了近三千年。这期间，未见于高庙文化的旋纹也传遍三大流域，旋纹可能是比十字纹、八角纹更精确的太阳历符号——日行迹（solar analemma）。

与日行迹相关的本土天文学概念是黄道和日道。中国星象学古籍中的昏见、昏中、晨见（朝觌）、旦中等词语表明，固定时间和地点的观测是常规。古代中国以颜色命名天体绕地轨道，青道、白道、赤道、黑道和黄道构成地心说的天文五道。太阳的视运动分为日周期和年周期，前者的轨迹由白昼圆弧和假设的夜晚圆弧组成，日夜轨迹图称为日道，即衡，后者是太阳在假设天球上的周年视运动轨道，即黄道，两者都是假设的圆形。根据《周髀》宇宙模型，太阳在夏至、两分、冬至距离北极的距离分别为 119000 里、178500 里、238000 里，两至轨道的中点刚好是两分轨道，间距是 59500 里（曹慧奇，2020）。换言之，三衡的半径分别是 59500 里的两倍、三倍、四倍。黄道也称光道或中道（《汉书·天文志》），与赤道面的两次相交日即两分，黄赤交角为 23.26°，与两分点垂直90°的两点为两至。《甘石星经》记载黄道“牵牛初直斗二十度”，意指太阳冬至点(即牵牛初)距斗宿20°，《后汉书·贾逵论历》论述了黄、赤道的关系。西汉流行基于黄道坐标系的浑天说，与《周髀》基于赤道坐标系的盖天说不同，后者更重视拱极星(冯时，2001：81-85)。《周髀》盖天说即“天象盖笠，地法覆盘”，“望极立表”是测影方法，日影数据直观地体现在地面，两至对应最长和最短的日影。冯时(1990)认为6500年前的濮阳西水坡M45是一盖图，墓南的圆弧形墓壁是两分的日道，即《周髀》中衡，东西两侧是东宫龙和西宫虎之象。牛河梁也在地面展示日道，三重圆祭坛就是三衡。数千年积累的日影观测最终形成了《周髀》七衡六间图，即太阳在夏至、小满或大暑、谷雨或处暑、两分、雨水或霜降、小雪或大雪、冬至这12天的日视运动轨迹，刚好12个中气，三衡即内衡、四衡和外衡(白天的圆弧加上想象的夜晚圆弧。《周髀》中冬至日影长1.35丈，此后每个节气依次变短，夏至日影长0.16丈，此后每个节气依次递增。除了最大和最小的两至日影，其他二十二节气的日影两两相同，这些数据内在地包含了渐进往复、对立统一、此消彼长等易学思想。

长期的测日影数据导致日行迹的符号化。日行迹是现代天文学概念，在固定地点和时间每24小时拍摄一次太阳，持续一年，即可获得大体“8”字形的日行迹，北半球上圆小、下圆大，南半球相反。假设一个“8”字形物体悬挂在空中，它在地面的影子可能变形，但大体也呈“8”字形。日行迹可分解为一组相反的“S”形或两组相反的大小“C”形，1~7月沿反“S”形由下向上移动，7~12月沿“S”形由上向下移动，两至太阳的位置在日行迹两端。可见，黄道是太阳在假设天球上的周年视运动轨道，是想象的圆形，日行迹是实证测量的太阳在固定时间和地点的周年视运动轨道，呈“8”字形，两者同中有异。日行迹测量无需高超技术，只需一年坚持，每月一次的拍照也能获得简化版日行迹。同理，连续一年在固定地点和时间记录12个中气日立表日影终点在圭的位置，连点成线，也能获得圭表版日行迹。考古遗迹和文献确认了固定的观象台观测时间，分至四时渐趋清晰和完整，年复一年的观测必然会获得日行迹。

太极图包含日影长短变化，可能是本土日行迹的一种变体。基于黄赤交角造成的四季光照度变化，假设阴阳之和是常量，数学运算表明，阴阳长短变化符合两条阿基米德螺线(图 5-8)，这两条线组合在一起就是太极图(王永炎等，2009)。当阴阳之和为常量，以冬至为起点，螺线以下的阴量递减，螺线以上的阳量递增。图 5-8 与日行迹看似不同，实则相通。螺线是一年内正午日影长短变化，从中可以看出日影终点变化，两者都受太阳位置的影响。圆内的反“S”形由两组长短弧线构成，两组短弧和长弧分别相当于北半球日行迹的上圆和下圆。如果把圆心视作内衡，图 5-8 就包含了七衡六间图和日影在一年的逐日变化图。如果逆时针旋转图 5-8，且沿反 S 线涂黑右半，表示阴，左边留白表示阳，两至两分布卦乾坤离坎(乾南坤北，离东坎西)，四隅再布卦兑巽艮震，可得先天八卦图。图 5-8 中的十二节气对应十二辟卦，后者以线条直观呈现了永不停息的阴阳消长。八卦、十二辟卦、六十四卦同理易名，共

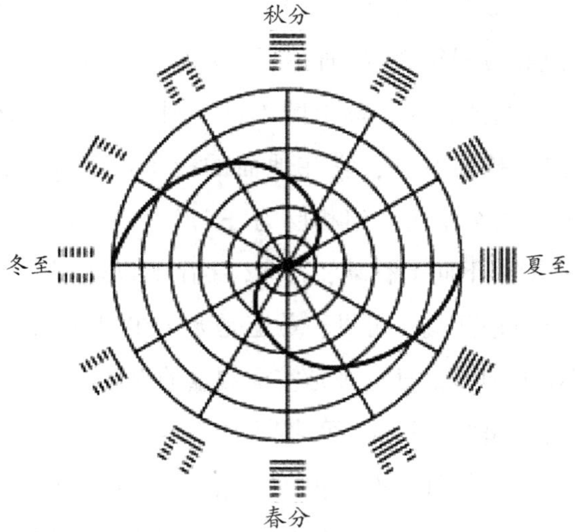

图 5-8　日影年长短变化图

同的根基是以符号表达日影历法。

如何识别日行迹的符号？这个问题的解答需要考虑星象学史。天圆地方、北极星坐标点、群星拱卫等在肉眼中直观易懂，但《尧典》四仲星的联系主义知识需要长时间积累和多部落贡献才能形成。太阳和北斗具有普适的历法意义，鸟和猪首的广泛出现是证据。若以上山和高庙为时空样本，十字纹、八角纹比太阳纹晚出近3000年，但高庙未见日行迹符号。猪首环形或“C”形器是北斗轨迹符号，但日行迹尚未进入考古学者的视野，遑论其符号化的识别。若参照日鸟间的符号关系，日行迹符号必然出现在鸟纹、鸟形器或太阳上，还可能和猪形成组合。根据张光直(2002a：第5章)的观察，至少约7000年前，一个持续而有力的程序把不同文化密切联系起来，陶器的形制、技术和装饰、聚落遗址夯土建筑技术、葬俗等共同的考古成分相互连锁成一个大文化网，网内的文化相似性在质量上比网外的大，6000年前，北自辽河流域，南到台湾和珠江三角洲，东自海岸，西至甘青川等地，一个广大的相互作用圈已经非常清晰和强烈。庙底沟时代、彩陶中国、远距离交流网等概念也从不同角度凝练约6000年前的文化交流和融合，作为典型要素的陶器和纹饰为寻找日行迹的符号框定了时空和器物的范围。从空间看，前文讨论的所有遗址都有可能出现该符号，从时间看，它至少在约7000年前已经出现，在约6000年前广泛出现，并且作为文化孑遗流传到文明社会；从器物上看，它最先可能出现在陶器上，后来出现在玉器、青铜器上。综观各种纹饰，满足这些条件的只有旋纹。

由于学科视角、个人审美等原因，学术界对旋纹的分类和释义可谓见仁见智。此前已经阐明旋纹是鸟纹的几何变体，但未分析原因。严文明(1989)把旋纹的主体分为一个圆圈和一对互相勾连的挂钩，圆圈中每被横线分割为二，而挂钩中实以圆点，每一单元与其他单元之间相互连接形成连续不断的花纹带。王仁湘(1989)把旋纹的旋转模式分为单旋、多旋、叠旋、杂旋、混旋，仅庙底沟文化就出现了近20种命名，包括勾连文、旋纹、涡纹、旋涡纹、螺旋纹、曲带纹、花卉纹、花瓣纹、勾叶纹、月亮纹、鱼纹等。从空间看，旋纹(包括各类变体)以东至海滨，西至甘青，北至西辽河流域，南及闽江流域和台湾；从时间看，研究者尚不能追溯该纹饰的确切起源地，但它在各区系 6000 年左右的大部分文化中都出现。基于王仁湘的上述统计，此处摘录旋纹出现的各区系代表性文化(不一定列出遗址)列表 5.6 如下：

表 5.6 出土旋纹的代表性遗址或文化

区系	文化
中原	庙底沟、大地湾四期、马家窑、陶寺
北方	牛河梁
东方	辛店、大汶口
东南	河姆渡、崧泽、良渚
西南	大溪、屈家岭、石家河
南方	昙石山、凤鼻头

如何释义遍及中华大地的旋纹及其变体？各种命名可大致分为两大类：第一类是以身边具体事物为命名的标准，如月亮纹、勾叶纹、涡纹、鸟纹、漩涡纹、花卉纹等；第二类是根据不同具体事物提炼的抽象范畴，例如勾连文、螺旋纹、旋纹等，这类命名往往与解释先民心智相关。无论冠以什么名称，这些纹饰所呈现的生生不息形成了家族相似性，应归入一个范畴，其区别类似于茶杯、水杯、咖啡杯、牛奶杯、酒杯等形成的杯具范畴。各地先民究竟使用哪种杯子取决于当地原料供给，但杯子总是有的。王仁湘(1999)认为旋纹表现的运动固然出现在舞者的旋转、陶轮盘的旋转、水波的漩涡等生活场景中，但它们无法在广阔时空中延续强大生命力，具备该素质的只有天体运动及其衍生的四季变化，旋纹是至少 6000 年前的先民们关于天象的共同认知体系，旋纹中的鸟和太阳纹提示其与太阳的联系。严文明和王仁湘的视角极具启

发意义，统驭深远时空的喻体需要与统驭深远时空的本体对应，并且该本体对先民生活具有极端重要意义，只有天象具备此种素质。旋纹广泛出现的时间与相互作用圈同步，推动相互作用圈的那个持续而强大的程序必须能被地方文化自愿接受，这个程序只可能是星象学。

旋纹与鸟纹的共现或联系进一步证明其星象学意义。此前关于鸟纹的讨论中，诸多学者指出鸟纹、日鸟纹、太阳纹之间的联系，旋纹、涡纹、月亮纹、勾叶纹等是鸟纹的几何化变体。例如，图 5-9:3 的旋心是一个直观的太阳，图 5-9:4 的旋心是一个十字纹，图 5-9:15 的旋心是白点，“C”形两鸟绕之。这些讨论没有追问为什么鸟纹的几何化遵循“S”形或“C”形，为什么旋纹能广泛而长期出现在各区系？况且，旋纹与太极图都呈现了类似的旋动之义。从时空看，大地湾和赵宝沟已经出现旋纹，均在约 7000 年前。各地生业、葬俗、随葬品器型和媒介等不同，但都愿意接受这种纹饰，普遍纹饰必定具有普适意义。关于器道关系，器是道的载体，日月星辰的运行规律是道，是史前跨时空的客观大科学，器则体现地方特色。图 5-9 中的各种纹饰，“S”形或“C”形持续旋动，有的可见“十”字、鸟或太阳，充分体现了天文数理。既然日行迹可分解为“S”形或“C”形，它们与鸟或太阳的共现可理解为视觉隐喻或转喻。这些隐喻可释义如下：

人类共享一个太阳，太阳永远自东向西、自南向北运转，太阳运转导致昼夜(黑白)交替和季节更替。以分至四时为基本节气，太阳在固定时空的三个月轨迹是“C”形，6 个月轨迹是“S”形，一年轨迹是“8”字形。

如果旋纹有重要意义，以玉为尊的文化可能会出现玉旋纹。前面已述，红山牛河梁大墓 N2Z1M21 出土了双联璧，半拉山大墓 M12 出土了三联璧，凌家滩大墓 87M15 出土双联璧，用料大，工艺复杂，简称联璧。璧是祀天礼器，但学术界几乎很少见联璧的释义。较早的联璧出自大汶口山东平阴县周河，大墓 M4 的 22 件随葬品以陶器和玉器为主，玉器组合是三联璧、璇玑(图 5-10：1，2)和环(钱益汇，2014)。完全

中原：1. 秦安大地湾一期和三期 2. 大地湾四期 3. 马家窑永登蒋家坪 4. 兰州青岗岔 5. 福临堡尖底瓶 6. 宁县王庄王嘴 7. 陕州庙底沟 8. 郑州大河村

西南：9. 大溪细颈壶 10. 大溪松滋桂花树 11. 石家河 H37：2 器座 12. 石家河肖家屋脊 W6：14 玉像 13. 屈家岭淅川黄楝树 14. 屈家岭文化黄冈螺蛳山 15~16. 屈家岭肖家屋脊 T31-4：12、AT104-7a：17

东方和东南：17~19. 大汶口大墩子 20. 崧泽赵陵山 T23⑥：602 豆圈足底 21-22. 崧泽小兜里 M44：1 豆盖、53：2 豆盖

北方：23. 赵宝沟钵 24. 胡头沟筒形器 25. 牛河梁筒形器 26. 牛河梁 N2Z4M6：1 罐

图 5-9 各区系旋纹举例①

相同的组合出现在一千多年后的辽宁晚期红山文化半拉山 M39（图 5-10：3，4），该遗址仅 M12 中出现动物形象，包括鸟、玉龙（猪首环形器）和形似虎首的柄端饰石钺（熊增珑等，2017）。璇玑的造型包括四孔或六

① 图 1 来自张远山（2014）；图 2~图 4 来自王仁湘（2017）；图 5~图 7、图 12~图 13、图 16~图 18 来自王仁湘（1999）；图图 8~图 9 来自王劲（2010）；图 10 来自陶洋等人（2019）；图 11 来自蔡青（2019：56）；图 14~图 15 来自李新伟（2020）；图 19~图 21 来自李新伟（2020）；图 22~图 25 来自田小冬、孙永刚（2018）。

孔、猪拱嘴、眼睛等要素，是北斗绕极运动的模型。既然联璧和璇玑形成组合，联璧一定具有星象学意义。半拉山墓地共发现五件联璧，阜新胡头沟 M3-4(三联)、黑龙江亚布力 YB 采(三联)、邹县野店 M22(双联)、凌家滩 87M15107(双联)等均有发现(熊增珑等，2020)。此外，吉林通榆县张俭坨子、黑龙江东翁根山Ⅰ号出土了双联璧(曲艳丽，刘景文，2014)。动物成为星象学符号的认知机制既基于活性相似，也基于体感相似。璇玑与猪拱嘴共现，旋纹与鸟共现，猪鸟组合与玉器的璇玑-旋纹组合的意义相通。既然璇玑有北斗绕极轨迹之义，联璧就是日鸟的轨迹，即日行迹。从形状看，璇玑是一个规整的圆环，联璧是大小不一的圆环，显然是故意为之，符合形似。

铜器时代是否有铜旋纹？肯定有。测日影的工具不断发展，历经人体、髀骨、标准化木圭表，三代时期出现了铜圭表，即《保训》屡次提及的槷(即埶)。经冯时考证，两周时期一些被误识的青铜器座实为铜槷，包括湖北郭家庙曾国 GM17(图 5-10：5)、绍兴坡塘 M306(图 5-10：

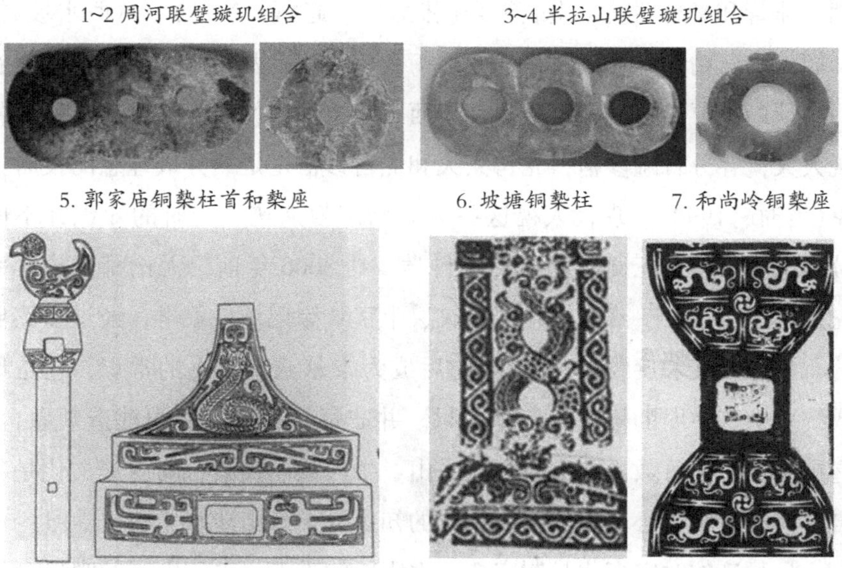

图 5-10　联璧组合和青铜纹饰

6)、河南淅川和尚岭M2(图5-10：7)、山东邿国墓地、安徽屯溪弈棋三号土墩M3、光山黄君孟夫妇墓、河南淅川下寺M1等(冯时，2014)。图5-10的三件铜槼汇集了自高庙以来连续出现、与太阳有关的所有纹饰，包括"C"纹(囧纹)、"S"纹(蜷体鸟纹)、十字纹、日鸟纹、太阳纹、旋纹(日行迹)等。其中，坡塘铜槼柱上的纹饰形似汉唐伏羲女娲交尾图，和尚岭铜槼座上的蜷体鸟纹形似"S"。即使有清晰的鸟首，此类器物大多被附会为龙。以此观之，著名的晋候鸟尊也是鸟旋纹，鸟睛酷似太阳，回眸的鸟首和内卷的鸟尾一起构成了"S"，所谓的象鼻尾意在模拟日行迹的季节变化。任何符号的释义必须参照所属系统，龙只是神兽系统中的一个符号，释义应参考系统内的符号关系。测日影的工具历经数千年变化，纹饰却未变，这印证了太阳历法"至信如时"的道和德。唯其如此，铜槼才能成为君子之器，以槼喻德。

三、正午地中的日行迹：中合规则

旋纹是各族群广泛交流的科学成果。中原区系的测日影可追溯至贾湖，律管和叉形器就是圭表组合(张居中、赵嫚，2015)。从西水坡看，仰韶先民已精确掌握了三衡的中外衡和东西宫，两分和东西宫恰恰是农耕生计最重要的节气和天象。基于西水坡遗址年代的天文测算，秋分朝觌大火，春分日躔参宿，龙宫大火和虎宫参宿正是二分最理想的授时星象(冯时，1990)。现代人视这些为原始宗教遗迹，当时的知识并不区分科学和宗教，三衡图堪称尖端科学。约8000年前，无论哪个族群率先用龟甲、猪首、日鸟纹、八角纹、十字纹等记录星象学，经过多族群的积累和交流，旋纹在6000年前后成为吉尔兹意义上的常识，它是形成统一中华文明的标志性知识成果。并非每个族群有能力建造观象台，迄今所见屈指可数，西水坡、城头山、牛河梁、良渚、陶寺等文化是各自时代的科学中心，吸引四面八方的知识分子跋山涉水，前往学习。

日行迹的时空变化是制定统一太阳历的难点。史前中国的观象台处于不同纬度，所得知识服务当地农耕文化。在南北人群交流愈频繁、甚至文化融合的背景下，如何协调不同的地方历法？截至旋纹的广泛出现，稻粟作在中华文明已经存在约5000年，日行迹“8”字形因纬度和时间而变的特点必然是长期困扰知识分子的难题之一。以北纬约40°的北京为例，12:00的日行迹为正“8”形(蒋洪力，2016)。迄今中国不同时空日行迹的报道很少，可借鉴天文爱好者Anthony Ayiomamitis拍摄的一些古希腊遗址的日行迹(图5-11)。除了阿波罗庙位于北纬约40度，其他均约位于北纬37度至38度，形状大体相同，它们可粗略视作一个地点在一天不同时间的日行迹变化：西偏——垂直——东偏。其中，12:

1. 08:00 特尔斐庙	2. 09:00 阿波罗庙	3. 10:00 雅典斗兽场	4. 11:00 赫拉庙	5. 12:00 奥林匹斯山
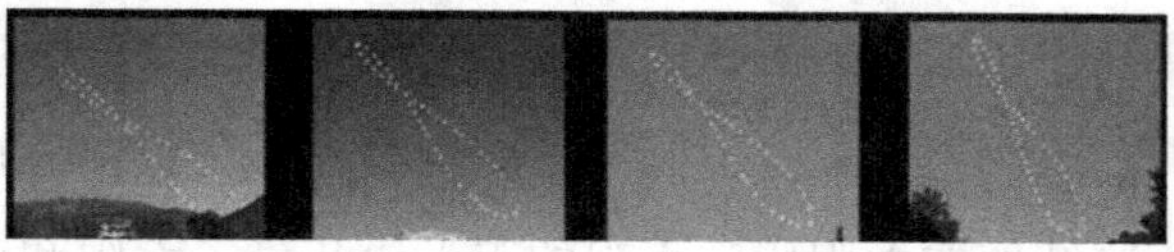				
6. 12:28 帕特农庙	7. 13:00 波塞冬庙	8. 14:00 阿帕亚庙	9. 15:00 厄里希翁庙	10. 16:00 尼米亚宙斯庙

图5-11　希腊境内不同时空的日行迹①

28的日行迹几乎垂悬天空，与北京12:00的日行迹类似，这两个时间刚好属于西周十二时制的日正。按自南向北的纬度顺序，城头山、良

① 参见Anthony Ayiomamitis. Solar Image Gallery—Analemma [EB/OL]. https://www.perseus.gr/Astro-Solar-Analemma.htm

渚、西水坡、陶寺、石峁、牛河梁等地观象台遗址纬度范围约为29～41，西水坡（35.8°）和陶寺（35.9°）最接近禹都阳城或周公卜洛之地——登封。陶寺比西水坡晚2000多年，测日影工具从人体的髀、股向标准化圭表发展，四仲星、月、北斗在《尧典》中都是授时星。大体尧舜时代的陶寺已进入王国阶段，文化面貌呈现了四方交流和汇聚，历法更完备和精确，天文、物候、农事、王权等息息相关。陶寺早中晚期文化面貌不同，可能与战争有关，猪、龙、虎、鸟、蟾等星象学动物符号的齐全佐证了当时的文化交流和碰撞，圭表和玉琮游标，20节气夯土柱、29齿铜齿轮形器等相关知识也流传至文字时代。

历法完备的同时，陶寺还出现了文字（朱书陶文）和青铜器，这些都是王国文明的关键要素。那么，在中华文明的旋纹时代到王国阶段的两千年间，历法如何完备？

正午地中的日影在中华文明的历法中具有极其重要的意义。在广阔地域中，同一种作物的农时不一致，不同作物的农时也不一致，充裕的食物生活需要参照不同纬度的太阳历。直观的盖天说凸显了太阳和北斗的历法价值，人群融合与文化融合必将导致统一历法的产生，统一历法至少需要整合太阳历和北斗历，正午地中日影的意义可能借此凸显。地中在商周文献中经常出现，与之同现的内容还有盖天说、分至四时、王权理念、医药养生、圭表测影等。

1. 盖天说

极星与天俱游，而天极不移。冬至日行远道，周行四极，命曰玄明。夏至日行近道，乃参于上。（《吕氏春秋·有始览》）

七衡六间图。太阳绕北极做圆周运动，夏至离北极最近，绕小圆；冬至离北极最远，绕大圆。第一、四、七衡对应夏至、春秋分、冬至的太阳运行轨迹，即内衡、中衡、外衡。（《周髀》）

2. 地中、分至四时、四方四风的关系

四位星官分别在四方的两分两至观天授时，四方、四时对应两分两至。(《尧典》)

东方曰析，风曰劦；南方曰夹，风曰微；西方曰夷，风曰彝；北方曰宛，风曰役。(四方风甲骨卜辞)

以土圭之法测地深，正日景，以求地中。日南则景短多暑，日北则景长多寒，日东则景夕多风，日西则景朝多阴。(《周礼·大司徒》)

当枢之下无昼夜。白民之南，建木之下，日中无影，呼而无响，盖天地之中也。(《吕氏春秋·有始览》)

土圭致四时日月，封国则以土地(《周礼·典瑞》)

3. 圭表求“中”

丙子其立中，亡风？八月。[丙子立中，允]亡风，易(锡)日。① (《合集》7369)

乃易位埶(槷)稽，测阴阳之物，咸顺不逆。(《保训》)

以土圭之法测土深，正日景，以求地中。(《周礼·大司徒》)

今立表高八尺，以望极(星)，其句一丈三寸。故冬至日晷长丈三尺五寸，夏至日晷长尺六寸。(《周髀》)

日至之景尺有五寸，谓之“地中”，天地之所合也，四时之所交也，风雨之所会也，阴阳之所和也。然则百物阜安，乃建王国焉。(《周礼·大司徒》)

北极之下为天地之中，其地最高，而滂沱四隤，三光隐映，以为昼夜。(《晋书·天文志》)

---

① 冯时(2015)根据殷历解读，该卜辞正好描述了夏至的测影活动，其中的致日传统与周礼致日以定地中制度完全一致。

日影测量衍生了中华文明流传有序的“中”理念。方位是相互定义的符号系统，中和四方缺一不可，四隅由此衍生。根据《周礼·大司徒》，土圭测影可得四方和地中。根据《晋书·天文志》，天地之中的圭表测影滥觞于庖牺氏的“周天历度”，依照运算法则、勾股定理和重差等可推断七衡六间的长度、晷影长短变化和太阳远近的数据等，先民通过日影测量获得关键的天文数理。该知识经夏商传到周公，周人把相关知识载入《周髀》。清华简《保训》印证了先秦文献涉及“中”的记载，三皇五帝一脉相承、两分两至的地中测影、时间空间相关等(清华大学出土文献研究与保护中心，2009)。《保训》中的“埶”字当读为“槷”，意指立表测影，尧、舜寻访各地日影的长短变化，夏至日正午八尺之表影长为一尺五寸的地方就是地中(冯时，2015)。学术界关于《保训》之求中提出了各种解释，主要观点包括李学勤等的中道论、李零的地中论、武家壁的历法中坛论、子居的民众论、邢文的河图天数之“五”论等十几种(邢文，2011)。前文已述星象学赋权的原理，这些解释各自聚焦了求中的缘由、对象、方法、目标等。上述文献表明，地球绕日公转形成了分至四时、四方四风等不可分割的时空辩证关系。其中，测阴阳之物、阴阳之所和、以望极、天地之中、天地之所合等是两至日测影的规则。律管是测“阴阳合”的工具，“阴阳合则景至，律气应则灰除……冬至阳气应，则乐均清，景长极……夏至阴气应，则乐均浊，景短极”(《续汉书·律历志上》)。换句话说，立表必须上指天极，下指地中，两中在立表重合，该规则可简称中合。于是，在观察者肉眼中，太阳和北极星的时空参照关系成为核心数据。皇侃《疏》释“允执其中”为德被四海、天祚禄位的中正之道，四海共识的历法是秩序和道德的基础。中正、中和、中道、中庸等理念是衍生性的，本源于中合——基于北极和太阳的整合历法。如果阴阳不合，则四时混乱，礼崩乐坏，跨部落交流所得的客观知识具有“咸顺不逆”(《保训》)的权威，精确历法是维系王权的权威公共知识。

《黄帝内经》治病养生之道印证了基于中合规则的历法。《黄帝内经》是中国最早的医学典籍，可能滥觞于黄帝，历经长时间积累、完善而成书于西汉。西汉仍可见原始社会的巫医不分，医学与星象学的界限模糊。根据《类经》解释，《九宫八风》篇中的太乙是北极星——北斗，八风对应八卦的八个方位和八个节气。北斗的位置十分接近北极星，且在历史上充当过北极星，太乙周而复始的一日游、一年游与斗柄的日周期、年周期一致。《九宫八风》中的太乙年周期在八个宫分别停留 45 或 46 天，并引起节气变化和身体反应，周期约 366 天，与《尧典》中四时阴阳历一致。可见，太乙绕极运动的时空特点参照了太阳历法，或者两者相互参照。中合规则通过在正午地中获得两至日影的最高点和最低点，日行迹包含太阳历法的象和数，也为众星绕极运动提供了参照。所谓的阴阳相和、天地合一意指基于太乙和太阳的合历，而不是光照与影子的合一。

如何直观地呈现中合规则？这个问题看似突兀，但先民在圭表侧影实践中会发现端倪。太乙是易学概念，用于解释自然变化，易学遵循“物生而后有象，象而后有滋，滋而后有数”(《后汉书·律历志》)的顺序——从具体到抽象。然而，由于物-象-滋-数之间的联系链遗失在历史中，关于八卦、河图、洛书、九宫等概念的源头和意义令人困惑，只有借助现代天文学知识才能恢复联系链。根据冯时(2001：363)考证，古彝族天文学保有这些概念的原貌遗存，彝文《玄通大书》的宇宙图(图 5-12)知识在传播过程中历经了变形或误解。图 5-12 三幅图都以黑圆为背景，似蛇的白色弧形回环盘绕其中。对比这三个宇宙图和太乙游宫，圆

图 5-12　彝族宇宙图

形、“S”形、阴阳等要素全部出现，冯时的结论合理。第一幅图更原始，与屈家岭陶轮上的纹饰十分相似，第三幅图可能受后世龙形象的影响，时间可能在秦朝以后。各地物产不同，日行迹的符号化遵循直观易懂，葫芦恰好能模拟上小下大的双圆形，葫芦可能是古彝人的日行迹符号。换句话说，葫芦既是具象的太阳历，也是太阳崇拜的符号。葫芦与“福禄”谐音的解释貌似附会，符号和传说盛行的社会尚未产生福禄概念。彝族花倮人的芦笙舞包含葫芦笙、鸟羽装饰、“S”形和反“S”形的舞蹈造型等要素。彝族崇虎习俗也体现在舞蹈，云南楚雄彝族自治州至今保留了老虎笙，彝语称为倮麻则。除了虎，鸟是彝族人的重要图腾，彝族有完整、系统而独特的鸿雁鹤鹰系鸟崇拜文化（普晋，普忠良，2021）。虎鸟组合是太阳历和参历的整合，屈家岭、石峁、三星堆等文化均可见。

第三节 以动物形象为媒介的天人合一

星象学符号一旦产生，必将介入人类生活。深远时空隔膜了文字时代和无字时代，前者对后者难免一知半解。在无字时代，七曜的符号具有跨族群、跨地域的普适性，在文字时代具有索绪尔意义的任意性。所幸七曜未变，人类的认知机制未变，文化翻译能填补时空距离。星象学的滥觞是为了填饱肚皮的知识信仰，动物、几何、数学、建筑、艺术等均从中诞生。太阳的早期符号都是圆形和辐射状线条或火焰，十字纹和八角纹随后产生，“8”字形或“C”形最后产生，二、四、八的时空关系、七曜周期以及黄赤道星宿带的切分连接了几何学与数学，勾股定理出自日影观测数据。夯土高台提供更高远的视野，夯土过程既动员了群体，也产生了建筑力学和天文数理。为了记录、传承和交流星象学，先民在石器、陶器、骨器、玉器、青铜上不辞辛苦地刻画动物和纹饰，相关器物是知识分子的工具箱。动物是星象符号，几何图是轨迹符号，数字是抽象规律，从简单到复杂、从具体到抽象的过程适合所有学科。人在浩瀚宇宙中太渺小，实证领域至今远比非实证领域小，后者令人敬畏。巫觋职业化是社会分层的第一步，他们跋山涉水，既交换器物，也谋求“地中”之道。权力疏远普通人，非实证领域自带神秘感，以至于现代科学与原始科学的疏远如同现代学科间壁垒。其中，“龙”所在的神兽体系横亘在现代和原始科学之间。

一、中合规则下的图像复合隐喻

几何图是中华先民的星象学常识。星象学几何图历经了从简单到复杂、从单星体到多星体、从石器到铜器的媒介演变。至少10000年前的上山就出现了太阳几何图，随后彭头山、贾湖、跨湖桥、北辛等遗址陆续出现太阳几何图，斗魁几何图以兴隆洼、北福地、裴李岗和高庙较早，此后两种几何图遍布各区系。太阳几何图从单一的陶器圆形纹发展为陶轮、玉璧、铜齿轮器、铜镜等上的复杂几何纹，圆形纹可能内填十字或卍纹，日行迹首先出现在陶器上，联璧见于大汶口、牛河梁和凌家滩。北斗几何图的载体历经龟甲、石器、陶器、玉器和青铜器，殷商铜器龟背纹上的四点历经四千年未变。星象学几何图所在的载体差异既与各地资源有关，也与技术发展有关，星象学交流导致趋同的大墓器物。玉器独具中华文明特色，四点梯形和圆形在大溪(玉璜、玉玦和玉璧)、大汶口(雕筒)、红山(玉兽面)、凌家滩(同心双连璧)、良渚(神徽纹玉琮)中大同小异，星象学几何图是中华文明多元一体的知识基础。

圆形是中华文明的超级符号。天似盖笠，日月是直观的圆形，天文五道和北斗轨迹是想象的圆形，直观和想象的圆形成了盖天论宇宙观的基础概念。《易经》贲卦定义了天文、人文以及两者关系，天文是刚柔交错，即阴阳之天道，人文是文明以止，即基于天道的社会传承，天文时变与化成天下息息相关。星象学圆形产生了人文圆形，如鹖冠子阐述的环流或吕不韦阐述的圆道。圆道即周而复始，运而不穷，与环流意义相近，在天文和人文间建立了无所不包的联系，包括天地精气、日夜交替、季节更替、云气周旋、水流不息、作物兴衰、君臣上下等万事万物的规律（见《吕氏春秋》）。后人把鹖冠子和吕不韦归入道家，有所偏颇，因为环流或圆道是诸子百家以前中华文明的基础概念。岁差改变了斗柄与季节的规整关系，现代人要么无需北斗判断季节更替，要么被城市灯光遮蔽了繁星，环流的星象学意义被遗忘。但是，大气环流、大洋环流、海洋环流、季风环流、弯道环流等现代科学概念都包含了周形不怠、循环往复的律动之意。环流是先民在直面鸿蒙时基于视觉和推理建构的超级符号，其现代跨学科意义体现了根隐喻的强大力量。至于圆道，圆通、圆融、圆满、团圆、圆成、圆功、重圆、圆美、圆润等相关词语仍然是人文中国的基本价值观。

除了几何图，动物形象也是星象学符号。以《山海经》异兽为例，它们要么跨兽类，要么跨人兽。异兽描述常见“状”和“如”，这两个隐喻指示词揭示了动物间的关系：熟悉动物是理解异兽的体验域；异兽由于某种符号价值必须被识别。例如，当具备鳄、雀、鳝特点的危险动物侵入中国生物链时，鳄雀鳝就成为民间动物分类中的现代异兽。《山海经》异兽往往有医药保健、提示物候、警示安全等生计价值，即使现代中国人对此也心领神会，一些异兽与巫觋或首领关系仍然密切，如龙、虎、蛇等，日影、天、雨、雷、五刑等词语描述首领的特殊身份。《山海经》历经数千年形成，各种知识浑然一体，与首领有关的异兽得到考古验证，这类异兽的意义源于动物和星象的隐喻关系。所以，异兽都是隐喻概念，现代分类系统与异兽的隔膜源于时空距离。

1. 提示物候的异兽

> 蠃鱼：鱼身鸟翼，音如鸳鸯，出现警示水灾。
> 毕方：鹤状一足，青羽白喙，出现警示火灾。
> 颙：枭状人面，四目有耳，叫声警示大旱。
> 山䝙：犬状人面，善投，出现预警大风。
> 狡：犬状豹纹，牛角犬音，出现指示丰收。

蛇鼠：鼠状紫翼，性情孱弱，出现指示食物丰盛。

2. 需要回避的凶兽

穷奇：虎状猬毛，音如嗥狗，食人兽。

㺒：虎状牛尾，犬音，食人兽。

傲因：长短如人，手虎爪，喜食人脑。

3. 入药的异兽

冉遗鱼：鱼身蛇首六足，目如马耳，食之助眠。

数斯：鸱状人足，食之治痫；

狌狌：禺状白耳，伏行人走，食之善走。

4. 有动物特点的巫觋或首领

西王母：人状豹尾，虎齿善啸，蓬发戴胜，司天之厉及五残。

夸父：珥两蛇，把两蛇，追日影(景)直到渴死在禺谷。

烛九阴：人面蛇身，视为昼，瞑为夜，吹为冬，呼为夏。

应龙：应龙处南极，协助黄帝杀死蚩尤和夸父后去南方，南方多雨。

随着星象学发展，历法的中合规则必然导致神兽的产生。太阳和北斗的符号分为几何图和动物，前者模拟外形或指示方位，后者象征活物属性。为了直观地记录和传承这些知识，中和规则下的合历可能产生四种图像：几何图组合、动物组合、几何图和动物组合。具体而言，基于北斗的斗形、梯形、猪和基于太阳的“C”形、“S”形、十字纹、八角纹、卍纹、鸟可形成各种组合。在转喻机制下，动物的某种或几种显著身体属性即可意指动物，如鸟翼和猪面四窍。依此思路，一些几何图组合、几何图鸟兽组合或合体鸟兽的释义趋于清晰。

第一种是几何图组合。几何图组合的构件一般是两种或多种星体的像似符，典型例子是湖北秭归鄂西城背溪遗址的红石刻。红石刻呈长条形，一人头顶上有向四周辐射线条的圆形，腰两侧各有两圆。冯时(2023a)认为石刻(图 5-13)是测日影的髀或碑，头顶上的二十三道太阳旋芒表现两至日值南中天的景象，腰两侧的大小四圆表现分至四时南中天的太阳。考虑到四圆与头顶太阳在外形、位置、大小等方面的差异，四圆可能另有意义。前面已述，城背溪陶支座以刻孔记录斗魁，此后多个大溪和屈家岭遗址都发现了类似遗迹，载体包括陶豆、陶盘、陶支座、玉璜、璇玑、玉玦、玉环、璇玑等。红石刻上的四圆略微倾斜，下两大圆几乎水平，上两圆略小，右上小圆略高，右下圆最大。参照青台和双槐树北斗星罐大小与目视亮度的对应规律，依据亮度对应孔径，右下圆可能是天枢，四圆意指夏至昏见斗魁。基于 Stellarium 0. 20. 1 模拟的约 8000—7500 年前秭归(约东经 110°，北纬 30°)夏至星空，傍晚五点半的北斗形似挂在低空的勺子，斗杓指向高空，斗魁接近地平线，与石刻四圆类似。秭归红石刻上的头顶太阳和腰下四圆描画了夏至正午太阳和昏见斗魁，印证了太阳和斗魁作为授时主星的意义。由于太阳人石刻只有斗魁，缺乏器物组合关系，增加了理解难度。以天文学观之，红石刻记录了当时的精确科学，所谓的太阳崇拜应该理解为知识崇拜。

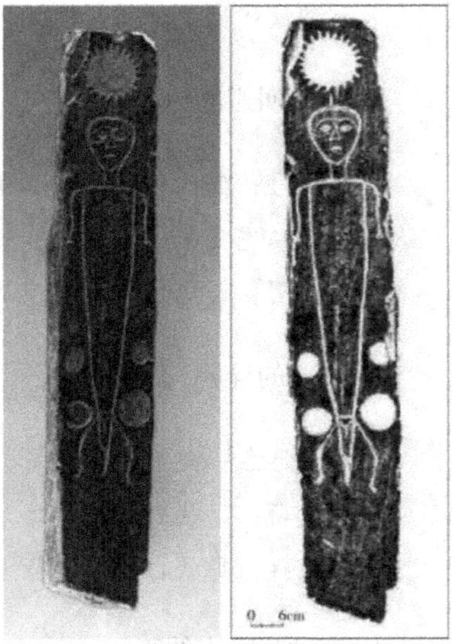

图 5-13　城背溪石刻及拓本

第二种是动物-轨迹组合。基于北斗的动物-轨迹组合是猪首环形或“C”形器，红山、凌家滩、良渚、石家河等文化中可见。基于太阳的动物-轨迹组合是鸟首蛇身器或鸟首蛇身纹，可能的器物包括赵宝沟鸟首蛇身纹陶尊、石峁“S”纹玉鸟（陕西历史博物馆藏）、龙山五莲丹土蛇身玉鸟、良渚鸟首蜷体纹（如福泉山 M65 陶壶）、三星堆青铜树上的鸟首“S”身疑似龙和鸟首“S”纹勺把、青铜器夔凤纹、外圆内“S”的篆体“日”字、《山海经》中的鸟首蛇身神、汉代伏羲女娲像等。以石家河鸟首形玉器（图 5-14：6）为例，该器物的要素为鸟首、蹲踞状人身、膝盖或臀部有十纹。商代一些玉人或玉鸟有类似要素，如中国国家博物馆藏的商凤冠人首玉珮。尤仁德、常素霞、林继来等以⊕纹为核心提出不同释义，包括太阳神帝俊崇拜、男根崇拜、肛门论等（林继来，2006）。⊕纹是太阳和十字的组合，是高庙常见纹饰之一，一般出现在鸟翼或鸟胸，鸟首或凤冠⊕纹玉器是高庙鸟翼太阳十字纹的变体。从文字看，⊕也是太阳历天干之首——甲，兼具形似和意通。三千多年间，符号的载体变化了，符号组合关系未变，只不过太阳具备了人格神属性，科学意义褪色，宗教意义增强。至于阳具崇拜和肛门论，从一个完整形象中聚焦一个器官的释义似乎不妥，考古证据链和文化一贯性也难以支持。

第三种是合体鸟猪。合体鸟兽当然属神兽，几乎见于所有区系，一些知名学者提出了各种释义。例如，CNKI 姓名检索表明，王仁湘提出了高庙飞翔的獠牙、仰韶动物圣灵中的猪、鱼、鸟，史前炫目神面等观点；李新伟提出了仰韶鱼鸟组合、良渚神人兽面、史前羽化信仰等观点、天极兽等；邓淑苹提出了鹰熊拟英雄、物精崇拜、天体崇拜等。上述观点涉及的对象很详尽，有诸多重合，不尽相同的视角和观点或多或少地涉及了宇宙观。新石器中晚期以来各地发现了大同小异的介字形器或纹饰（图 5-14），往往与兽面组合，湖北九连墩战国墓中的双鸟玉佩（图 5-14：4）揭开了介字形的源头——日鸟纹（王鹏，2020）。在中合规

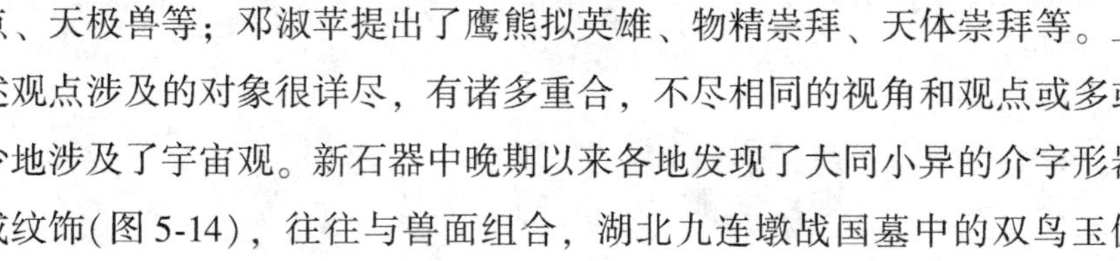

图 5-14 介形器

则下，鸟和猪是同等重要的历法符号，基于北斗和太阳的历法就是宇宙秩序，大部分合体鸟兽是合体鸟猪，象征两种授时体系的融合。图 5-15 中的动物多有混种特点，红山鸟有獠牙或圆立耳，或者鸟翼是兽面；良渚羽翼鸟爪与四窍獠牙共存，介字冠呈阳光放射状；石家河獠牙首有鸟形耳或鸟羽冠；山东龙山獠牙兽头顶鸟形冠，或鸟胸负獠牙首。约 6000—5000 年前，三大流域的中华古文明全部出现了合体鸟猪，牛河梁的鸟兽纹玉佩（N2Z1M23）、凌家滩的鸟猪璜（87M9）、良渚神徽等的符号意义完全相同。

第四种是鸟猪轨迹组合。几乎每个区系都有这种组合，凌家滩玉鹰可见双猪首、鸟、圆形和八角纹，良渚神徽上可见旋纹、圆纹、鸟翼、獠牙和人面，石家河玉面可见獠牙和鸟翼，十字纹或旋纹要么镂空在鸟的胸部，要么刻在鸟首蛇身神的腿上（图 5-15）。通过整合多个星象学符号，这些器物都是图像隐喻，是有语法的无字天书。

1~6 高庙、石家河

7~11 红山

12~17 良渚

18~21 山东龙山

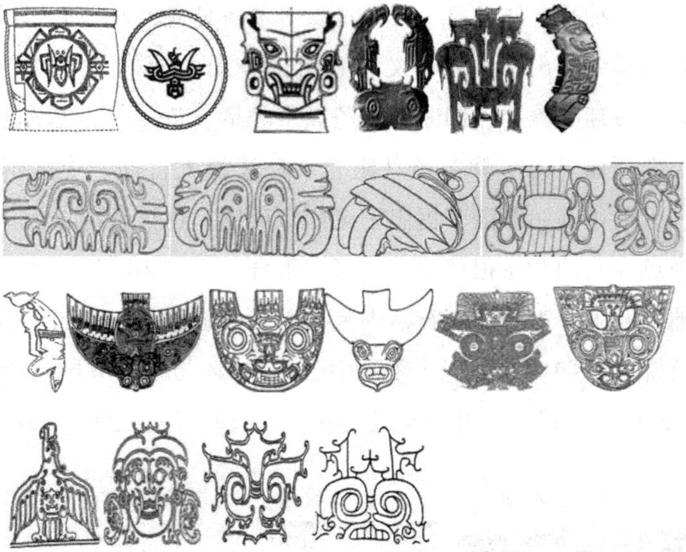

图 5-15 各区系合体鸟兽纹①

① 红山系列纹饰来自李新伟（2021a）；其他来自李新伟（2001b）。

跨时空的纹饰显示了自高庙至新石器中晚期的历法交流和发展。高庙基本纹饰包括獠牙、四窍、十字、八角、圆形、鸟喙、鸟，新石器中期出现的“S”纹、旋纹、“C”纹呈现了星体轨迹和周期的精确知识，两个时期的纹饰形成各种组合，玉器、骨器、漆器、青铜器等媒介的推陈出新和更精细的技术共同造就了更多样、抽象、协调的图像式历法。约6000年前，这些动物和几何图表达的历法知识四处扩散，它们在5000年前后的大型聚落文化中演变为大同小异的合体鸟猪。鸟兽纹的变迁与现代家电变迁类似，都经历了一到多、简单到复杂的功能整合。令人费解的混种动物是图像隐喻的复合，以多种动物知识为前提，它们是更高级、更持久耐用的图像知识体。虽然它们不符合动物分类学，但符合认知经济性。与其说先民崇拜动物，不如说他们崇拜知识，其知识载体简洁凝练、象似意通、精美实用，拥有者是神，即杰出的知识分子。文字产生后，连现代幼儿都费力地学习文字，并学会根据书本知识行动。依此倒推，无字时代的星象学动物符号体现了知行合一。

值得注意的是，高庙和兴隆洼的时间有重合，獠牙首面和四孔器也类似，高庙中的龟甲随葬和日鸟纹迄今未见于兴隆洼，但赵宝沟有丰富的鸟形器和纹饰。约8000年前相距遥远的相似符号究竟源于独立发明或文化传播？或者兼而有之？

二、星体、动物和人格神的三位一体

人格神与神兽借助天象相互关联。基于多个原始社会中外婚制与图腾之间的联系，麦克雷南提出史前人类最早的神是植物和动物，然后是看似动物的星体（星座），最后才是人格神（McLennan，1969）。麦克雷南从社会进化论视角找出图腾的社会原因，他并不关注其中的心理学因素。囿于社会进化论，他的研究难免受图腾论的局限，但他呈现了动植物图腾、天象和人格神之间的普遍联系。动植物、天象和人等三大范畴包含了大部分宇宙，三者的普遍联系体现了人们由此及彼地认识宇宙的努力，至于联系的性质和种类则因文化而异。世间万事万物，何种事物按照什么顺序进入心智？大体涉及以人为中心的三种因素，危险性、吸引注意的外观、实用性(食物)。其他事物就籍籍无名了，如人畜无关的野草、小虫、石头。动物的活性被用来理解天象运动是隐喻思维，一些原本自在、自然的事物由于和天象在数、辞、象、动的相似或相关成为文化符号。依据世俗分类系统，人、兽、器物、星象原本属于不同的体验域，但借助形似、音近、数同、意通的认知过程联系起来，他们分别转化成巫觋、神兽、祭器和天神。于是，在世俗分类系统中，普通人、作为食物的动物、制造祭器的原材料仍各归其类，但巫觋、神兽和祭器都落入文化范畴。在文化要素传染性作用下，神秘领域的成员都兼具自然和超自然、精神和物质的特点。人格神兼有人类和非人类特点，既有普通人的喜怒哀乐，也有知识分子的神秘性，神兽兼有动物和人类特点，是巫觋和天神交流的必备媒介。半人半神兽是文化要素传染性的最佳例证，孙悟空有猴的身体、鸟的视野和人的心智，虽神通广大却逃不过如来的掌心，后者是人格神。

天人合一是先民在理解周围环境过程中形成的关系范畴。人类出于生活需要必须理解环境，特定环境不可避免地产生特定概念体系。《系辞上》中圣人的“易之四道”是“以言者尚其辞，以动者尚其变，以制器者尚其象，以卜筮者尚其占”，圣人四道的落脚点是卜筮，前三项是对环境进行分类产生的范畴-环境关系，最后一项是在环境内诸事物间建立联系的范畴间关系，涂尔干称为因果关系，列维称为二元关系。贵族墓中的动物既可能是食物，还可能星象符号。一旦天象-动物-人的认知联系建立，必定出现星体、动物和人格神的三位一体。所有古文明都以三位一体理解天空，太阳、鹰和阿蒙是与古埃及太阳历有关的三位一体神，太阳、鹰和马杜克(Marduk)是与古巴比伦太阳历有关的三位一体神，中国二十八星宿体系也包括星宿、星官、动物。

以动物表达的星象学必然导致祀天动物。第一章第三节已述古代中国祀天仪式中的五种动物场景，包括舞乐者、祭品、祭器纹饰、占卜媒介和巫觋装饰品。在图腾论中，神兽是智力低下的表现。例如，剑桥大学亚洲中东研究系的胡司德(Sterckx, 2002)认为，与亚里士多德等的著作相比，古代中国没有博物学，更没有关于动物的定义，动物、人类、其他生物之间没有清晰的本体差异，人类社会与动物世界、自然与文化都混淆不清。胡司德是21世纪的西方中心论者，他对中国古籍一知半解，也无视古希腊文化的异域渊源。《山海经》记录史前中国动植物、矿物、天文、地理、气象、宗教、生态等方方面面，令人费解的异兽、异物、异俗也难以否定其博物学价值。《大戴礼记》中的羽、毛、甲、鳞、倮五虫体系不仅列出了动物分类，还提出了各类的典型范畴。《荀子·王制》指出了人和禽兽的异同，“禽兽有知而无义，人有气有生有知亦且有义”。胡司德既无视希腊文化的古埃及-两河流域渊源，神兽是其共同特点，也忽视神兽体现的思维规律。动物与人既相通也相异，现代社会的宠物文化、各古文明中的混种动物、现代动物卡通剧都基于这个事实。

作为星象符号的动物必然成为祀天媒介。人们首先理解环境，随后根据相关知识在环境中谋求较好生活。张光直(2002b：49-85)认为古代中国的艺术与政治密切相关，动物是巫觋沟通天人仪式的助手或使者，动物纹样是巫觋攫取权力的独有手段。张光直有充分的考古学证据，但他没有解释为什么巫觋需要动物充当沟通天人的助手以及动物纹样成为攫取权力的独有手段。试看文字时代的各种仪式，主持人采用泥版、甲骨、竹简、羊皮卷、青铜器、纸质书、电子显示屏呈现内容。如果星象学符号是动物，那么和各种天神的互动也必须借助动物。龟卜筮是最佳例证，其他例子包括祀天礼仪中的太牢、少牢，动物组合关系体现了天子、诸侯之别，普通人则无权祀天，动物是难得的美食。

祀天动物始于知识载体、终于牺牲。《尚书·虞书》记载“乃击石拊石，百兽率舞”，《吕氏春秋·古乐》记载“乃拊石击石，以象上帝玉磬之音，以致舞百兽”。先秦文献表明，鼓舞组合和人兽共舞是原始社会和三代重大仪式的基本规则，部落新首领或古国新君主一般要负责创作新的舞乐。作为天的音似符的鼓是舞乐的核心，只有从星象学视角才能理解舞乐中的“百兽”。据考证，黄帝《云门》、尧《咸池》、舜《大韶》、禹《大夏》、商《大濩》、武王《大武》六代大舞都是万舞(萧兵，1979)。有学者认为万舞是先民模拟以北极-极星-北斗为中心的星体运动，北斗左旋如卍，日月右旋如卐(张法，2016)。基于动物的星象学意义和“击石拊石，百兽率舞”的记载，这种解释合理，况且北斗本身曾经就是北极星。但是，北斗的历法价值无法匹配太阳，万舞必须包含太阳历动物。

文字可佐证“击石拊石，百兽率舞”的星象学意义。“万”在甲骨文中有两种写法，一种是可左右旋转的“卍”，往往与舞搭配；更常见的写法是一只蝎()，且蝎脚的朝向分左、右两种，“万人”是跳万舞的人。宝鸡市周原博物馆藏的伯公父壶盖的榫部刻有铭文“伯公父作叔姬醴壶，万(蝎形)年子子孙孙永宝用”，盖面有太极图，盖肩纹饰既像旋纹，也像鸟纹，文字、纹饰相互印证了其祀天功能。根据伯公父盨蓋、伯公父簠、伯公父盂、伯公父壶蓋、伯公父勺等青铜器金文记载，伯公父是西周伯太师之子(李炳武，吴镇烽，1999)。《国语·鲁语下》记载了“昔正考父核商之名颂十二篇于周太师”，太师是西周“三公”(太师、太保、太傅)之一，为乐官之长，与祭祀有关。祀天展示“子子孙孙”必须谨记的星象学，使之传播“万年”，星象学夯实了“文明以止”的基础。前面已述，卍纹出自十字纹，象征日道，呈现不息运动，即永远。从十到卍的变化可能意在涵盖北斗绕极运动，体现中合规则。“卍”既是对天道的形象描述和抽象提炼，也表达了坚定信仰。万字在金文中至少有212种写法，蝎是主干部分，“卍”也收录在《六书通》中(，L22753)。① 万舞仪式的主持者是巫，甲骨文“巫”(，B06891)形似卍纹，与“万”在造字机制上相关联，巫是仪式主持人。根据“依类象形”的造字规律和“以鸟兽之纹类万物之情”的八卦创制文献，蝎可能是

① 详见汉字源网，检索词条：万。

模拟天象的“鸟兽之纹”。蝎形万、卍纹与万舞以不同形式表达相同的宇宙观，万舞是动作隐喻，卍纹是图像隐喻，鼓是听觉隐喻，这些是同一个本体的多模态隐喻。现代人对娱乐活动中的鼓舞组合和马戏团的人兽共舞习以为常，然而，这两种组合关系在古代文献中与娱乐无关。下列甲骨文表明，“舞”一般与求雨有关。

> 其舞，㞢(有)雨。(《合集》12835)
>
> 贞：舞，㞢(有)雨。(《合集》12836反)
>
> 万人归。(《合集》21651)
>
> 乎(呼)万舞。(《合集》28461)
>
> 今日万，不雨。(《合集》30658)
>
> 叀万乎(呼)舞，又(有)大雨。(《合集》30028)

如何理解百兽率舞中的“百兽”？万舞以形似、音近、数同、意通的方式呈现天道，其中的“百兽”包括各种被观察的星宿动物，“数同”原则也适用。四兽是四宫各组星形成的象，星和象的关系被操作化为一组动物和一只神兽的关系。现代人难以从名字上理解星宿的意义，但起码可看出它们都以动物命名，其中还整合了七曜。以西宫虎为例，该组星宿成员星的命名出现了狼、狗、雉、鸡、乌、猴、猿等动物。很难考证这些动物如何成了星宿的名字，但其中天象-动物的联系大抵与猪首、龟甲、四兽等天象的像似符类似。

鼓与舞相伴，鼓舞事关王权。舞者巫也，鼓、舞、巫、万等都是星象学要素。在鼓声喧天中，巫觋率领百兽共同参与的万舞是以动物像似符为载体的仪式。传说大禹创造了“禹步”，也称“步罡踏斗”，动作包括“8”字罡、十字罡、七星罡、踩九州等，动作中的数和名显然出自与太阳和北斗有关的星象学。禹步是“召役神灵之行步，以为万术之根源，玄机之要旨”(《洞神八帝元变经·禹步致灵》)。更早的《竹书纪年》记载，舜十七年春二月，入学初用万，万是官学内容。这两种文献中的“万”不可能是巧合，可能都是“百兽率舞”，所谓“玄机之要旨”与时间久远导致的社会失忆或绝地天通的要求有关。春秋时期的晋平公及其太史官不了解实沈的来历(《左传》昭公元年)，当时的星象学已经高度专业化。周代傩舞、汉代七盘舞或盘鼓舞大抵都是禹步，周代傩舞中的“方相氏”率领着人们祭鬼神、驱疫灾，兽皮和动物面具是百兽率舞的孑遗，至今仍可见中国各地民俗。通过鼓和其他乐器模拟天的声音，通过人的动作模拟星宿运动，万舞是记录、传承和呈现星象学的仪式。现代学位授予仪式有类似要素，盛装的学者和学子在音乐声中叙述知识的价值。

万字的蝎形和卍形为释义汉唐常见伏羲女娲交尾母题提供了线索。伏羲女娲一般出现在石画和帛画上，各手持圆规和曲尺，下肢化为两“S”形相交成旋纹或卍纹，与西周铜槃上的旋纹非常类似。画面上或有日月星辰，或有飞鸟走兽，或兼而有之(图 5-16：1，2)。该题材再现了上古万舞，巫觋(男女阴阳之别)、规矩(天地方圆之别)、太乙太阳等表达二元关系下的宇宙。洛阳东汉墓伏羲女娲交尾图壁画砖略有不同，猪首人身坐居正中，两手分别拥着人面“S”身的伏羲女娲(图 5-16：1)。该图像可追溯到新石器时代晚期南京六合区羊角山的兽首人身纹陶轮(图 5-16：3)，兽首人身纹形似卍纹。伏羲女娲交尾图继承了史前墓葬中的鸟兽和几何图，其中的观天工具和星象进一步确证了此前基于考古器物的阐释。猪首人身和人首蛇身看似不合理，实则象征动物、星体

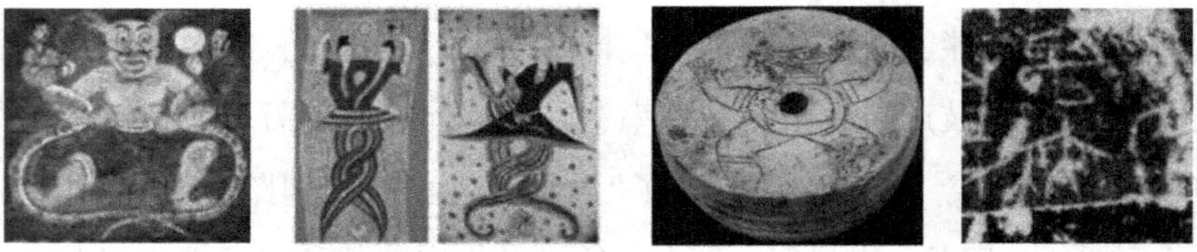

1. 汉墓葬壁画　2. 唐吐鲁番帛画　3. 羊角山陶轮　4. 万舞

图 5-16　“万”的甲骨文和伏羲女娲交尾图①

① 图按顺序来自张应桥(2009)；李丹阳(2011)；佚名(2019)；《合集》20974。

和人的密切关系，动物是巫觋、首领或君王与星体互动的媒介，必不可少。

万舞是礼乐制度的源头。所有重大仪式都不同程度地涉及音乐，静悄悄不符合仪式的公共性。一般认为中国礼乐制度形成于周朝，但礼乐早在兴隆洼文化中就体现为墓葬中的陶鼓和玉器，所谓的制度化指流传至文献记载。礼乐的功能绝非现代意义上的娱乐，而是“以礼乐合天地之化，百物之产，以事鬼神，以谐万民，以致百物”（《周礼·大宗伯》）。以人类学概念转述，礼乐的功能是维持包括神人关系、社会关系、人与自然关系等在内的宇宙秩序。例如，《周礼·大司乐》描述了两至日的礼乐：“冬至日，于地上圜丘奏之，若乐六变，则天神皆降，可得而礼矣……夏至日，于泽中之方丘奏之，若乐八变，则地祇皆出，可得而礼矣。”这些文献进一步透露了古代祀天仪式星象学渊源，动物和礼乐都是仪式过程的动力。万舞是星象学的多模态呈现，通过模仿巫术祈求太乙、太阳相关的季节更替、风调雨顺和国泰民安。星象学赋予了万舞以普适和广域的意义，所以孔子眼中的为邦之道是“行夏之时，乘殷之辂，服周之冕，乐则《韶》《舞》”（《论语·卫灵公》），这些器物、制度或历法都基于星象学的“天行有常”。新首领或君王通过主持创作新的万舞以示秉承天命，虽舞乐形式有所改变，但其核心意义历经数千年不变。

身体符号化关联社会，身体的多感官导致多模态。恩登布人通过各种符号有声、有色、有形地把原本不能外显的信仰、观念、价值、情感和心理倾向表现出来。仪式参与者一般通过协调不同水平的体验来和谐地表达意义，身体符号化从属于该过程。道格拉斯（Douglas，1970：74-75）用奥古斯丁（Aurelius Augustine）于公元481年在迦太基（Carthage）的布道词证明仪式中的各种感官协调：

> 首先让我们的言说符合我们的生活，我们的声音符合我们的良心，让我们的词语符合我们的各种方式，以免好听的话与错误的方式相左。

在隐喻视角下，协调各种感官是所有仪式的要求。古代礼乐协调不同身体感官以表达某种情感和信仰，现代社会任何正式集会也呈现了各种体验的协调一致，国歌、国旗、严肃、正装、文件等同步出现在政治集会，而哀乐、花圈、眼泪、悲伤、孝衣等同步出现在葬礼上。身体以内部人能识别出的意义呈现其应景的姿态、情感和表情，应景的认知机制是体验相似或体验同现。身体语言和口头语言只是载体之分，它们都是社会的。鼓舞相伴和人兽共舞包含了天象-动物-人的互动，百兽率舞的本质就是多模态隐喻呈现的星象学，人们全身心地投入仪式的过程创造出涂尔干意义上的社会团结和集体激情(collective effervescence)，天人借助动物融为一体。随着社会结构的复杂化，礼乐的情感升腾倾向于理性和节制，文字主导的仪式替代了百兽率舞，以至于现代人难以辨识后者的意义。

以动物为媒介的万舞是星象学赋权下的积极行动。天人合一不是宿命论，巫觋是天人之间积极的协调者和行动者。几乎所有观天台或祭坛都比周围处于更高地势，高庙白陶上的旋梯与太阳、北斗共现，牛河梁神像置于高高的祭坛上，祭坛下有动物遗骨，地势之高下实际上是地位之高下的方位隐喻。地势高低既表明神在天上，也与神祇等级有关，否则动物不会被放在祭坛里或丢弃在食物残渣里。献祭美食、表达虔诚、祈求下雨等互动模式均以人际关系为模板，部落关系和人际关系时好时坏，是朋友，要欢迎或招待，是敌人，要抗争或妥协。人生不相见，动如参与商，敌友关系被用来理解星宿的起落时差。祭祀仪式兼具表达敬意和祈求天佑的功能，因为雷电风雨和春夏秋冬关系人的福祸。

不同神秘领域造就了众神榜，但人格化天神独占鳌头。综观各种神话，风雨雷电、四方四季、日月星辰、山川湖海、花草林木、列祖列宗、民族英雄等众多领域都有神祇。这些神秘力量分为神仙鬼怪或三六九等，人格化天神总体上处于支配地位，神兽基本上是配角。例如，西水坡 M45 墓主两侧以动物拱卫，良渚神徽上的人格神骑着神兽，殷商上帝命令龙降雨。《西游记》中唐僧师徒的 81 难大多与神兽有关，后者基本上都从天神身边下凡，并最终被天神降服。

人神兽祇地位变化的原因可能是双重的。首先是心理原因，兽类神祇化是人类的心智操作，被猎杀、啖食、驯化的世俗功能难以延续其神圣性。神兽由人创造，当然听人指挥，百兽率舞或万舞的主持者就是首领。其次，古国到王国的变迁中出现了伟大英雄人物，更强大的人格神由此出现。精神文化变迁与物质文化变迁如影随形，人格神的出现与中国从古国林立发展到王国时代同步，最早的人格神最先可能是携带文化要素传染性的巫觋、首领或君王，然后扩展到所有祖先。与自然神相比，祖先崇拜由于其内在的情感因素必定占上风。

进入文字时代后，动物在符号系统中的地位进一步降低了。文字产生前，动物形象作为星象像似符是必备的祀天要素。人类所有感官都会用于知识的记录和传承，无字时代的器物、图像、几何图、纹饰都可归入张光直所说的“美术”。美术和文字统一于符号，符号学分析才能揭示中华文明的多元一体。前面已述，约 4500 年前后墓葬中的猪颌骨渐渐减少，乃至消失。这种变化可能与北斗偏离极星位置有关，良渚神徽上的动物神和人格神是图像化的斗极、紫宫执斗或斗为帝车。即使不存在岁差，神兽一定会屈居人格神之下，毕竟神兽是人的作品，为人服务。曾侯乙墓漆箱上有完整的二十八星宿文字和龙虎北斗图，墓主口中含有 21 只玉器动物(玉晗)，动物灵活地呈现了当时的宇宙观和世俗生活，嘴里动物是美食，而木箱上动物是宇宙观。《周易》中仍可见动物孑遗，八个卦位都有对应动物，北方卦位“坎为豕”包含了北斗-猪的密切关系。年老失意的西汉诗人贾谊写道，“飞朱鸟使先驱兮，驾太一之象舆。苍龙蚴虬于左骖兮，白虎骋而为右騑。建日月以为盖兮，载玉女于後车”。诗人对征服自然仍充满豪情，征服自然以人兽的地位高下为前提。文字代替了动物符号后同样具有神圣性，例如祷告、经书、中国人的祖宗牌、咒语等。时过境迁，猪的星象学意义降低为摆在祖先墓地的美食之一，其部位已经不是猪颌骨。猪在史前社会的重要意义被渐渐遗忘，难怪它在考古遗存中被后人附会成龙。

三、历法交流中的易学

东亚农耕文明是跨流域、跨族群交流的结果。农耕是划时代事件，相对稳定的食物和定居生活诱发人口的增长和扩散。王传超等人(Wang et al., 2021)的遗传数据表明，新石器时代蒙古高原、贝加尔河、黄河、西辽河、黑龙江等地的古人骨 DNA 都或多或少地和北京周口店田园洞人存在遗传联系。久远的遗传联系不一定能推断文化联系，但可推断上述地区的人群迁徙在旧石器时代已经启动。前述付巧妹等人的研究聚焦新石器时代东亚南北人群的迁徙和融合，这个过程本质上是稻粟文化的交流和融合。稻、粟种植分别起源于长江和黄河流域，贾湖稻作与磁山粟作在黄河南北毗邻、相遇，稍晚的裴李岗稻粟混作(例如新郑唐户)佐证了人群融合。北福地遗址既有磁山直腹盘，也有兴隆洼直腹平底罐(段宏振，2005)。从驯化程度看，兴隆洼粟作存在野生祖本特征，赵宝沟存在明显的中原裴李岗农业特点(田广林，2003：54-56)。此外，磁山和兴隆洼可能有共同的农业源头，如北京东湖林和南庄头。赵志军(2014)在东湖林(距今 11000—9000 年)发现了早期栽培粟，该遗址出土了夹砂陶筒形罐、磨盘、磨棒、石斧等成套石器，可能还有家猪(郭明建，2012)。南庄头出土了约 11000 年前的粟作遗迹，也发现了陶片、石磨盘、石磨棒、驯化猪、切割鹿角等(金家广，徐浩生，1992)。从文化或类型命名看，贾湖裴李岗、磁山裴李岗、磁山北福地等可佐证新石器中早期农耕文化的两两相似。另一方面，长江流域的稻作人群既跨越长江中下游，也扩散至黄淮。考古发现表明，彭头山-皂市下层、高庙-汤家岗、贾湖、上山-跨湖桥等文化同时展示了序列与变迁、多元与一体、继承与重组等复杂面貌(郭伟民，2021)。长江中游、中原和河套等地复杂的文化源流关系表明，粟作和稻作历经扩散、相遇、融合、再扩散等过程。约 6000 年前的南阳黄山粮仓群兼有粟稻，这是跨流域、跨族群交流的实证。

农业、人口、符号的扩散如影随形。印欧语系原始语言研究得出了农业-语言共扩散论，其他语系的原始语言研究、考古学研究和古人骨DNA研究总体上支持农业发展、人口增长、人群迁徙、语言扩散等事件同时发生。基于印欧、汉藏、亚欧等语系的研究表明，原始语言约产生于9000年前，此后在不同时空中扩散成诸多语族、语支、语言。从起源时间看，可简单化认为符号早于语言，但两者显然有较多重叠，农业-语言共扩散论适用该重叠部分。约9000年前，稻作和粟作已经在江淮毗邻、相遇，彼此能懂的像似符使交流成为可能。兴隆洼与贾湖裴李岗相距千里，前者的四孔石雕或蚌雕、大墓中猪首形玉玦与后者的猪拱嘴陶支座、四孔猪拱嘴等都不是生活用具。高庙的四窍獠牙兽面纹与兴隆洼的獠牙兽面石雕遥相呼应，高庙墓葬龟甲和拱嘴支座与贾湖葬俗类似，这些器物也不是生活用具。李新伟(2015)认为中国史前存在远距离交流网，大人物长途旅行相互学习宇宙观、天文历法、高级物品制作、仪式等。从时间看，这个远距离交流网至少在新石器中早期就已经开启。阳光下所有农耕族群需要历法，大人物需要进行跨区域、跨族群的留学，学成归来者被委以大任，想获得重任的人也不畏惧艰险。约6000—5000年前，城头山、良渚、屈家岭、双槐树、南佐、黄山、凌家滩等古城或聚落出现了更多类似器物和符号，同中有异、多元一体的中华农耕文明已经成形。多元一体必然植根于相同的道，这个道只能是天行有常，是天文数理和历法。当天气渐暖，黄昏的斗魁对应猪面四窍时，播种就要开始；当天气渐凉，黄昏的斗魁对应倒立的猪面四窍时，收成就要开始。历经数千年的类似符号既书写了文明以止，也奠定了化成天下的知识基础。

历法是多部落、长时间共同努力的史前大科学。星象学绝非一个时间、一个部落的成果，而是促进史前持续文化交流的大科学。唯其如此，各区系才会出现越来越多的类似历法符号。考古发现表明，天文观测和历法器物的遗迹一般与区域中心、发达农耕、贵族或王权有关，农耕的星象学基础和星象学赋权是一枚硬币的两面。星体一般具有客观的外形、轨迹和运动规律，但地理差异可能导致不同的天文数理。以太阳为例，太阳的符号化遍及各区系，天文数理至少包括5季10月、4季8节和4季12月等三种。反观大火和参宿，它们的隐现能指示农时，但数理特点不明显，且必须参照日影长短。历法涉及生计、文化认同和生活安排，在农业、人口、符号等的扩散背景下，各部落必须协调历法差异(见表5.7)。三代时期，随着知识积累、社会发展和文化交流，知识分子前赴后继地致力于更精确、更统一的历法(见表5.7和表5.8)。

表5.7　不同授时星的天文数理和符号

授时星	出处	数　理	动物符号	轨迹特点	概念
太阳	古彝人	5行/10月/365天	鸟等	葫芦	阴阳
太阳	管子五行	5行	不详	不详	阴阳
太阳	高庙	4季/8节/365天	鸟	八角星、八卦、旋纹	阴阳
太阳	周髀	4季/12月/365天	鸟	七衡图	阴阳
日月	卜辞	2季/12或13月	鸟、蟾/蛙	圆、玄	平闰
岁星	卜辞	12年	不详	不详	星次
北斗	卜辞	4季/12建	猪首	圆	斗建
参宿	卜辞	不详	虎	隐现	农时
大火	周易、卜辞	乾卦6龙	鼍	升降	农时

表5.8　三代地中测日影的文献①

	文　献
夏	1. 天之历数在尔躬，允执其中，四海困穷，天禄永终。(《论语·尧曰》) 2. (舜)自诣厥志，不讳于庶万眚(姓)之多欲，厥又施于上下远埶(迩)，乃易立(位)埶(埶)诣(稽)，测阴阳之物，咸川(顺)不逆。(《保训》) 3. 微叚(遐)中于河，以复(返)有易，有易伓(负)厥辠。(《保训》)

① 卜辞和《保训》注解选自冯时(2015)。

续表

	文　献
商	1. 癸卯卜，争贞：翌丙子其[立]中，亡风？丙子立[中]，允亡[风]。(《合集》13357) 2. 丙子其立中，亡风？八月。[丙子立中，允]亡风，易(锡)日。(《合集》7369) 3. [癸]酉卜，宾贞：翌丙子其[立中，亡风？丙]子立中，允亡风。(《合集》7370) 4. [丙]子其立中，亡风？[丙子立中，允]亡风，易(锡)日。(《合集》7371)
周	1. (公刘)既溥既长，既景乃冈，相其阴阳，观其流泉。(《诗·大雅·公刘》) 2. (文王)经始灵台，经之营之。(《诗·大雅·灵台》)

敬天法祖是中华农耕文明的圭臬。甲骨卜辞既记录了自然神和祖先祭祀，也记录了星体观测、历法和气象，这些都统一于收成期盼。换个角度看，自然神一般与作物丰歉有实证的因果关系，观测者死后因“立事”而配享祭礼，卜辞展现了神秘和实证领域相混杂的知识面貌。好的历法有利于人口繁衍、壮大族群实力，各族群都需要历法指导农耕。所以，三皇五帝传说也是一部历法史，不仅三代君主主持测日影，三代前的炎黄二帝、伏羲、颛顼等同样如此。或者，他们的权力来自历法知识，并借此成为中华文明的共祖。北斗和太阳是主要授时星，去世的观测者、星体、星体动物符号一起形成了三位一体概念。

帝俊是中华文明有字时代的太阳神。在《殷卜辞中所见先公先王考》一文，王国维提出夋、逡、舜、夒、夔、诰、喾等实际上是同一人——商高祖王亥。亥的甲骨文形似鸟首人身，《山海经》中的王亥“两手操鸟”。从考古发现看，后岗三叠层中的龙山文化显示了东夷渊源。鸟是东夷文化的重要符号，“玄鸟生商”可能与此有关。所谓的玄鸟可能是历法器——太阳鸟和日行迹的组合，毕竟“玄”的甲骨文形似“8”

字。上至丹土蛇身玉鸟、良渚蜷体鸟纹、石峁“S”纹玉鸟、下至三星堆青铜树上的疑似龙和两周铜檠上的蜷体凤鸟等，都可能是玄鸟。良渚神一般头戴羽冠，人面鸟爪，以猪为骑，石家河、殷商的鸟首玉人呈蹲踞状，腿部或臀部刻有⊕纹，这种鸟、人、太阳纹的合体大体能匹配文献中的帝俊。《说文》释夋为倨，通俊、踆、蹲。长沙子弹库楚帛书上有“帝夋乃为日月之行”，画面有三足乌。《淮南子·精神训》载有“日中有踆乌”，这与日鸟纹一致。《山海经》中的帝俊妻是十日和十二月之母，子孙均使四鸟，子孙之国包括中容、白民、司幽、黑齿、三身、季厘、儋耳、牛黎等，主食是黍。关于帝俊的传说、文献、文字不尽一致，但都与鸟和日有关。

舜、王亥、夋的联系可能与也太阳历有关。王国维(2006)从音变、讹变、通假等语言因素解释夋的来龙去脉，部落迁徙和追认祖先也是可能的原因。春秋战国时期尚且有周游列国，“迁徙无常处”(《史记》)在古国时期更常见。《孟子·离娄下》记载舜“生于诸冯，迁于负夏，卒于鸣条”，《史记》记载舜为“冀州之人”，殷人迁徙则“前八后五”(《西京赋》)。卜辞可见“燎于舜”“飨舜宗”等，与商人“帝舜而祖契”(《国语·鲁语》一致，但舜在诸多文献中是夏部落的首领。这种不一致可能与舜的“地中”立业有关，今人同样视三皇五帝为祖先。黄帝、伏羲、后羿、颛顼、羲和、炎帝等的传说都有致日要素，各区系大墓与太阳有关的各种纹饰可佐证。历法是超越族群和文化的实证知识，可代代相传，“颛顼之所建也，帝喾受之”(《史记·五帝本纪》)。拥有更多历法知识的舜通过上下远近立槷，最终获得“咸顺不逆”的地中(《保训》)。舜和文王远隔千年千里，但都以相同的“符节”治理国家，孟子称两者为先圣和后圣(《孟子·离娄下》)。唯有知天知地才能获称“圣人”，“符节”只能是历法，是统一国家的知识基础。在这个意义上，舜是当之无愧的太阳历科学家，四海视之为祖先。甲骨卜辞中，上甲微以下的商王都以天干命名，相关解释有《白虎通》生日说、《殷本纪》庙主说、王国维祭名说、董作宾死日说、陈梦家致祭次序说、李学勤选日说、张光直政治势力说。各学说在中国历史中有不同程度的对应遗俗，但没有一种学说能解释所有商王的名号。从历法视角看，商王名号中的天干显示了太阳历的重要性。一些商周大墓呈亚、十、甲或中的布局，借助殷商玉人或玉鸟上的⊕纹，这几种布局可能也与太阳历有关，显示了墓主的王者和观天者身份。

舜所得的"地中"使"夏时"成为中华文明各种历法的基础。武力只能攻陷城池，文化领导权才能令人诚服，历法是文化领导权的核心。《尚书》中反复出现的天命、遵命、天时本质上都是历法，尧舜禹都掌握历法知识。"九黎乱德"意指九黎部落不使用尧历，尧通过"重黎之后"解决冲突。禹的权力不仅源于治水，还在于"左准绳，右规矩，载四时"，并"颁夏时于邦国"，借此才能"文命敷于四海"(《史记·夏本纪》)。此后，夏时成为历法的基础，连殷商遗民孔子都倡导"行夏之时"。

与王权有关的星体还有北斗，对应神祇是太乙。太乙，也称大乙、太一，是中华文明中难厘清却重要的多义词，它联系了有字和无字时代，折射了星象学史和社会变迁。基于郭店《太一生水》，葛兆光认为哲学的"道"与太一神、北极星、天神等概念是"同出而异名"，都出自天象观测(葛兆光，1990)。汉武帝前的西汉数次改历，汉武帝时创制《太初历》，并把太乙上升为国家神祇，因为汉朝需要统驭性的神祇以匹配"天时"(李晓璇，2022)。从考古发现看，太乙是无字天书时代的星体、动物符号和人格神在有字天书时代的合体。

首先，太一是北极星。前面已述，北极星是观天坐标点，约6000年前的斗魁由于其亮度、位置、运动轨迹等特点成为北极星，并符号化为猪首。根据《黄帝内经·九宫八风》，太一自冬至日起以北极(中宫)为圆心日复一日的绕极运动是可道之"常道"。《淮南子·天文训》记载了太一、日、月、北斗的运行规律，西汉时期居于"紫宫"的太一是帝星(小熊座β星)，但北斗仍有纪年的历法价值。相关描述有：紫宫执斗而左旋，日行一度，以周于天；斗杓为小岁，正月建寅，月从左行十二辰；咸池为太岁，二月建卯，月从右行四仲，终而复始。“紫宫执斗”透露了岁差影响，也与“斗为帝车”一致。

其次，借助方位隐喻，太一联系了皇权。前面已述，星象学赋权是原始社会的普遍特点，并表现为神权和俗权的统一，猪首、龟甲、钺、璧等组合是两权合一的符号。进入文字时代后，商朝开国君王的谥号清晰地体现了太乙与皇权的关系，敬天法祖相互联系。从空间看，北极星处于四兽拱卫的中宫，西水坡的巫觋处于龙虎之间，汉墓葬壁画的猪兽人身神处在伏羲女娲之间。殷商都城的建筑规划符合四邑拱卫的理念(即都邑制)，商与东、南、西、北等四土并贞，殷商作为天下共主与“四土四方”并立共处(厉声，2006)。都邑制理念的知识源头在北极星和四兽体系，历代帝王宫殿建筑规划、诸侯分封莫不受此影响，太一联系北极和地上皇权的心理机制是方位隐喻。

再次，太一是中华文明统领宇宙的“非常道”。太一是道教最高神，《道德经》中的道是无形、无情、无名，但生育天地、运行日月、常养万物，如果一定要命名，只能称为“道”。《吕氏春秋·大乐》有类似描述，至精的道无名、无形，可称为“太一”。可见，道和太一、太极同义，只有使用场景和抽象程度之差。借助天象-动物-人之间的认知联系，太一、天地、神明、阴阳、缺盈、四时、周而又始等本土概念体系建构了宇宙生成演化论，太极图以简洁而直观的方式呈现了这些范畴的关系。这些范畴都有活性，范畴间有因果关系或互动关系。先民应该首先认识到人类社会的母子关系，然后借助隐喻创造出“太一生水”。所以，这些动词原本适用人类，然后被应用到天象。此外，太一、天地、神明、阴阳形成了神祇家族，这是母子关系应用到“太一生水”的必然认知结果。用人际关系模式理解天象模式必然带来人格神的出现，正如以动物命名部落带来动物图腾，只不过方向相反，其心理过程都与认知域内的转喻有关。

文化有来源，有去向，易学可能是史前历法的集大成者。易学可能始于农耕之初，经三皇五帝、文王、周公至孔子而不断发展，大体可分为历法、卜筮、训诂、义理等内容或流派，是中国先民关于宇宙万物变化规律的纲领性知识。其中，历法是根本，卜筮是基于天人合一理念的工程技术，训诂和义理是形而下历法衍生的形而上阐释和抽象。时间越晚，枝蔓越多。大体以孔子为界，形而下的天文学越来越模糊，形而上的人文哲学越来越主导。相传伏羲首创八卦，“卦”字的卜和圭表明了其历法根源。伏羲作卦过程是“仰则观象于天，俯则观法于地，观鸟兽之纹与地之宜，近取诸身，远取诸物，于是始作八卦，以通神明之德，以类万物之情”(《系辞下》)。十字、八角、日鸟、猪面四窍等纹饰都是作卦素材，四象对应四季、四方、四兽、四宫，阴阳则是昼夜交替、日影长短、寒来暑往的总则。根据《系辞上》成卦过程，先有太极，太极生两仪——阴阳，两仪的两两组合形成四象，四象与两仪再组合成八卦。关于太极，综合《广雅》《周髀》《系辞》等的释义，太极的原初意义是一个阴阳消长周期，《周易》可能意指周期性阴阳变化(刘文英，1988)。年代越久远，星象学知识与生计的关联更近，后世书斋中的形而上阐释渐渐脱离根本。以《乾卦》六龙为例，其释义各种各样，直到近代才回归天文学。根据陈九金考证，闻一多首先提出用天象释义六龙，天文学者确证了六龙是东宫七宿的四季变化(陈九金，1987)。以同样的思路比对其他三组星宿，类似结论也不突兀。“乾”代表天，与代表地的“坤”相对，天象与地法之关系的鸟兽式表达证明该知识的古老，与史前大墓遗迹一致。

太极图是无字天书时代的图像式历法。太极图一般包括黑白色、“S”形线和圆形，黑白色象征阴阳，“S”形线和黑白色构成两只在圆形内始终彼此制约、消长和转化、推动的动物。太极图形似新石器晚期的两色陶轮(如屈家岭陶轮)，都呈现了阴中有阳，阳中有阴，阴阳循序渐进、周行不殆的动态变化。八卦是阴阳变化的符号，可能与日影长短有关，上山遗址已经出现。与太极八卦图可能有联系的黑白点河图、洛书出自宋代，此处不讨论。在《系辞上》的圣人四道中，言(辞)、动(变)、器(象)、卜(占)等是《周易》的符号化方式，其认知机制是基于语言、动作、外形各方面的体验相似或体验同现而创造出可听、可见、可供交流的符号。上述符号化可总结为形似、音近、数同，由此产生“意通”的体感现实主义。若以圣人四道理解，鸟、猪首和龟甲以器尚其象，“S”形和圆形以动尚其变，龟甲以卜筮尚其占，太极以八卦尚其辞。从隐喻视角看，天象是本体，鸟兽、水波、花卉、线条等是喻体，它们以具体而简洁的方式呈现了复杂世界。“道可道，非常道”包含了字面意义和隐喻意义，前者是运动物体的轨迹，后者是关于宇宙的哲学抽象。每天抬头即见北极星和太阳，众星首先以格式塔的整体星象呈现在头顶，其运行轨迹决定着地面方位、季节、昼夜、冷暖和丰俭。太极象征阴阳合一，七曜运转、季节更替和好的收成是天象神明之德——精确历法。一旦头顶星象的结构与以首领为中心的部落结构产生了认知联系，两者就相互构成了彼此的认知源模式，由此产生的隐喻概念是难以名状的“非常道”。

小　结

为了生存，先民必须理解浩瀚星空。有动静的东西更容易吸引注意力，浩瀚星空的动静关乎地上生活福祉。先民在星空中辨识出猪首、龟甲、二十八星宿和四兽等视觉形象，同时他们还用乐器模拟出星空之声，鼓似雷声隆隆。四大古文明都有太阳历法，动物符号都是鸟，以鸟喻日是人类认知机制的结果，区别在于鸟的种类。

盖天说视角下的斗转星移能同时赋予人类空间观和时间观。北斗和太阳是先秦历法的授时主星，大火和参宿主要指示农时，木星、月亮等也有授时意义。黄赤道带星空被划分为龙、虎、鸟、鹿四兽，《尧典》四仲星相关现象内在地包含了时间空间化和空间时间化的统一。猪首遍及各区系，是静态斗魁的符号化，双猪首形玉器象征春秋两季，环形玉猪和獠牙勾云形器象征北斗绕极运动。鸟遍及各区系，是太阳的符号，太阳在分至四时的日道符号化为红山文化中的三衡形建筑，日行迹符号是“8”字、“C”形、“S”形或蜷体鸟形。

现代人饱受时钟暴政，迟到意味着惩罚，原始人何尝不是如此？北斗和太阳宛若头顶时钟，主宰天地秩序、季节更替、农时安排和万物生长，是无处不在的头顶神明，其功能类似文明社会的货币，后者通过量化关系连接时间、空间、政治、经济、情感、文化等领域。现代人会区分各种变量之间的因果关系、相关关系或无关系，统计学还会计算出关系强度，但先民的主导思维是联系主义，一变皆变，触类旁通。星象学赋权必然导致顺时施政，后者反过来推动星象学发展。以符号三元论看，龟甲是基于“形似”的宇宙空间的像似符，猪首是基于“形似”和“数同”的宇宙中心的像似符，鸟翼是基于体验相似和空间邻近的太阳的象征(符)，它们是四大区系共同的星象学符号。猪鸟的广泛分布也契合了星象学的体验广域性，部落首领不远万里的相互交流既证明了自身的首领素质，也推动了相互作用圈的形成，普适的天文历法为广域统一王国的形成提供了文化基础。最早的文字基本用于通神，礼神者必向其类，只有象形字或图画才能做到人神共通。四兽、龟甲、猪首、鸟是无字天书时代宇宙模型的构件，这些动物符号组成的星象学是吉尔兹意义上的常识，具有自然、实用、通透、非条理、易理解等特点，它们是中国文化的常规隐喻。这些动物符号化的认知机制要么是转喻，要么是隐喻，或者两者兼具。既然动物是星象学符号，它们就像文字时代的经书，是必不可少的祀天要素，动物纹饰、动物牺牲、万人、乐器等是不同载体的仪式要素。现代人以类似方式使用动物，例如，阿里巴巴集团服务产品序列和华为公司芯片序列的动物命名方式体现了以物种差异区分产品差异，基于差异价值的符号系统符合索绪尔符号学的结构特点和皮尔斯符号学的逻辑特点。

“龙”的意义必须置于其所属体验域。通过符号记录和理解环境是人类独有心智，符号化经历了简单到复杂、具体到抽象、像似符到象征(符)的过程，并总体上遵循形似、音近、数同、意通的原则。星象学是最早的人类知识体系之一，中国原始星象学是先民们在北半球特定社会生活环境中对天象神秘力量的阐释体系和应对技术，它是史前中国各区系的文化交流和传承有序之动力引擎。约 6000 年前，各地广泛出现的旋纹、猪首、龟甲、圆形等要素是普遍的星象学符号，但其表现形式有地方差异。不同区系的相同要素构成了符号的聚合关系，它们基于家族相似性归入同一个范畴，同一区系内的不同要素构成了组合关系，这两种关系构成了阐释龙的符号系统。北斗的不同属性产生了猪首、卍纹、蝎等互有联系的符号，太阳的不同属性产生了鸟、旋纹、葫芦等互有联系的符号，它们形成近义词、同义词、上位词和下位词等语义关系。同理，基于北斗划分出的东宫七宿连线图被西水坡先民符号化为鼍，甲骨文“龙”是独体字，其蜷曲尾部容易被识别为蛇。此外，鼍借助其特殊声音成为天的像似符，其吼声与雨水的关系强化了这种联系。

第六章　文字时代的龙：建设文化领导权的主导符号

“龙”所在的符号系统在文字时代继续建构精神世界。中国新石器时代中晚期各区系的部分符号是文字雏形，当时的历史主要以实物保存或口头相传，前者是考古遗址，后者是神话。文字的发展状况是定义文明化进程的指标之一，各古国不同程度地出现了符号，但迄今只有甲骨文被认为是成熟文字。从符号与语言的密切关系看，有必要重新界定文字，贾湖、大溪、双墩、半坡等文化的刻符具备文字属性。成熟文字与王国时代几乎如影随形，这大概与三代统治的更广范围和更多族群有关，统一交流符号迫在眉睫。甲骨文、金文和竹简等记录了史前神话，也记录了当时的历史，商周卜筮、西周礼乐制、春秋诸子思想和《甘石星经》天文学等是当时留下的宝贵财富。秦朝后的中国虽经历“朝起朝落”，但皇权制度总体上变化很少，“龙”成为帝王的专有符号。要找到“龙”从东宫星象到皇权符号的演变历程，必须在历史的褶皱中寻找顺时施政符号的意义变化。基于研究主题，本章主要参照先秦相关文献，包括卜辞、《山海经》和《诗经》，并辅之以《周易》《尚书》《周礼》《吕氏春秋》等。从内容看，《周易》是易学在文字时代的系统化，《山海经》是春秋战国时期记录的三皇五帝时期传说，涵盖宗教、地理、物产、医学、民俗等，《尚书》是中国第一部史书，儒家五经之一，《诗经》和《周礼》记载了周朝的政治、经济、社会和礼制。此外，《史记》也是重要来源，它记载了上自黄帝、下至汉武帝太初四年间共3000多年的历史。

第一节　象征夏朝巫君身份的龙或蛇

与无字时代相比，“龙”成为文字时代最重要的神兽。考古发现仅支持龙与鼍的联系，与蛇无关，但蛇和龙在《山海经》中是近义词。除了三星堆的一条青铜蛇和金沙的一条石蛇，其他区系几乎未见有蛇首的完整蛇形象，常见的“S”形只是像似蛇躯，而不一定是蛇。为了辨明蛇与龙的关系，有必要结合文献、传说、纹饰、文字等多重证据。

一、《山海经》中的蛇、龙和神①

《山海经》中的蛇和龙一般与神有关。前面已述，《山海经》连接了无字和有字时代，各种隐喻异兽一般有物候、医药保健、安全警示等特别价值。该书描述了海神、山神、方位神等形态各异的神，它们基本上兼具人面兽身的特点，兽包括牛、羊、猪、鸟、虎、蛇、龙等。但总体而言，人面蛇身或龙身更常见。四海之神都珥蛇和践蛇；四方之神中的东、南、西等三方神都乘两龙，北方神珥蛇和践蛇；大部分山神要么蛇身，要么操蛇、珥蛇、把蛇或践蛇。

《大荒经》中的四海神：

> 东海之神禺虢，人面鸟身，珥两黄蛇，践两黄蛇。
> 南海之神不廷胡余，人面，珥两青蛇，践两赤蛇。
> 西海之神弇兹，人面鸟身，珥两青蛇，践两赤蛇。
> 北海之神禺彊，人面鸟身，珥两青蛇，践两赤蛇。

《海外经》中的四方神：

---

① 《山海经》来自中国哲学书电子化计划，繁体字变为简体字。

东方有句芒，身鸟人面，乘两龙。

南方祝融，兽身人面，乘两龙。

西方蓐收，左耳有蛇，乘两龙。

北方禺强，人面鸟身，珥两青蛇，践两青蛇。

《山海经》中的诸多山神也是人面、蛇身或龙身，有的山神与雨有密切联系。例如，

光山神：其状人身而龙首，恒游于漳渊，出入必有飘风暴雨。

自天虞之山以至南禺之山神：其神皆龙身而人面。

钟山神：人面，蛇身，赤色。

章尾山神：人面蛇身而赤，直目正乘，其瞑乃晦，其视乃明，不食不寝不息，风雨是谒。是烛九阴，是烛龙。

成都载天山神：有人珥两黄蛇，把两黄蛇，名曰夸父。

北极天柜山神：衔蛇操蛇，其状虎首人身，四蹄长肘，名曰强良。

自单狐之山至于堤山神：皆人面蛇身。

自管涔之山至于敦题之山神：皆蛇身人面。

为什么《山海经》中的神大多与龙或蛇有关？回答这个问题前，必须厘清神的身份。关于三皇五帝的谱系描述为该问题提供了线索：

黄帝生禺虢，禺虢生禺京。禺京处北海，禺虢处东海，是惟海神。

黄帝生骆明，骆明生白马，白马是为鲧。

洪水滔天，鲧窃帝之息壤以堙洪水，不待帝命。帝令祝融杀鲧于羽郊。

鲧复生禹，帝乃命禹卒布土以定九州岛。禹娶涂山氏女，不以

私害公，自辛至甲四日，复往治水。禹治洪水，通轩辕山，化为熊。谓涂山氏曰："欲饷，闻鼓声乃来。"禹跳石，误中鼓，涂山氏往，见禹方坐熊，惭而去。至嵩高山下，化为石，方生启。

上述记载至少可以确立黄帝子孙的两个谱系。第一，黄帝-禺虢（东海神）-禺彊（北海神）。这祖孙三代中，禺虢和禺彊都是海神。第二，黄帝-骆明-鲧-禹-启。除了骆明，鲧、禹、启等都是史前部落首领，启废掉禅让制，建立夏朝。夏启的传说如下：

大乐之野，夏后启于此儛九代，乘两龙，云盖三层。左手操翳，右手操环，佩玉璜。在大运山北。一曰大遗之野。

南海之外，赤水之南，流沙之西，有人珥两青蛇，乘两龙，名曰夏后开（启）。开（启）上三嫔于天，得《九辩》与《九歌》以下。此天穆之野，高二千仞，开（启）焉得始歌《九招》。

夏启是否是神？《山海经》没有明说，但就"珥蛇"和"乘龙"而言，夏启和他的海神亲戚们、四方神、各山神等都相同。上文中的操环、佩玉璜、儛九代等描述了夏启在高山上的祀天，高山祭祀地的描述符合前述考古发现。姜亮夫（1984：274-276）提出"夏族之尚九"，禹字从虫从九，虬字之本，夏人的龙虬崇拜与此有关。夏人尚九的证据有：九鼎（《墨子·耕柱》）、九州九山（《书·禹贡》）、九叙九功（《大禹谟》）、九天（《离骚》），等等。但是，文献中的夏人既崇龙，也食龙，夏后氏以龙勺、夏后氏之龙簨虡（《礼记·明堂位》），陶唐氏后人刘累"学扰龙于豢龙氏，以事孔甲，能饮食之"（《左传》昭公二十九年）。夏人尚九、崇虎、龙虬崇拜等貌似繁杂，崇龙与食龙也相互矛盾。如果祀天根源于星象学，九的造字依据也应该在天上。根据近年的研究成果，把八卦发展为六十四卦的"重卦之人"始于舜，成于周文王（任国杰，2013：18-24）。易经的占筮法是大衍筮法，以天地之数推演吉凶，即以数涵象

(《系辞上》)。其中，九是老阳数，天九。若观察甲骨文“九”(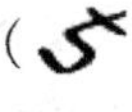，J29849)、河南仰韶双槐树和青州出土的北斗九星，三者形似或者数同，从中可见“以数涵象”。既然龙、虎、太一(猪)等都是历法概念，“九”的造字依据可能与北斗的样子和“九”星有关。“九+某”可能都与万舞仪式有关，包括昆仑山神陆吾的九尾、大禹妻的九尾、夏启的九歌、九辩和九代舞等。操蛇、珥蛇、操环、佩璜、九尾、鸟身等是巫觋身份的符号，蛇形物道具的命名机制是像似，但不一定是蛇。巫觋不会被佩戴的蛇形道具咬死，正如牧师们不会被十字架压死。夏启与诸神一样都出身王族，都有玉、舞、蛇或龙等特征。

《山海经》中的神意指巫君或人神。《易传》诸神可分为鬼神、神明、神物、德性、神妙、神道，“阴阳不测”之神道是诸神之本体(赵中国，2019)。以科学-宗教二元论看，鬼神、神明、神物等处于实证知识以外的神秘领域，气象和天象当属此列，掌握神道的极少数知识分子是德性之神，能预测未来，此为神妙！《易传》诸神具有隐喻的系统性和一致性，操蛇或践蛇的神实际上是巫君。并非所有人都能操蛇或践蛇，《山海经》中具备这种特点的人往往出身显赫、能力超群，他们就像《金枝》中的人神和现代社会各行业的“神”。在星象学赋权时代，巫觋必须掌握关于神秘力量的知识，其地位仅次于或等同于部落首领，生前封神与死后配享体现了敬天法祖。

蛇或龙是联系人神和天神的符号之一。《山海经》描述了黄帝、炎帝、俊、喾、尧、舜、丹朱、少皞等在高山之巅从事祭祀活动，例如昆仑山、天山、华山等。天是神秘世界，地是世俗世界，唯有高山之巅才能避俗趋神，高山之巅是结构之间的阈限或非洲部落成人礼的丛林，文献中的高山之巅与考古发现的观天台的地势特点一致。他们既是部落领袖，也是后人的祭祀对象，这双重属性表明了先民的生死观，人死后的归处是以北斗为参照的天上星河。部落首领垄断神权既正当，也必要，因为他们是帝的子孙，也需要借助仪式使自己的权力正当化，权力的神圣化是原始社会的普遍现象。《尚书》发问：夫布衣匹夫安能无故而起王天下乎？其有天命然。黄帝后世何王天下之久远邪？《尚书》的答案是天命：黄帝策天命而治天下，德泽深后世，故其子孙皆复立为天子，是天之报有德也。所谓的天命是基于历法形成的秩序，星象学赋权导致家族内的知识传承。《山海经》中的诸神既是巫觋，也是氏族首领或首领的家族成员，蛇或龙形物件是身份标志之一，尤其用于通神。通神必须使用人、神都懂的符号，像似符是首选。

龙和蛇究竟是什么关系？有学者认为《山海经》中的神从珥蛇、践蛇到乘两龙，再到乘龙，从蛇身演变为龙身的变化脉络体现了原始社会的蛇崇拜向龙崇拜演变的历程，并且蛇崇拜起源于其他动物无法比拟的快速特点(李炳海，2004)。动物成为图腾一般与某种特点有关，但文化要素必须契合文化连续性原则，蛇或蛇形器在考古出土中的罕见难以支撑从蛇到龙的演变。从考古发现看，蛇、龙之间的联系点始于西水坡的龙(鼍)虎蚌图、人胫骨北斗图和陶寺的鼍首蛇躯龙盘、鼍鼓，这些符号都属于星象学。龙是先民基于鼍和蛇创造出的混合动物，两种动物各有意义，鼍借助形似成为东宫七宿的像似符，借助音相似成为天的音似符，由于鼍无法蜷曲形成“天圆”，蛇的蜷体就有了像似价值。反过来，凡是蜷体动物可能都被识别为蛇。所以，蛇只有依托鼍才成为星象学符号，从而攀附上龙身，与其说蛇演变为龙，不如说龙成就了蛇。从动物属性看，两者都是爬行动物，身上都有鳞，无论是邻近关系还是相似关系，蛇、鼍和龙具备成为彼此喻体的自然属性。在范畴关系上，蛇、鼍、龙属于一个家族，普通人无需区分，但从符号化过程看，鼍是起点。

二、蛇、龙、神之联系的性质

《山海经》中神与龙的联系点究竟是什么？文字可以再造社会记忆，《山海经》毕竟与所述时空有深远距离，历史从口头固定为文字的过程中难免会遗失或扭曲，所以有必要从三代器物上寻求神与龙或蛇的关系。夏商出现了一种“S”(或反“S”)形纹饰的变体，两端出现了点睛之笔，使该纹饰更具活性，看似一身双首(表6.1)。“S”是借用的外来符号，中国的本土表达是蛇形或龙形。这类纹饰的命名体现了一贯的附会：只要蜷体或“S”形，就冠名为龙。表6.1中的疑似龙纹都整体呈“S”形，大部分是旋纹，尤其是二里头和二里岗时期，虢国墓趛鬲的口沿纹可能是双鸟纹。商周龙具有与陶寺龙盘类似的兽类特征，有角，蜷体或“S”形，身体有鳞纹(表6.1)。除了龙，猪、虎、鸟、龟、鹿、蟾等动物也全部出现在商周青铜器，与之共现的云纹、涡纹、旋纹、十字纹、卍纹等提示其星象学意义。比较而言，龙在相当时间内仅出现在中原，但猪、鸟、龟的分布更早、更广。

表6.1　三代纹饰、神和龙的甲骨文①

夏圆鼎和二里头陶簋的口沿纹	二里岗圆鼎的口沿纹

殷墟礼器常见纹饰	虢国墓趛鬲的口沿纹

夏商双嘴龙纹饰	商周双嘴龙纹饰
	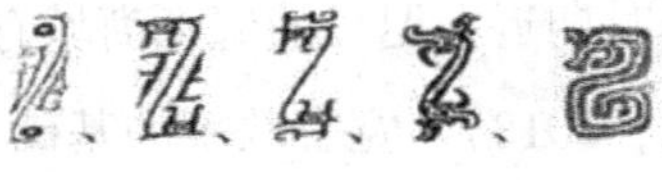

① “S”形纹来自郭静云(2008)；商周龙纹来自孙机(2001)；神的甲骨文和金文选自 Chinese Etymology 汉字字源网。

续表

妇好墓龙纹	西周龙纹

神(J31137-J31141)	龙(J25328-J25332)
	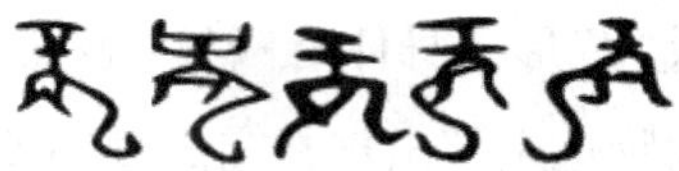

商通过提升“龙”的符号地位建设文化领导权。古国到王国的转变同步发生了多个历史事件：星象学的进一步发展、成熟文字的产生、包括青铜业、农业、交通业等在内的生产力发展、社会分工更多元等。商讨伐夏桀时的天象是“岁在大火，房五度”(《汉书·律历志》)，即木星和大火一起照耀天空。根据 2022 年《夏商周断代工程报告》，商朝积年为公元前 1600—1046 年。基于 Stellarium 0. 20. 1 对公元前 1600 年 10 月上中旬的星空模拟，大火在 7 点左右偕日升，一同出现的还有木星和水星，四星耀天。“观乎天文，以察时变”的理念产生了“天垂象，见吉凶”，商人把灭夏时出现的大火偕日升视作天命之象，这是基于体验同现的隐喻。同理，少皞继位时出现的凤鸟也被视作天命之象。现代人往往偏好某种颜色、数字、日期，它们可能由于连接了过去的成功体验而成为幸运的符号。《史记·殷本纪》记载“汤既胜夏，欲迁其社，不可”，这说明商汤对夏朝遗民采取了宽容政策。从陶器面貌看，二里头四期晚与同时期近在咫尺的偃师商城存在巨大差异，这佐证了该宽容政策(李宏飞，2018)。宽容政策的基础是星象学的“天行有常”，不一定意味着商王会善待夏朝遗民，毕竟殷商卜辞有大量羌人殉的记载。星象学的普适性既为所有王朝确定了共同文化基因，也为文化特殊性留下了广大空间。郑文光(1979：30-31)认为阏伯实沈传说与夏商的矛盾有关，参宿

和大火分别是今山西境内夏人和今河南境内商人的族星。这种星象学解释合理，但可进一步讨论。参宿和大火的错时出现是亘古不变的天象，夏商矛盾是机缘巧合的历史事件，鸣条之战时的大火偕日升被赋予天命的意义。濮阳西水坡的授时星已经包含了太阳、大火和参宿，陶寺圭表、观象台、龙盘、青铜爵、玉兽面等显然继承了前者的历法知识。夏人和商人毗邻而居，历法知识总体上相同，鸣条之战中的胜者需要借助天命赋予权力正当性。因此，玄鸟生商是知识分子的文化引领，商祀大火是商王顺时施政之举，两者都意在重建符号系统以获得文化领导权。错时天象在先，族群矛盾在后，前者成为后者的喻体。参商不相见传说支持自然主义论，涂尔干的基本范畴理论有局限性，稀松平常的自然现象能用于理解社会关系。社会结构和心智结构之间有对应关系，社会结构的内化必须通过符号编码，社会秩序在极大程度上由关于社会世界的各种知觉范畴协调(Bourdieur，1989：471)。不过，对应关系不是决定关系，互动关系更合适。

甲骨文“神”显示了与星象学的联系。甲骨文“神”有多个变体，均大体呈“S”形，有的类似兴隆沟第一地点H35圆形祭祀灰坑中的猪首堆塑组合，有的类似卍纹，有的类似“九”()。有意思的是，甲骨文“龙”(，J25328)可拆分为两个构件，即“商”(，J04640)+S(J29994)。“S”有朝左和朝右两种写法，甲骨文“龙”的下部也分为朝左和朝右。乾卦代表天，从乙，乾卦六龙都是天象，据此可推测乙与天象有关。巫觋在认识星空的过程中创造出天神，符号化为纹饰，人神皆懂的符号最终演变为文字，具有社会性。自索绪尔以来，社会科学界认识到语言具有内在的社会性，文字更是如此，一旦诞生便具有齐美尔(Georg Simmel)意义的客观文化强制性。传说苍颉通过“观奎星圆曲之式，察鸟兽蹄爪之迹”创造出汉字，造字过程伴随着“天雨粟，鬼夜哭”(《淮南子·本经训》)，基于天象的造字过程等同于通神，当然能惊天地、泣鬼神，并能被人们广泛接受、传播从而获得社会性。从纹饰到文

字的进化过程体现了文化连续性，现代人在写有“天地君亲师”祖宗牌前的跪拜与原始社会先民祭祀卍纹、旋纹、星象学动物等的心理过程和社会机制没有本质不同。

三代青铜礼器纹饰中的“S”形体现了相互依存和转化的二元关系。自新石器中晚期以来，二元关系连续出现在各区系。例如，高庙双鸟纹和双獠牙首纹、兴隆洼葬猪首成对出现、红山双猪首形玉器、凌家滩双兽首玉璜和双猪首八角纹玉鹰、石家河双人面像和虎脸双鹰玉牌、河姆渡、马家窑和大汶口中的双鸟纹等。基于饕餮神兽传说、皇帝为天子的传说、三代礼器的纹饰(表 6.1)和神、雷、电等气象的古文字造型，郭静云(2008)认为“双嘴夔龙崇拜”纹饰滥觞于夏朝萨满教中神兽吞吐神子的信仰，即神子或国王从神的口中进入母体后获得神秘性，然后从肛门排出而获得再生。寻求传说、纹饰和文字之间的联系符合文化连续性，但把双嘴神兽阐释为口和肛门连接的造神通道显然难以解释其他双首兽面纹，况且排泄论违反了道格拉斯阐述的洁净原则。不同文化的创世神大多通过手或嘴创造出众神和世界，罕见通过肛门排泄出神的说法。除了双首形象外，一首双身的兽面纹在陶器和青铜器中也很常见，二里头龙纹陶片和妇好鼎上都有一首双身的兽面形象。这些器物以动物或纹饰表达相同的二元概念，唯有阴阳合一的易学才能阐释上述器物、纹饰和文字，星宿的东升西降、太乙的绕极运动等天象内在地蕴含了二元关系，它们是先民对天象运动规律的范畴化，是各区系首领跨距离交流形成的相互作用圈的共识。

古国到王国的发展相应地提升了“龙”的文化意义。任何符号的释义都从属于其所在系统，这是符号学的基本观点。第一章已述特纳区分的主导符号和工具符号，受此启发，道格拉斯在《自然符号》中区分了浓缩符号(condensed symbol)和分散符号(diffuse symbol)，她意在说明主导符号在特定情境下会发生变化。例如，安条克四世(Antiochus Ⅳ)强迫犹太人食用猪肉以示接受屈服，于是猪肉禁忌上升为犹太文化的一个浓缩符号，而此前它和割礼、主日(Sabbath)等都只是分散符号。以此观之，龙的意义源自其所在的符号系统，但龙在殷商建设文化领导权过程中取得了主导地位。殷商不仅主祀大火，还把大火视为祸乱失败的预兆。从四兽体系下的星象关系看，祭祀大火等同于祭祀东宫龙，后者是商人的授时主星和庇护神。相关记载如下：

> 晋侯问于士弱曰："吾闻之，宋灾，于是乎知有天道。何故?"对曰：古之火正，或食于心，或食于咮，以出内火。是故咮为鹑火，心为大火。陶唐氏之火正阏伯居商丘，祀大火，而火纪时焉。相土因之，故商主大火。商人阅其祸败之衅，必始于火，是以日知其有天道也。"公曰："可必乎?"对曰："在道。国乱无象，不可知也。"(《左传》襄公九年)

"龙"的地位提升伴随着其他动物意义的改变。商人把东宫龙提升为主导符号，西宫虎的地位则相对下降，这并不意味着参宿(西宫虎)被排除出符号系统，龙的意义必须以包括虎在内的兽类符号系统为参照。虎可见于鼎、尊、钺、戈、卣等青铜器，前述妇好墓中的青铜钺上的动物就是虎，该墓还出土了玉虎、绿松石虎和虎纹石磬。如果商青铜器上的虎是西宫星象，后母戊鼎上的两只老虎不一定是要吞食中间的人，可能是西方庇护神。妇好身兼王后和将军，《殷墟卜辞综述·方国地理》记载"伐羌，妇好三千人，旅万人，共万三千人"。殷商的敌人主要来自西部，最终也灭于西部周人，出征的王后当然需要西方庇护神。《史记》记载了虎符在战国时期是军权符号，著名的杜虎符铭文记载，"兵甲之符，右在君，左在杜(杜是地名，古代秦国杜县)"，左右之尊卑根源于龙虎之分。这些器物和文献表明，虎的地位次于龙，左右、阴阳、虎龙等是相互联系的二元关系体。商虽然灭了夏，但无法逆转自约6000年开始并在二里头时期四方汇流的中华文明动力，与天神有关的符号系统是难以改变的普遍语法。

第二节　甲骨卜辞中的龙和帝

甲骨卜辞涉及方方面面，此处只讨论与前述考古发现相关的天象、气象领域。祈求风调雨顺是商王为臣民提供的最重要公共产品，“帝令雨足年”(《合集》10139)的卜辞证明了农耕社会对气象神的依赖。每次提供这种公共产品的过程被不辞辛劳地记载在甲骨上，一条完整的卜辞有前辞(叙辞，即占卜的日期和贞人姓名)、命辞(贞辞，即占卜的问题或事情)、占辞(果辞，即占卜骨甲裂痕的结果)、验辞(即占卜事项是否应验)等部分，刻契时间不一。

一、天象、气象观测和祀礼

甲骨卜辞有大量的天象观测描述。中原王国继承了数千年来的四方科学知识，出现了成熟文字，星象学成就记录在卜辞中。卜辞中的时间表明，殷历已经整合了太阳历、太阴历、岁历、北斗历，年分 12 月或 13 月。关于卜辞中的天象观测，董作宾、胡厚宣、竺可桢、饶宗颐、陈怀邦等都有相关著述。其中，学术界对宾组五次月食基本达成共识，但关于“三焰食日”涉及的日食、彗星和岁星的观测记录、二十八星宿的观测和祭祀尚无定论(方稚松，2004)。有些争议还未落定，包括甲骨文“龙”的识别(“C”形和“S”形，有角和无角)、卜辞中的角、亢、箕、尾、觜、毕、虚、女等词的识别和意义(二十八星宿名或地名或其他)以及“月比斗”的释读等(饶宗颐，1998：32-44)。这些争议支持了前述基于考古发现的四个结论：第一，七曜、北斗和大火受到祭祀；第二，有角且“S”形(，J25305)的是龙，无角且“C”形或弧形(，J25326)的不一定是龙；第三，龙是与雨水有关的气象神，常出现在求雨仪式卜辞中；第四，商王是主要巫觋。龙是商人的族神，商王是臣民的人神，俗权和神权集于一身，龙和商王是天人合一的一体两面。

天象卜辞中可见殷商星象学对大火和太阳的重视。卜辞中的符号系统非常庞大，七曜、山川湖海、风雨雷电、四方四海、先公先王等都是祭祀对象，祭祀与观测融为一体。太阳每天可见，泽披普罗大众，但大火不一定每日可见，鸣条之战时的大火只眷顾商人。换句话说，太阳是普罗大众的神，但大火是殷商的神。所以，商人顺理成章地以大火偕日升作为历元，日和大火是最重要的观测对象和神。太阳观测有特定时空要求，小屯南地甲骨文中多次出现“出入日”，这与《周髀》日影长短观测记载一致。卜辞出现了大量“火”，内容涉及祭火、火正、以火纪时等，一些祭火仪式由商王亲自主持，是国之大事(冯时，1990)。例如，癸酉卜，扶，侑火？(《缀合》391)，卜辞意指再次祭祀大火。以大火偕日升作为历元对应商朝的农时安排，这与古埃及天狼星偕日升的历法意义类似。无论涉及哪颗星，偕日升是壮观天象，如果该星还能指示农时，一定会被密切观测。

甲骨卜辞呈现了“帝-龙-雨”和“商王-贞人”两组权力关系。《山海经》描述了传说中部落首领的谱系，其子孙有资格成为操蛇、乘龙的“神”，甲骨卜辞中的帝与此略有不同。甲骨文“帝”(，J00044)看起来像“米”字头上顶着一横或两横，其造字机制的解释可大致分为束木燎祭仪式、植物的根蒂、森林顶上的神等(阿马萨里，1997：19-25)。依外形看，其构造包含指示四方四隅的八角纹，顶上的横可理解为“天”，帝是主宰四方、四隅、四时、四风的天神。在这个意义上，帝的造字机制与空间布局中的北极星有关。以空间布局解读文字未免不可，因为时空观是基本体验域，文字必然有所体现，殷商都邑制和后世王朝的都城建筑规划均有体现。语言符号和修辞能体现民族性，汉字构造方式体现了空间性思维(王文斌，崔靓，2019)。傅斯年发现甲骨文中的单纯词“帝”和合成词“某帝”(例如，黄帝)或“帝某”(例如，帝尧)分别意指天神和商王，前者是祈雨求年的气象神，后者无论神怪或先王，都是居于前者左右的次等帝(傅斯年，1996：81)。少数卜辞上出现了“上帝”(合 10786、34979、30388)，意指天上之帝或天神(朱凤瀚，1993)。无论是北极星神还是商王，其权力都可能体现为空间布局的中心位置。表6.2中的卜辞表明，龙受帝的安排是否降雨。主持求雨仪式的人主要是商王和贞人，卜辞表明商朝存在一个贞人集团，统治权出现分工是王国统治需求。关于贞人集团和商王的关系大致有两种观点，一种认为贞人集团以神权制约商王，一种认为商王是群巫之首(朱凤瀚，1997)。《系辞上》记载，“在天成象，在地成形，变化见矣”。天上之国和地上之国的镜像关系在原始社会普遍存在，求雨卜辞中的“帝令龙”描述同样适用商王-贞人关系，商王和帝为天地两界的最高统治者。在天上世界，帝是人格神，龙是神兽，人格神对神兽的支配关系符合权力等级关系。在地上世界，商王是人神，贞人是他的下级。《山海经》中多次出现与雨水有关的应龙，黄帝和蚩尤的涿鹿之战中使用了巫术，应龙和魃是黄帝的两位巫觋，而风伯和雨师是蚩尤部落的巫觋。基于工作职责获得别名符合隐喻机制(转喻)，制作土龙的人可被称为土龙，协助求雨的可称作应龙或雨师，他们是掌握雨水规律的知识分子。

表6.2　求雨卜辞①

编号	卜　辞	辞　意
合95正、反	壬寅卜，宾贞，若兹不雨，帝惟兹邑龙，不若，二月。王占曰，帝惟兹邑龙，不若。	(此邑)这样久旱不雨，是否因为帝对此邑龙招致不顺利。王视卜兆后判定说，是帝对此邑龙招致不顺利。
合506正	贞，龙无不若	是否用龙祈雨。
合6582	祭卯……贞，有启，龙王从，受有佑。/贞，有启，龙王无从。二告。	龙是否接受祭祀而降雨
合13220	乙未卜，龙，无其雨。	占卜，无雨。
合27021	……龙……田有雨。	有龙，下雨。

① 卜辞及辞意来自刘青(2008：37)。

续表

编号	卜 辞	辞 意
合 29990	其作龙于凡田，有雨。吉。	作龙求雨，下雨。
合 14167	……帝……令龙。	帝……命令龙。
合 30028	惟万呼舞有大雨	通过呼喊、万舞求雨
合 12842 正	贞，烄，有雨。	焚牲求雨。

既然大火属于东宫龙，火祭卜辞就会涉及求雨。二十八星宿既有独立的动物名，也有分成四组的动物名，大火与龙是部分与整体的关系。大火也称为龙心或龙星，后两个名称足见其重要性，当然会成为求雨祭祀对象，祭礼有燎、奏、取等。冯时在《殷历岁首研究》中解释了与大火有关的历法、祭礼、官职，以下卜辞选自该文。

丁酉卜，扶，燎火，羊子、豭，雨？(《乙编》9103)

壬午卜，扶，奏火，日南雨？(《乙编》9067)

庚午卜，其祓雨于火？(《邺三》38.4)

癸巳贞：其燎丰火，雨？(《甲编》3642)

取火，廼有[大雨]？(《后编·卷下》23.10)

商人对龙雨之关系的理解兼具科学和人文意义。用 Stellarium 0.20.1 模拟公元前 1600 年 2 月中下旬傍晚七点的夜空，角宿开始出现在东方地平线，此后，龙在东方逐渐升空。可见，“二月二，龙抬头”是基于实证观察的科学结论。以上卜辞记录了各种求雨活动，包括舞乐、焚牲和作龙等。卜辞合 30028 明确指出万舞，而且伴有万人的呼声，焚牲的目的应该是向天神敬献美食。卜辞合 29990 描述的作龙求雨是模仿巫术，龙和雨有多重联系点。首先，东宫龙是商朝庇护神。鸣条之战时出现大火偕日升，殷商时期的大火还是秋收的天象。所以，上至商王，下至百姓，东宫龙都是福星。其次，鼍叫声是下雨的物候(指示符）。唐朝诗人张籍有诗句“天欲雨，有东风，南溪白鼍鸣窟中”，《本草纲目》卷四十三关于鼍“能吐气成云雨”的记载也确证了鼍叫声的物候意义。可见，东宫龙在殷商时期既以初昏见指示雨水节气，也以偕日升指示秋收季节。

科学和人文借助隐喻相联系。鼍声雨水和“二月二，龙抬头”是基于特定时期科学观察的天象或物候，鼍、龙或鳄等只不过是一物多名。新冠疫情期间驰援武汉的医护人员被称为天使，他们的逆行义举给这个城市带来了希望，能预示雨水的东宫龙或河中鼍对于遭受旱情的先民同样具有重大意义。用不同的名称对应不同的情景，体现了语言的情感维度，天使和龙承载了人们关于疫情和旱情的特定情感。心理学者和词汇学者发现，如果不借助情感的生理反应就很难定义涉及情感的概念，莱考夫等（Lakoff & Kövecses，1987：195-221）称这种“生理反应代表情感”的模式为一般转喻原则（general metonymic principle）。隐喻和转喻一般同时出现，两者界限模糊，情感范畴尤其如此。《淮南子·地形训》记载的“土龙致雨”与甲骨卜辞中的作龙求雨一脉相承，东汉人高诱解释求雨的过程和原因为“作土龙以象龙；云从龙，故致雨也”。类似仪式至今仍有孑遗，其本质都是基于相似或邻近的模仿巫术。

求雨仪式背后隐藏着关于气象、天象、物候等伴生现象之间范畴关系的知识体系。它们借助联系主义而浑然一体，求雨仪式试图呈现与下雨有关的现象来诱发降雨，而现代科学则区分不同现象之间关系的性质。科学的通则式因果关系（nomothetic causality）必须满足三个条件，变量必须相关、原因必须先于结果发生、不是假相关（Barbie，2007：94）。东宫龙的位置与雨水节气之间是因果关系，但鼍声与下雨只是相关关系，两者都是气压变化带来的结果，所以“二月二”的求雨仪式大体上都能成功，但其他节气不一定。吊诡的是，成败兼具才能延续求雨的意义，实证的因果关系将导致该体验进入实证的科学领域。所以，求雨不成功反倒促使巫觋和国王更虔诚地舞乐、焚牲和作龙。贵为商人之神的龙兼具降雨和降旱的福祸特点，这印证了《系辞上》的“阴阳不测之谓神”。马氏(1948：8-19)在太平洋岛上观察到原始人有条不紊地根据场景应用巫术和科学，各种场景无非分成两大类，自然的或世俗的，超自然的或神圣的，两者界限分明。从上述文献看，关于求雨的巫术和科学之界限其实不甚分明，龙作为不确定场景的符号意义也多元而模糊，既是鼍，也是星象和天神。

龙只是与雨相关的自然现象之一，其他伴生气象也出现在求雨仪式中。自然界和人类社会很少有单一的因果关系，一因多果和一果多因才是常态。现代人也倾向于陷入简单化的因果关系理解，先民更是如此。除了旋纹、卍纹、涡纹等外，被称为云纹、雷纹的纹饰也大量出现在各种器物上，后者的气象属性不仅佐证了前者的星象学意义，也以组合关系呈现了两者的体验同现。气象既能带来五谷丰登，也能通过灾难致人死命，卜辞体现了人们趋利避害的复杂心情，风、雪、雷、电、云、雹、雾、虹等气象都神祇化，并享受祭祀，其中可见科学和人文的并行不悖。诸多气象中，雷与龙的关系最密切，不仅卜辞类似，而且文字的外形也类似。雷神具有龙的特征，长得“龙身而人头，鼓其腹，在吴西”(《海内东经》)。此处雷神大抵是求雨的巫觋，是人神，不是天神，和《山海经》中其他各种人神的人首蛇身或龙身的特点一致。雷因其巨大声音和闪电形象令人恐惧，(天)雷神在卜辞中体现出降福和降祸的双重特点(见表6.3)。

表6.3　求雨卜辞中的雷神①

编号	卜　辞	辞　意
合14127	……帝其于生一月令雷。二告。贞，帝其及今十三月令雷。	帝会在十三月(闰月)命令打雷吗?

① 卜辞和辞意来自刘青(2008：41)。

续表

编号	卜　辞	辞　意
合 14128	癸未卜，争贞，生一月帝其弘令雷。贞，生一月帝不其弘令雷。贞，不其雨。	帝会在一月命令打雷吗？
合 14130	……帝其令雷。	帝命令打雷。
合 3945	戊寅卜，𢼄贞，雷风其来。	是否有雷风。
合 13408	庚子卜，贞，雷其雨。	是否有雷雨。
合 34482	于雷烄。	燃木祭祀雷神。

雷神具有福祸双重性特点，彩虹又何止不是这样？彩虹是世界各地神话题材，它是希腊神话宙斯的使者伊里丝（Iris）、北欧诸神前往世界的桥梁、希伯来神话中神与诺亚及其子孙立约的记号。《海外东经》这样描述彩虹，“虹虹在其北，各有两首。一曰在君子国北。”虹即虹，其甲骨文（）与《海外东经》描述一致，看起来如同一幅彩虹，有两首，两尾相交。卜辞第 10465 片解释了彩虹就是吸水的双头兽，预示灾祸，卜辞如下：

王占曰，有祟，八日庚戌，有各云自东宦母，昃，亦有出虹自北饮于河。

其大意为：商王根据卜兆判断有灾祸发生。果然第八天没等到太阳偏西，云从东方飞，有虹从北方来到河里去饮水。

水是生命之源，但水对于人类表现出水患和旱灾的两面性，彩虹是凶兆，但它往往预示雨过天晴，也可能是吉兆，卜辞 13443 片表现出这种不确定性：

庚寅卜，古贞，虹不惟年。庚寅卜，古贞，虹惟年。

其大意为：商王卜筮，彩虹是否会导致丰收？彩虹是否会导致歉收？

上述卜辞表明，殷商时期人们并非简单地认为彩虹是凶兆，彩虹和雷、雨等气象一样既降福又降祸。先民无法理解风云变幻的气象，后者属于非实证的神秘力量。

由于《山海经》中的“虹虹”没有明确说明有龙身或蛇身，“虹”神是否是龙曾引发学术界争议。郭沫若(1983：388)把甲骨文“虹”()解释为“蜺”，象雌、雄二虹而两端有首。于省吾(1979：5-6)不赞同该解释，他认为“虹与杠梁、古玉璜之形相似”。晁福林(2006)认为拱形桥不可能出现在殷商时期，自然不能成为“虹”字的参照物，而且从“虹”和“龙”两字的甲骨文字形的相似看，两者可能有渊源关系。对这个问题的讨论应该将视野扩大到其他气象甲骨文字，如雷、电。甲骨文专家曾经以为外形相似的神(，B00220)、电(，B15872)、雷(，J25030)三字的甲骨文都是“雷”字，后来基于读音分析、卜辞意义、在金文中的发展和先秦古籍的用例，推论出它们属于三个不同的字(郭静云，2008)。“虹”与这三个字的最大区别在于连接两首兽的线条，前者呈拱形，这符合形似的造字原则，后三字呈曲线形，形似双首龙，曲线形符合《山海经》中描述的各种人神以蛇或龙形装饰物身体的特点。总体看，各种气象神的甲骨文外形确实存在不同程度的像似，但不足以断言虹就是一种龙。

对气象和天象的观察、仪式既反映了先民朴素科学知识，也反映了控制自然的努力。求雨卜辞中的风、雷、电、虹等在科学意义上确实相互关联，都影响雨水，其巫术一面在于支撑“作龙求雨”背后的观念：龙是气象神，还是商人的族星和秋收神，作龙就会带来雨水。作龙求雨之巫术在古代中国可谓连绵不绝，其背后的心理过程是相似、相关或因果等关系。《乾文言》有相关记载：“同声相应，同气相求。水流湿，火就燥，云从龙，风从虎。圣人作而万物睹。”作为气象神的龙与生态环境有关，农耕文明的基础是天文气象知识。如果先民们认为人神死后进入帝(天)庭，那么，操蛇、践蛇、乘龙的人神与雷电、雨水、彩虹等气象神在甲骨文中的龙之间就有必然联系了。

中国自古就有向天求雨和向龙神求雨，且神兽总体上屈居人格神之下，那么是否向帝求雨？

根据胡厚宣(1959a)的研究，殷商时期人们信仰一位至上神——上帝，上帝无所不能，举凡大自然的一切气象变化都受他控制，包括与农业丰收息息相关的风云雷雨。下列卜辞描述了帝的自然操控力。①

> 丙寅卜，争贞，今十一月帝令雨。
> 王占曰，吉，其雷。
> 贞，帝其及今十三月令雷。
> 丁丑卜，争贞，不雹，帝隹其……
> 庚戌卜贞，帝其降旱。
> 贞，翌癸卯帝其令风。

《合集》94 描述了帝通过龙不降雨：

> 壬寅卜，宾贞，若。兹不雨，帝惟兹邑龙，不若。二月。
> 王占曰：帝惟兹邑龙，不若。

该片卜辞大意为：二月，一位叫宾的贞人问为什么不下雨，是否是上帝命令龙造成了不顺利？商王发布卜辞说，确实是因为上帝命令龙，导致求雨不顺利。

① 《合集》第 5658、6667、14127、14156、10168、672 片。

二、上帝、下帝和人帝的关系

甲骨卜辞描述了一个天上帝国。基于《合集》，胡厚宣(1959b)统计了454条关于帝的卜辞，上帝除了主宰气象外，还控制城邑建筑、方国征伐、人间福祸、保佑或作害于商王。除了这位上帝，卜辞中还有很多"宾于帝"的商朝先祖。在世的商王也称王帝、人帝或人王，他们死后被称为下帝，位列上帝的左右，成为后者的使者或臣子，并受到商王的祭祀。虽然上帝主宰一切，但卜辞表明，凡商王有所祷告，只能祈求下帝，下帝则转请上帝。由此可见，殷商时期天上神灵们分工明确，且形成等级。张光直(1999：372)提出如下解释：

> 卜辞中的上帝是天地间与人间祸福的主宰——是农产收获、战争胜负、城市建造的成败与殷王福祸的最上权威，而且有降饥、降馑、降洪水的本事。上帝又有其帝庭，其中有若干自然神为官，如日、月、风、雨；帝庭的官正笼统指称时，常以五为数。帝庭的官吏为帝所使，施行帝的意旨。殷王对帝有所请求时，决不直接祭祀于上帝，而以其廷正为祭祀的媒介。同时上帝可以由故世的先王所直接晋谒，称为"宾"；殷王祈丰年或祈天气时，诉其请求于先祖，先祖宾于上帝，乃转达人王的请求。事实上，辞中的上帝与先祖的分别并无严格清楚的界限，而我觉得殷人的"帝"很可能是先祖的统称或是先祖观念的一个抽象。

顾颉刚(1963：176)认为上古时代的天和帝音近字通：

> "帝"与"天"为同纽字，故二字常通用。《诗·商颂·玄鸟》曰："天命玄鸟，降而生商"，《长发》曰："有娀方将。帝立子生商"，生商者"天"也而即"帝"也。《周颂·思文》曰："思文后稷，克配彼天"，《大雅·文王》曰："殷之未丧师，克配上帝"，所配者

“天”也而即“帝”也……又说商之孙子曰：“上帝既命，侯于周服”，又曰：“侯服于周，天命靡常”，发此命者“帝”也而即“天”也。凡此种种，皆足证“帝”与“天”互文。

《山海经》也提供了天和帝互通的证据。“冢祭”和“禘祭”是《山海经》中两种类似祀礼，都是用美玉、美酒、美食等祭祀天神（晁福林，2016）。《西山经》中关于祭祀山神礼仪的描述如下：

　　䰠山，帝也，其祠：羞酒，太牢具，合巫祝二人儛，婴一璧。

　　文山、勾檷、风雨、䰠之山，是皆冢也，其祠之：羞酒，少牢具，婴毛一吉玉。

䰠山或䰠之山的祭祀地点在冢或帝，“冢”意指坟墓、大、山顶等，此处应该意指山顶，山顶最接近天。《山海经》中天与帝的关系如同人与居所，新冠期间误入武汉的大连人蒋文强被称为“大连”，两者都是转喻。“上帝”或“天帝”是人和居所的复合，与天或帝相通。

通过梳理关于舜、三代、秦等时代的文献，周及徐（2007）发现天、帝或上帝的混用保持了一致。例如：

　　舜让于德，弗嗣。正月上日，受终于文祖。在璇玑玉衡，以齐七政。肆类于上帝，禋于六宗，望于山川，遍于群神。《尚书·舜典》

　　嗟！六事之人，予誓告汝：有扈氏威侮五行，怠弃三正，天用剿绝其命，今予惟恭行天之罚。《尚书·甘誓》

　　卬盛于豆，于豆于登。其香始升，上帝居歆，胡臭亶时。后稷肇祀，庶无罪悔，以迄於今。《大雅·生民》

　　与誓，封爵之。襄公于是始国，与诸侯通使聘享之礼，乃用骝驹、黄牛、羝羊各三，祠上帝西畤。《史记·秦本纪》

至于合成词“某帝”或“帝某”，史书上以这种方式称呼的王比比皆是，此处不赘述。

以上文献揭示了商周“上帝—下帝—人帝”的权力等级。以现代人观之，天上至少有两个特点。

天上与人间王国类似。人们以商王-臣民的世俗等级为蓝本，描画出“上帝—下帝—人帝”等级。借助和下帝的血缘关系，人帝请求他们在上帝面前为自己说辞，下帝是神圣等级的中介，人帝是世俗等级的中介，由此实现了君权天授。卜辞中的“大邑、大邑商”指商王都邑，商在《合集》36975卜辞中与东土、南土、西土、北土并贞，这表明商朝王权加强，上下级臣属关系明确，殷商作为天下共主与“四土四方”并立共处(厉声，2006)。“商王—称帝—宾于帝”的身份转换过程不仅展示了天地两界类似的权力拱卫关系，还表明了天地两界内部的权力等级关系，帝—龙与商王—贞人都涉及尊卑关系。周朝继承了殷商先王“宾于帝”的观念，“文王陟降，在帝左右”(《诗经·大雅·文王》)与此有关。普罗百姓必须通过“上帝—下帝—人帝”的沟通来指导农事，从而获得风调雨顺、作物丰收。对于人帝，国之大事在祀与戎，如果上帝还能决定人间战争的成败，祀甚至比戎更重要。

商王是否祭祀上帝的变量是时间或血缘关系。先民的寿命决定了他们最多只能记住祖父母辈，下帝也曾经是人帝，但人们的记忆和情感随时间流逝和血缘变淡而弱化，众多先帝最终形成一个与现实生活无多大关系的抽象范畴——上帝。根据董作宾(1933)五期划分法，一期中的帝令人恐惧，商王只能虔诚祭祀听命；二期中的帝开始冠以名字，帝甲、帝乙、帝丁等开始出现，先王们根据祭祀来决定降祸或降福，他们成了祖先；三、四期祭祀的重点从上帝转移到先王；五期中关于上帝的卜辞更少，祖宗祭拜基本定型。后世学者数次修正董氏五期分法，但并不妨碍商人祭祀上帝和祖先的总体趋势。张光直(1983：264)认为卜辞并不严格区分上帝与先祖，殷人的帝很可能是先祖的统称或是先祖观念的一个抽象。话虽如此，凡有扫墓经历的人都能体会到神与祖先的区别。扫墓的目的是祭祖，祖先是关于神秘世界的抽象概念，但扫墓人并非祭祀所有祖先。从权力等级和情感程度看，神的世界与祖先的世界相差甚远。人们若有所求，其首选对象是那些与自己生活有交集并深怀情感的祖先，而不是抽象概念。坟前纸灰堆的高低是判断扫墓人与死者关系远近亲疏的最好标准，因为人们主要祭祀那些熟悉和依恋的先人，对于那些不太熟悉或疏远的先人，祭品则少得多，甚至没有，无人祭祀的坟墓在风吹日晒下最终消失。

学术界提出的“商不祀帝”或“帝不享祭”中的“帝”是上帝，它既反映了人们对远祖记忆的淡化，也反映了类似现代科层制的权力等级。上帝虽无所不在，无所不能，但由于离自己久远，人们无需和他打交道，其中的道理如同“县官不如现管”。从权力等级看，人们只能接触比自己略高的上级，而不可能越级汇报。另一方面，上帝可能降祸于民间，是必须尊敬、不敢违背的最高神，可能是商人基于宇宙万象的抽象，可转译成现代科学概念——宇宙法则。如果商王的信仰或行动违背宇宙法则，结果要么不如愿，要么受到惩罚，商王不得不在实践中把信仰转变为知识，未能通过实践检验的信仰必须被放弃。在知识的意义上，帝、道、德相通，有道者即有德者(《周礼·春官》)，“以德配天”和“至信如时”的基础是实践检验的天文学。如果一定要置于宗教视角，帝是有形亦无形、无私而公正的宇宙神，绝不滥用统御诸神的能力。

随着帝的意义复杂化和多元化，龙在其中充当了不同意义的联系点。帝可能是无所不能的抽象宇宙神，也可能是音容笑貌历历在目的先商王，还可能是现世商王。帝生前是俗权和神权统一的“余一人”，死后入列先祖，其人间王权转变为能左右现世王权的神权。如何左右王权？通过控制攸关农耕文明兴衰的气象神——龙！龙是《山海经》中区别普通氏族成员和首领(人神)的符号，是甲骨卜辞中受命于上帝和人帝的使者。自然神和王权的连结确立了统治者对农耕社会气象知识的垄断，先王和王权的连结确立了统治者血缘身份的垄断，双重垄断是一种路径依赖的造神过程——统治阶层借此获得超群能力——人神的必备素质。龙既是神权和王权的中介，也是天神和先王的中介。无字时代龙的原型动物是鼍，但鼍无法以蜷体象征春秋或季节更替，陶寺先民创造了鼍首蛇躯形象。从分类系统看，蛇和鼍都属于爬行动物，水陆两生的属性契合沟通天地的中介角色。从认知语言学视角看，以龙为中心形成了一个包括蛇、鼍等爬行动物、天神、农耕气象神、皇权等词语的词网。

被建构的神兽和人神相互塑造、相互滋养。只要统治阶级借助超自然力获取统治正当性，文化连续性最终会强化龙的符号价值——既神秘又熟悉、既降福又降祸、既可怕又可敬。符号化绝非单一因素决定，蛇/龙形装饰物或道具成为神权符号至少有三个相互联系的原因：蛇作为像似符的动物属性；天象、气象和物候的相关；权力的社会性。

第三节 西周天神信仰中的龙旗

礼乐制始于久远的敬天法祖，在西周系统化、制度化。礼与乐不分，两者是组合关系。按照王国维（2006：291）的释读，“礼”甲骨文（，J00170）包括一对“玉”和一个“豆”。以此观之，墓葬中玉猪首成对出现的做法在兴隆洼文化时期就是“礼”，玉器一般出自大墓，甲骨文“玉”（，J00833）和“王”（，J00555）的类似外形表明了两者有语义联系。多个区系的豆柄上出现了四孔，斗魁可能是祭祀对象。现代社会仍可见祭祀对象的标注，中元节时的路边祭祀圈内或冥币包装上写着受祭者的身份，墓碑前的祭扫则无需标注。兴隆洼文化是迄今最早的丧葬玉礼制，《周礼·大宗伯》中的六器是文字时代的制度化。乐器与礼器几乎同时出现，贾湖律管、小河西文化陶鼓、陶寺乐器组合、遍布各地的陶鼓等都显示了乐器、王权、天神的联系。与乐器相伴随的还有舞蹈，舞乐相伴，百兽率舞就是原始礼乐，涉及了多模态隐喻。周公旦制礼作乐涉及政治、教育、信仰、饮食、家庭关系等各领域，礼乐制与分封制、井田制、宗法制一起巩固西周统治。礼乐制意在维持上下尊卑的秩序，秩序的参照是天，“因天之序，盛衰之时”(《黄帝内经·素问》)。荀子阐述的礼之三本是“上事天，下事地，尊先祖而隆君师”(《礼论》)，今日中国家庭的祖宗牌位完整保留了礼之三本。

一、西周的帝、天信仰

《诗经》是礼乐制的产物，经孔子发展为儒家经典。305 篇诗文可分为《风》《雅》《颂》三大类，《颂》大多涉及宗庙祭祀或庆典乐章，分为《商颂》《周颂》《鲁颂》，该部分包含了自西周初期至春秋中期五百多年的历史。春秋后期出现了礼崩乐坏，历经了群雄争霸、诸子百家后，礼乐在儒家六艺中保留。

总体来看，西周先民继续信仰上帝或天。《诗经》中共有 43 个“帝”，包括 24 个上帝，166 个天，意义分为自然之天和超自然之天，自然之天只有 16 例，其余都意指帝(蒋立甫，1995)。《山海经》中的帝与天互通，《诗经》中的自然之天、超自然之天和帝也互通。从隐喻视角看，意义互通的本质是基于相邻或相似的认知映射。例如：

创造万物的天：

> 天作高山，大王荒之。彼作矣，文王康之。(《周颂·天作》)

保佑家国的天：

> 我将我享，维羊维牛，维天其右之。仪式刑文王之典，日靖四方。伊嘏文王，既右飨之。我其夙夜，畏天之威，于时保之。(《周颂·我将》)

令人敬畏的天：

> 敬之敬之，天维显思，命不易哉。无曰高高在上，陟降厥士，

日监在兹。维予小子，不聪敬止。日就月将，学有缉熙于光明。佛时仔肩，示我显德行。(《周颂·敬之》)

决定朝代兴亡的天或上帝：

皇矣上帝，临下有赫。监观四方，求民之莫。维此二国，其政不获。维彼四国，爰究爰度。上帝耆之，憎其式廓。乃眷西顾，此维与宅。(《大雅·皇矣》)

周朝灭了商朝，为什么还继承商朝的上帝或天？答案与无字时代流传下来的“天行有常”有关。如前所述，不同区系文化兼有普遍性和特殊性，普遍性基于天象、季节更替、物候兴衰等类似生活体验以及上层人士的跨区系交流，特殊性是基于地理环境内的个性表达。所以，在最高神层面上，周人和商人的信仰殊微，但在地方庇护神层面迥异。在《诗经》中，替天行道或奉天承命的人是天子。例如：

有娀方将，帝立子生商。昔在中叶，有震且业。允也天子，降予卿士。(《商颂·长发》)

昊天有成命，二后受之。成王不敢康，夙夜基命宥密。(《周颂·雝》)

帝王子孙无数，上帝如何决定人帝的人选？周为灭商的正当性提出了“克配彼天”。例如：

思文后稷，克配彼天。立我烝民，莫菲尔极。贻我来牟，帝命率育，无此疆尔界。陈常于时夏。(《周颂·思文》)

政权更迭并未改变上帝信仰，三代均维系于天。天神信仰有地方表达，殷商最高神是上帝或帝，商王是王或帝某；周朝最高神有多个隐喻关联的称呼，包括上帝、天、皇天、昊天等，周王是王或天子。周朝也延续了无字时代的星象学，《周礼·大宗伯》记载了“以玉作六器，以礼天地四方”。天是最高神，以苍璧礼天，四方分别以青圭、赤璋、白琥、玄璜祭祀，其中蕴含了基于盖天说的四象、五宫、五色。周人把三代政权更迭释义为遵天命之举，是同一个天神信仰共同体内的人事变动而已。周人还提出了“克配彼天”概念，这传承了尧舜禹时代的尊天传统。例如，《尧典》记载尧在治水困境中想在“四岳”之首领中挑选一位继承人，对方以“否德忝帝位”为由而拒绝，并推荐“克谐以孝，烝烝乂，不格奸”的舜，但“舜让于德，弗嗣”。“克配彼天”不仅为政权更迭提供了正当性，又为新立王朝确立与前朝不同的祖庙提供了正当性。西周周原“庄白窖藏”史墙盘铭文记录了殷商旧臣微氏四代在周朝做史官，多次出现的上帝、王等词语证明周朝继承了殷商君权神授的“上帝-下帝-人帝”模式(达殷俊民)。对于殷商遗民，周朝给出路：天没有变，变的是君主，上帝还是那位上帝，殷商旧臣只要遵循天命，照旧子孙兴旺。《尚书·多士》记载了周朝以“天命”招降殷商旧臣：

> 告尔殷多士，今予惟不尔杀，予惟时命有申。今朕作大邑于兹洛，予惟四方罔攸宾，亦惟尔多士攸服奔走臣我多逊。尔乃尚有尔土，尔用尚宁干止，尔克敬，天惟畀矜尔；尔不克敬，尔不啻不有尔土，予亦致天之罚于尔躬！今尔惟时宅尔邑，继尔居；尔厥有干有年于兹洛。尔小子乃兴，从尔迁。

天命的本质是基于历法的秩序要求。自舜、上甲微、周文王以来，《保训》之中道一脉相传。周人祖先是后稷，他德能兼备，既精通农业技术，也精通作物加工之道；既祭祀先祖，也善待族人。这与商纣王的“俾暴虐于百姓，以奸宄于商邑”(《尚书·牧誓》)形成对比，后者背叛了商汤继承的天命，必须被推翻。商汤讨伐夏桀的口号是“有夏多罪，天命殛之”(《尚书・汤誓》)，夏启讨伐有扈氏的理由是后者“威侮五行，怠弃三正”，应当接受“天之罚”(《尚书・甘誓》)。《尚书・吕刑》中的“五刑三德”与“五行三正”可能一脉相承，都与历法有关。不过，此三正大体意指授时的三颗星(日月星)，而不是三代的正朔。因天之序规定了天是德的终极依据，“天之罚”意味着失德君主将被有德者取代。周朝出现“德”字，周以前的相关意义以“文”表达，柳林溪陶支座上的九宫图显示了天文与道德的密切关系——文德(冯时，2023b)。可见，中华文明视知识为道德，尤其是天文历法知识。任何朝代不可能彻底自创历法，天命为开朝君主提供了在传承中进取、统一的动力，三代历法是基于斗转星移的细微调整。三皇五帝时期，渐趋的民族统一需要解决历法差异，大体涉及苗蛮集团和尧舜集团，十月太阳历从此以天干、五行的方式整合进尧舜历法。文献记载了一些历法冲突，例如：

> 苗民弗用灵，制以刑，惟作五虐之刑曰法……上帝监民，罔有馨香德，刑发闻惟腥。皇帝哀矜庶戮之不辜，报虐以威，遏绝苗民，无世在下。乃命重、黎，绝地天通，罔有降格。群后之逮在下，明明棐常，鳏寡无盖。(《尚书・吕刑》)
>
> 三苗复九黎之德，尧复育重黎之后，不忘旧者，使复典之。以至于夏商，故重、黎氏世叙天地，而别其分主者也。(《国语・楚语下》)

二、西周旗常系统中象征王族的龙

如果周人和商人在上帝信仰方面殊微，《诗经》如何呈现《山海经》和甲骨卜辞确立的上帝、下帝、人帝、龙等之间的关系？

整体来看，《诗经》中的龙与诸侯身份有关，诸侯树龙旗。例如：

> 武丁孙子，武王靡不胜。龙旂十乘，大糦是承。(《玄鸟》)

载见辟王，曰求厥章。龙旂阳阳，和铃央央。(《载见》)

周公之孙，庄公之子，龙旂承祀，六辔耳耳。(《閟宫》)

“旂”是“旗”的古字，读音相同，龙旂即龙旗。第一句是殷商后代宋国人祭祀其祖先武丁的乐歌，武丁有王德于天下，四方各诸侯无所不服，用树龙旗的粮车向武丁进贡；第二句描述周成王率领诸侯祭祀周武王，诸侯的车配以龙旗和铃铛；第三句描述春秋时期鲁僖公以龙旗仪仗祭祀周朝先祖。《周礼·司巫》中的西周九旗系统呈现了复杂的视觉符号盛宴，动物、星宿、权力等级、行政结构、礼仪、军事、历法等息息相关。相关描述整理如下：

九旗：常、旂、旃、物、旗、旟、旐、旞、旌。

星宿：日、月

动物：交龙、熊、虎、鸟隼、龟蛇

权力等级：王、诸侯、孤卿、大夫、士

行政结构：师都、州里、县鄙

礼仪：祭祀、国之大阅、大丧、葬礼、会同、宾客

田猎军事：建旌旗、置旗

历法：岁时更旌

根据上文，九旗系统规范了周人的祭祀、会盟、朝见、田猎、征战等活动。最高等级的旌旗称为大常，周王树大常；龙旗是两龙蟠结的旗，诸侯树龙旗。以“上帝—下帝—人帝”的等级看西周九旗，周王是君权神授的人帝，树大常替天行道，诸侯树龙旗辅佐周王，王族相当于《山海经》中在祭祀活动中珥蛇、践蛇或乘龙的人神。根据甲骨卜辞，龙也是族名，即龙族或龙方(于省吾，1979：287-291)。妇姘是武丁之妻，也是司母戊大方鼎之祭祀对象，卜辞“勿呼妇姘伐龙方?”(《合集》6585)与妇姘讨伐龙方有关。此外，虎、鸟以及二十八星宿中大部分星

宿也以地名或族名形式出现在殷商卜辞中(方稚松，2004)。这种多义词的认知基础也是隐喻和转喻，与共同的群体身份有关，命名规则也适用图腾研究中的诸多氏族。

文献表明，“旗常”是以星空为本体的旗帜隐喻。周人继承了先民关于四兽和二十八星宿的星象学，并在周王出行仪仗中展示。例如：

> 轸之方也，以象地也；盖之圆也，以象天也；轮辐三十，以象日月也；盖弓二十有八，以象星也；龙旂九斿，以象大火也；鸟旟七斿；以象鹑火也；熊旗六斿，以象伐也；龟蛇四斿，以象营室也；弧旌枉矢，以象弧也。(《周礼·轮人》)

反复出现的“象”字表明，周王出行仪仗是以四兽和二十八星宿为本体的视觉隐喻。方轸圆盖的车造型象征天圆地方，轮辐三十根，以象征日月(三十日合宿)。二十八根盖弓象征二十八星宿，龙旗上有九条装饰物(尾宿九星)象征大火。《礼记·曲礼》也记载了周天子的出行仪仗：“前朱鸟而后玄武，左青龙而右白虎；招摇在上，急缮其怒。”郑玄注：“招摇星，在北斗杓端，主指者。”招摇，顾名思义，很醒目的星宿，北斗当然不虚此名，它是新石器时代中晚期的北极星，《曲礼》呈现的正是四兽拱卫北极星的视觉隐喻。

龙旗和大常的区分如同无字时代的龙、猪之分。龙象征东宫七宿，猪象征天，龙的意义必须以猪为参照。《周礼·司常》记载“日月为常，交龙为旂”，郑玄注交龙为“一象其升朝，一象其下复也”。交龙大体与天象运转引起的季节更替有关，前述夏商双嘴龙青铜纹饰也是交龙，是“对双”概念的图像隐喻。对于东亚地区农耕文化，春种秋收的意义无与伦比地重要。“龙旗九斿，以象大火也”中的九斿和大火构成的星象正是东方苍龙，七斿、六斿、四斿等词语分别指代南方朱鸟、西方白虎和北方玄武中对应数字的星宿，命名机制都是隐喻和转喻。四兽、二十八星宿是人们用凡间的概念模板对浩渺星空的划分和范畴化，这些范畴被用于改造凡间生活，于是人们再创造出九旗和四兽旗以体现天子威严。天地映射导致了拟物和拟人，天上和人间互为喻体，相互建构。

周朝旗常系统呈现了当时精神信仰和政治架构的映射关系。从原始社会末期到春秋战国，部落联盟的血亲政治与国家间的地缘政治并存。《尚书·禹贡》记载了夏朝九州统一、五服纳贡的联盟制度，商周实行以血缘关系为纽带的等级分封制，王室为宗、四土为蕃的宗蕃制成为基本政治制度。通过"授民授疆土"的分封制，宗主确立君臣关系和四土诸侯权力的合法性，并形成了诸侯会盟、神前盟誓、天子巡狩、尊上朝觐、远近赋贡等一系列治国之策（厉声，2006）。但是，商周最高统治者的权力并不稳定。例如，商王太甲曾被尹伊"放之於桐宫"三年，尹伊"摄行政当国，以朝诸侯"（《史记·殷本纪》）。西周旗常系统呈现了"溥天之下，莫非王土，率土之滨，莫非王臣"（《小雅·北山》），但分封制无法从根本上改变诸侯国拥有世袭领地与相对独立权力的状况，它内在地包含了王权与神权、人心与道心、分权与集权、王畿与四土的多重张力。春秋战国时期，诸侯争霸与这些多重张力不无关系。

分封制内的张力推动历史车轮滚滚向前，龙的意义随着权力重组而被重构。秦统一六国后，廷尉李斯等人向秦王进言阐述分封制的弊端和郡县制的优势，后者试图结束分封割据、限制诸侯权力、强化王权。秦朝建立了中国历史上第一个大一统的皇权制，其政治制度的基本格局贯穿王朝时代。权力之巅的秦王自称始皇帝，也称为祖龙，祖龙与始皇帝借助"祖"和"始"同义。政治制度改革需要重新建设文化领导权，龙成为皇帝的专有符号，王族子孙中的其他人不得使用。秦始皇以后，与龙攀亲成了开朝皇帝确立皇权正当性的必要途径，秦以后的皇帝出身与龙或蛇有关的传说贯穿中华文明史，附庸皇权的知识分子将其写入正史，这也是文化领导权建设。

开朝皇帝的出身可大致归为四类，均不同凡人。皇帝系其母亲与龙或蛇所生，个别皇帝是其母与日所生；皇帝出生时有龙或蛇在附近出现；皇帝身上长有龙角、龙鳞或龙形图案；皇帝出生时天现异象，有神光。有意思的是，人们在建构龙的意义时，不忘补上史前文明史。以秦朝为界，史书中三皇五帝的出生几乎都与龙有关了，西汉《史记》、东汉《五德志》、西晋《帝王世纪》大抵沿袭同样思路。其意在说明皇帝们的出身一脉相系，受命于天，担当“天子”。元朝迁都燕京后不得不“冠服车舆，并从旧俗”，皇帝穿着“匝以云龙”的冕服参加祭祀(《元史舆服志》)。满族在关外祖先相传是“感朱果而孕”，而顺治帝出生时“龙章凤姿”。例如：

> 始祖布库里雍顺，母曰佛库伦，相传感朱果而孕。稍长，定三姓之乱，众奉为贝勒，居长白山东俄漠惠之野俄朵里城，号其部族曰满洲。满洲自此始。(《清史稿·本纪一》)
>
> 母孝庄文皇后方娠，红光绕身，盘旋如龙形。翌日上生，红光烛宫中，香气经日不散。上生有异禀，头发耸起，龙章凤姿，神智天授。(《清史稿·世祖本纪》)

小　结

先秦文献描述了龙所在的符号系统和相关仪式实践。社会学派关于信仰对象就是社会的观点过于简单化，生态、气象、气候等状况是社会产生和延续的先验条件，由此产生的基本范畴也用于理解社会生活。在中华文明中，猪、鼍、龟、鸟、虎、鹿等动物成为天的不同特征的符号，时间和空间、权力与知识、结构与行动、特殊与普遍等都可从中产生。文献记录了三代系于“天”的信仰，商朝崇尚天命不僭，商王只能听命于天，这是宿命论，周朝崇尚克配彼天，以德服人，这是伦理论。《易·乾卦》阐述了克配彼天的路径，“与天地合其德，与日月合其明，与四时合其序，与鬼神合其吉凶”。伦理化的“天”使君主的道德修养联系了天道和人事，德的核心要素恰恰是天文学知识，无德君主将会被推翻。天是自然之天、道德之天和神灵之天，天帝是最高神，他的世俗代理人是君主。龙首先是以鼍的外形理解东宫七宿或隆隆雷声的符号，借助殷商的文化领导权建设成为天人合一的主导符号，其他神兽成为工具符号。龙是串联《山海经》的帝-神等级、甲骨卜辞的“上帝—下帝—人帝”神权等级和西周旗常系统的主要线索，是人神（部落首领）的装饰品或道具，是掌管隆隆雷声、闪电、润物细雨的气象神，还是耀眼的大火和上帝的使者。西周龙旗上的交龙不仅与三代时期青铜器双嘴龙纹饰一致，也与神、雷、电等甲骨文字形中的交龙一脉相承。人格神借助神兽发号施令，龙在神兽中独占鳌头，龙星或东宫龙不仅为农耕文化指示季节更替，还为王朝兴衰提示“荡荡上帝”之命。上帝既能降灾也能降福，“昊天不傭，降此鞠讻。昊天不惠，降此大戾”（《小雅·节南山》）。天子必须以德配天，否则那些能树龙旗的诸侯公卿们将遵照天命取而代之。天是永恒至上的，但天象不断变化，所以，观象授时既是天文观测，也是人文仪式，还为血雨腥风的王朝更替提供预警。马氏在太平洋岛上观察到科学与巫术并存，确切地说是科学、巫术与权力的相互交织。天文与人文通过星象学产生了联系，并构成天人合一、同步律动的宇宙秩序。

龙作为皇权的主导符号一旦确立就成为社会共识。人们生活在自己编织的意义之网，意义之网的节点就是符号。符号一旦被创造出来就能引导人们认识世界，投入精力和情感。龙在古国时期是天文学的工具符号之一，殷商时期上升为主导符号，周朝继承了殷商的天命，龙的意义保持不变。秦朝是中华文明第一个大一统政权，龙成为皇帝的专有象征。皇帝出生和龙的联系建构了皇权禁忌，如果龙不象征皇权，谁希望自己出生时头长角、身披鳞？周武王放逐夏王桀于南巢心怀愧疚说：“予恐来世以台为口实”（《尚书·商书》），并赐殷商旧臣封地。由此看来，龙的符号化与社会变迁脉络之间关系紧密，皇权需要社会共识支撑，想象的龙比蛇、鼍等更具真实性、更令人恐惧。龙衍生了各种意义，由最初一种普通动物发展为神的符号，自然崇拜、祖先崇拜、王权等意义不断叠加，人们在天上看见了它，当它和皇帝出生联系起来时就成了一种自然实体。天上龙星，地上龙颜、龙袍、龙椅、龙床等相互隐喻，天上、人间难分彼此。

第七章　神兽：基于天地认知映射的隐喻

龙文化演生连接了心智发展和社会变迁。语言和符号的社会性源于其共享、公开、公共等特点，社会是抽象的，只能以隐喻实现符号化，社会变迁与符号系统变迁如影随形。社会是有机体、关系网、镜子、梯子、染缸、铁笼、丛林、熔炉、舞台、场域、万花筒、屠宰场、合唱团等，这些喻体出现在不同社会阶段，以其各自显著属性映射出不同时空中社会的某种属性。每个符号和隐喻都有基于核心意义的多重意义，其核心意义同特定时代的基本问题联系在一起(特纳，2007：18)。龙形象广泛见于世界各地古代文化，地理大发现催生了龙的起源问题和意义之争，文化传播论和独立发明论都难以平息该争议，符号意义的历史变迁更增添释义的难度。龙的普遍性不能遮蔽各文化存在众多其他神兽和人格神的事实，这个事实具有方法论意义：要把龙置于其所属符号系统，也要从不同文化的龙提炼出关于神兽的一般理论。龙的原型究竟是什么？主要答案包括蛇、鼍、恐龙、河马、鲸鱼、蜥蜴、大鲵、彩虹、闪电、星象、云图、雷电，等等。这些不同视角的探索似乎各有道理，但注定没有正解，因为龙一般兼具多种动物特点。例如，Blust(2000)收集了各种各样的怪物龙，澳大利亚穆林巴塔人(Murinbata)的龙是长着雌性乳房的雄性蟒蛇，印尼巴厘岛上的龙是长着雄性器官的雌性蟒蛇，印尼爪哇岛上的龙是长着两个鹿头或奶牛头的蟒蛇，苏丹斯拉克(Silak)地区的龙是长着耳朵和骆驼嘴巴的蟒蛇，北美尼加拉瓜的龙是长着角的蟒蛇，等等。研究者应该透过诸多不同的龙提出深层问题：神兽如何在特定社会形成？为什么龙比其他神兽更常见？龙如何联系和区分古文明？

第一节　动物隐喻中的原始星象学

神兽是实证和神秘领域的中介。生存积累知识，知识引领生存，文明史也是知识史。人类在浩瀚宇宙中渺小而短暂，知识之路十分艰难。约一万年前，中国进入农耕文明，定居生活催生了专业知识分子，他们致力于寻找星空、作物、生存之间的联系。知识需要记录和呈现，动物是表达和记录知识的符号之一，麋角解、鼍鸣声、燕低飞、蛇出洞、龟背潮等物候是基于客观事实的科学结论。进入知识体系的这些动物被知识分子赋予超凡魅力，相关物候规律简单实用地造福大众，原始知识分子的神秘性与动物的超凡魅力是一枚硬币的两面。原始知识至少包括宇宙观、生命观和社会观，其中可见各种动物。从宇宙观看，各地先民基本上把空间分为天、地、冥三界，把时间分为昼夜、季节、生死。世界神话常见以动物形象理解宇宙，星空的分域、水陆空的勘划和天地冥的区分等大多以动物表示。例如，犹太神话把各种动物整齐有序地分布在水、陆、空三地，北欧神话宇宙树的上、中、下部位分别居住着鹰、鹿和蛇三种动物，能上能下的松鼠是调节者(叶舒宪，1992：48-50)。从生命观看，人的生老病死和喜怒哀乐嵌入在特定宇宙中，日月星辰、鸟兽虫鱼、花草树木等发挥了不同程度的影响，人们需要警惕威胁生命的各种力量，野兽、雷电和鬼魂等必然是生命观的知识。第二章提到非洲塔伦西人视蛇为祖先的化身，我的家乡有类似风俗。例如，进入家宅的蛇可能被视为祖先现身，不能伤害，祖先、蛇和灵魂借此相关。从社会观看，维持生活的资源和能力注定分布不均，个体在群体内的身份和阶层各异，意义系统中的是非、善恶、成败、荣辱等规范着生老病死的方式。龙凤是古代中国皇权的主导符号，并形成了一套禁忌体系，破坏者有性命之虞。可以说，动物把宇宙观、生命观和社会观联系起来，形成由此及彼的总体性知识体系。

一、两河流域—地中海沿岸原始星象学

印度河谷文明的龙可能自成体系。前面已述，根据地域邻近和星空动物体系，四大古文明的星象学可大致分为印度河谷—中国体系和两河流域—地中海沿岸体系。从地理环境看，两河流域与古埃及借助地中海沿岸相通，后者又借助古波斯与印度河谷相通；中华文明相对封闭，但在中国西南和西部克什米尔地区与印度河谷相通，并形成文字时代的古丝绸之路。可见，印度河谷和地中海沿岸都是古文明的交汇点。正是由于地理相通，作为常见神兽的龙自然成为理解文明交流的线索。婆罗门教的前身是吠陀教，基本教义是四吠陀。《梨俱吠陀》产生于约公元前2000年，后三吠陀是它派生的作品（巫白慧，2000：28）。《梨俱吠陀》的三界神中尚未出现龙，稍晚的《耶柔吠陀》中开始出现，《阿闼婆吠陀》中更常见。仅仅基于印度的树和蛇崇拜，弗格森（Fergusson，1873）就试图解读中国龙和印度龙王的源流关系，西方中心论下的涉龙研究基本是图腾论。在隐喻视角下，与其说世界普遍的树和蛇崇拜有共同的起源，不如说普遍的树和蛇构成普遍的喻体，但本体不一定相同。迄今印度河谷文明的史前考古发现很有限，无法知道梵文出现前的龙是否有星象学意义。从龙在吠陀教出现的时间线和经文内容看，很难判断其与两河流域的确切关系。至于印度二十八星宿体系的起源，前面已有提及。鉴于此，下文只讨论两河流域——地中海沿岸体系中的龙。为行文方便，简称该地区为中东。

如同中华文明，古代中东也以动物记录星象学。黄道12星座体系源于中东太阳历，天狼星历、36寻星历、太阴历等也是了不起的贡献。以金牛座（Taurus）为例，中东各古文化可见其踪迹，且名字类似。例如，古哈梯（Hattian）天神塔鲁（Taru）、古胡里安（Hurrian）天神特舒卜（Teshub）、古赫梯（Hittie）天神塔亨特（Tarhunt）。金牛座对应古埃及的公牛神（Apis），是丰收神和农业神，与创世神普塔（Ptah）的关系紧密。

在古巴比伦星座(MUL. APIN)中，金牛座(GU. AN. NA)位列第一，在当时有标志春分的意义。① 可见，在新石器时代中晚期亚欧大陆的两端，先民分别以公牛和朝东的猪首意指相同的节气，这个天象对应的时间很重要。

约5000年前，中东原始星象学已成体系。中东涵盖深广时空，古埃及文明和苏美尔文明最早出现，两者很早就在地中海东岸相遇而交流。约5000年前，那尔迈(Narmer)统一上、下埃及，鹰神荷鲁斯(Horus)征服混沌神赛特(Set)的神话与上、下埃及的统一有关，鹰是那尔迈的庇护神(Roebuck，1966：53)。荷鲁斯、鹰、太阳神是古埃及的三位一体神，神权和俗权统一于法老一人。约5000年前，两河流域西帕尔城邦(Sippar)的庇护神是太阳神乌图(Utu)，阿卡德文中的AMAR. UTU意指太阳小牛，古巴比伦国王马杜克(Marduk)和希腊语Mardochaios在语义上对应，均意指太阳神(Jones，2005：201)。两河流域常见的泥版画像表明，马杜克的显著特征是身披双翼，头顶太阳。可见，至少在约5000年前，太阳神是两河流域和古埃及的最高神，也是统治者的庇护神。同时，太阳历、黄道带上的动物星座、时间计算的六十进位制是中东原始星象学的杰出成果。相同内容的太阳神崇拜可能与类似季节、游牧、贸易、迁徙等有关，战争和征服也是原因。古迦南和西奈半岛多个地方发现了那尔迈王徽(serekh)，他本人到过这些地方，或者他的影响力扩散到当地(Andelkovic，2011：25-32)。约4000年前，先知亚伯兰(Abraham)出生于两河流域(Thompson，1974：23-24，36)。从其生平看，战争、贫穷、饥饿伴随一生，他希望子孙能获得更多的羊群、蜂蜜。前亚伯兰时期，频繁战争贯穿该地区历史，阿卡德(Akkad)、乌尔(Ur)、古巴比伦(Babylon)、埃卜拉(Ebla)、古埃兰(Elam)等帝国或王国的星象学和神祇系统有诸多类似，前述最高神的名字是例证。苏美尔王表(Sumerian King List)描述了王权的两条规则：

---

① 金牛座的星象学解释参照水晶链接。

从天而降；从一个城邦到另一个城邦(Jacobsen，1939)。“从天而降”可翻译为“从太阳神而降”，因为太阳神是国王的庇护神。正如太阳轮流泽披每个城邦，王权轮换意味着每个城邦都有可能主导中东。

中国原始星象学和中东原始星象学兼有异同。相同神话素主要包括：天、地、冥三界宇宙观；城邦/古国有星体庇护神；王权神授；星体、人格神和神兽相互联系；有天文历法神兽；有大洪水传说；祖先祭祀；观测台高高在上。中东独特神话素包括：创世神在与后裔的最高权之战中被打败；人格神的家族内部有各种战争；龙的符号意义是水、阴暗、生命、混沌无序、邪恶；打败或屠杀龙是人格神在神祇家族中的晋升之道；创世神被屠杀，且不被祭祀；最高神在和龙的战争中死而复活(见表7.1)。每个神话素都对应一些符号关系，相关符号构成了中东原始文化。

表7.1 古代中东文化的神话素①

神话素	苏美尔	古埃及	地中海东岸
创世神	蒂特玛	普塔 Ptah	以利 El
龙	蒂特玛	阿佩普	亚姆 Yam
生命之水	淡水和地下水 Apsu	黑暗混乱原初之水努恩 Nun	黑暗混乱深渊
禁果	冥界果园	✱不详	神圣果园
最高神过冥界	乌图 Utu 夜巡冥界准备东方日出	拉 Ra 夜巡冥界屠杀恶龙	以利在冥界死而复生
冥界审判	太阳神的正义审判	正义神的称心仪式	✱不详
冥界恶魔	异形兽拉玛什图 Lamashtu	异形兽阿米特 Ammit	莫特 Mot
祖先安葬	厚葬、贡品	厚葬、贡品	厚葬、家神

① 各种神话参见 Dalley(1987)；King(1902)。

续表

神话素	苏美尔	古埃及	地中海东岸
圣所	神塔	神庙	神庙
神人立约	庇护神	庇护神	庇护神
神人中介	国王/祭司	法老/祭司	国王/祭司
众神关系	家族关系	家族关系	家族关系
死后状态	冥界后世	永生或冥界后世	冥界后世
创世神地位变化	马杜克打败蒂特玛	太阳神取代或融合创世神	哈达 Hadda 取代以利成为最高神

中东龙的意义与战争、冲突、矛盾等叙事有关。符号是社会生活的范畴化，每个符号都有组合关系和聚合关系，相关符号形成系统。综观前亚伯兰时期的中东历史，城邦战争和神祇战争互为镜像，前者形成了轮番登场的帝国，后者符号化为变化的众神榜。在神祇战争中，“成王败寇”符号化为主神和龙，龙是失败者。首先，太阳神在创世之初并非最高神，后来通过打败创世神晋升为最高神。苏美尔和古埃及的创世神都与水有关，文明傍水而生，水可能是两河与尼罗河的隐喻。在古巴比伦创世史诗(Enuma Elish)中，创世神蒂特玛(Titmat)被子孙屠杀，她和支持者都是龙或怪物。古埃及创世神话没有明确提出创世神的最终结局，但后来的最高神是太阳神，其头号敌人是阿佩普。阿佩普和太阳神本是同根生，后者出生自太阳神的脐带，身体蜿蜒，长 16 码(一码相当于 0.9114 米)，头如打火石般发亮(Assmann，1995：49-57)。法老墓室画一个常见主题是太阳神乘船巡游冥界，与阿佩普的战争使冥界游步步惊心，太阳神的胜利符号化为在尼罗河上的照常升起。其次，其他神也通过屠龙晋升为主神。在庞大的符号系统中，人格神都是创世神的子孙，大多与星体或星座有关。人格神为了争夺三界、各星体或其他领域的控制权而不断战争，神兽要么为人格神服务，要么被人格神屠杀，后者总体上是龙。换言之，龙的符号意义是失败者或者被征服者，“成王

败寇”是创世神子孙的游戏规则。例如，苏美尔神话中相关的主神和恶龙有：太阳神马杜克和创世神蒂特玛；水星神纳布(Nabu)和角龙马什哈什舒(Mushhushshu)；土星神尼奴塔(Ninurta)和七头龙穆萨图(mussatur)；火星神纳格尔(Nergal)和毒龙巴什穆(Basmu)。① 古埃及神话中，阿佩普还是正义神、秩序神玛特(Matt)的敌人。神祇战争实际上反映了城邦战争，城邦地位的变化也引起众神榜的地位变化。

罗马帝国既继承也重构了龙的意义。后亚伯兰时期，古亚述(Assyria)、赫梯(Hittie)、米坦尼(Mitanni)、新埃兰、新亚述、新巴比伦、迦太基(Carthage)、古罗马、米底(Medes)、波斯、马其顿、罗马等帝国或王国先后或同时兴起。当君士坦丁一世(Constantinus I Magnus)掌权罗马帝国时，基督教已是帝国最大宗教，皇帝改变信仰能最大限度地统一帝国内各种势力，避免产生更多革新，保存并延续帝国的目标与政府保守主义主导精神一致(Pohlsander, 2004：78-79)。基督教成为罗马帝国国教后的约两百年间，《使徒信经》(*Apostles' Creed*)、《尼西亚信经》(*Nicene Creed*)和《迦克顿信经》(*Chalcedonian Creed*)等建构了三位一体概念，圣子、圣灵和圣父实现了神祇融合。神祇融合是社会变迁的应答，正如古埃及的阿蒙-拉-荷鲁斯太阳神反映了城邦关系。实际上，神圣三位一体背后隐藏了另一个三位一体，即撒旦、龙、民族神的融合。《旧约》中的大蛇利维坦(Leviathan)、诱惑夏娃的大蛇、海龙潭犴(Tannin)和挑战耶和华的撒旦等在《新约》中全部融合成龙，古迦南神巴尔(Baal)、古希腊和古罗马天神宙斯(Zeus)、古埃及太阳神拉(Ra)等人格神也成了龙。在《启示录》中，这些神在其所属文化中居于山巅或天堂，都与龙是敌对关系，基督教却把他们全部归入龙的行列。所以，神祇融合、符号意义、社会变迁是一个过程的不同维度。

二、不同星象学中类似的动物像似符

原始人靠天吃饭，关于天的知识记录和传承催生了符号。符号与语

---

① 苏美尔神话参见 Ancient History Encyclopedia；Toorn et al.（1999）。

言的关系颇具争议，两种符号学倾向于支持符号的统领性，语言是符号的一种。从语言获得过程看，儿童在熟练使用语言前已具有复杂认知能力，焦点颜色研究、单词顺序研究等多学科证据表明人类思维能力比语言能力进化更早(安德鲁，2012：365)。人类经历了漫长的无字时代，当口头传统难以满足文化传承需要时，图画便出现了。婴幼儿的早期教育可能与早期人类积累知识的特点相符，父母从写实图画入手，绝不是文字。图画是知识的形象表达，动物形象则是星象学的形象表达。从数量看，地上动物远远不够匹配星体，但认知经济性决定了人类只会选择性地认识部分动物和星体。危险、美味、常见的动物会首先被认识，明亮、有规律的星星更容易成为观测对象。以动物命名星象是四大文明的普遍规律，星空俨然是个动物园。为什么星象和兽类同名？这个问题就像父母子女关系一样，子女的姓来自父母，而不是相反；星象像动物，而不是动物像星象。虽然拥有同样的名字，地上动物是世俗的，天上动物是神兽，所有星象都有对应的神话，并以喜闻乐见的形式传承知识。星空被分为星象和人被分为氏族的机制类似，他们都与涂尔干界定的类别、时间、空间、因果等基本范畴有关。有些神兽既是天象的称谓，也是氏族的称谓。例如，中国龙既是动物和星宿的名字，也是殷商一个方国的名字——龙方。如何命名星象依赖先民生活体验，即使如此，各星象学中被重点观察的星体、命名方式和相关神话传说有诸多类似。

第一，以动物命名星空的方式类似。印度河谷-中国体系中有星宿和星象(中国)、月站(古印度)，中东体系中有星座和黄道(古埃及-两河流域)、兽园(古希腊)，这些命名体现了类似规则，都假设星体像动物一样需要作息场所。东方星象和西方星座大部分以兽类命名，少数星座以英雄人物命名。西方天文学对星空的认识历经黄道 12 星座、托勒密 48 星座和现代 88 星座，星空变得越来越精细，但以动物命名星座的惯例一直未变。黄道 12 星座中并没有蛇或龙，但其所属文化有，如阿佩普和蒂特玛。托勒密星座中有长蛇座(Hydra)、蛇夫座(Ophiuchus)和巨蛇座(Serpens)、天龙座(Draconis)，其中的蛇夫座和巨蛇座与西方文化的屠龙叙事有关，天龙座是为主神服务的蛇神，如苏美尔文化伊斯塔兰(Ištaran)的使者——蛇神尼拉(Nirah)和古埃及法老王冠上的庇护神瓦吉特(Wadjet)。现代星座在托勒密星座基础上还增加了水蛇座(Hydrus)，它是远离黄道的南天星座，殖民时代后才被西方人发现，北半球没有相关神话。有意思的是，其命名方式承袭了原始星象学。

第二，某个星象或星座的命名动物种类也相似。以灿烂超群的大火为例，中国原始星象学把它归入东宫龙，称为龙心或龙星，两河流域、古埃及和古希腊星象学把它归入天蝎座(Scorpio)，称为蝎心。以蛇、龙或蝎命名的星座图像都展示出蜿蜒的爬行动物形象，这些动物是一组星体形态的像似符。以太阳为例，太阳神普遍见于四大古文明，鸟是普遍符号。至于是哪种具体的鸟，取决于当地生态环境。古巴比伦王马杜克身披双翼，古埃及法老头顶鹰饰王冠，鸽子指引诺亚陆地的方位。中华文明无字时代各区系都出土了鸟形象，它们有的呈环形(如石家河的环形玉凤和金沙太阳神鸟)，有的与日共现(如高庙和河姆渡的日鸟纹)，良渚文化中的羽冠神徽也是王者随葬品。文化传播论者执着地寻找第一个以鸟象征太阳的民族及其文化传播路线，他们无视人类普遍认知机制。人类必须认识太阳，作为基本范畴的鸟与太阳在时空上共现，自然地成为光明或太阳的符号。除了鸟，自然界还有什么可见、可感的事物能像太阳一样翱翔太空，且与之共作息？这些符号的能指与所指之间存在认知联系，不符合任意性原则。不同时空的先民们通过熟悉的动物认识复杂星空的心智是相同的，从杂乱的星空中辨识出动物图象符合完形感知原理。当有些动物广泛存在，它们与广袤星空的广泛联系就不足为奇了。

第三，不同文化有类似神话。比较文化研究者喜欢探究相似神话的源头，相似体验可能也是相似神话的根源。尽管存在地理差异，广袤星空在各地，至少在北半球，还是能呈现一些类似特点。以太阳及其 8 大行星为例，它们在四大古文明中不同程度地形成了星体、神兽和人格神的三位一体。以北斗为例，中国各地墓葬中常见各种形式的北斗，魂归北斗表达了一种死亡观。纳布塔(Nabta Playa)巨石阵表明，约11000年前的古埃及人就观察了天狼星、北斗和参宿，天狼星的升起意味着尼罗河泛滥的开始，北斗是人群迁徙和牛群转场的灯塔，北斗也是亡灵归天之所(Bauval and Brophy，2011，第4章)。由于岁差影响，北斗后来演变成天帝巡天的交通工具，它在苏美尔星座中也有“车”的意义。车如动物一样具备活性，“车”的星象学意义一定衍生于车的发明之后。以大火和参宿为例，两者都灿烂超群，在特定时期指示农时，这两个特点就足以使它们入列众神榜。此外，两者在星空中错时出现，东方有“参商不相见”传说，巴比伦、古罗马和古希腊神话中有类似版本。希腊版传说中，猎人俄里翁(Orion)卷入神祇战争，地母盖亚(Gaea)派蝎去毁灭他，于是天蝎座和猎户座就永远彼此为敌。

龙的原型动物之间与现代科学动物分类系统有关。龙究竟是蛇、恐龙、鼍、蜥蜴、大鲵？唯有参照不断更新的动物分类，这个问题才有正解。一物多名是常见现象，汉语中的蜥蜴、变色龙、四脚蛇、蛇舅母等词语都意指同一种动物。关于鼍，人们更熟悉的名字有鳄鱼、猪婆龙和扬子鳄，古籍还记载了别的名字。例如，《本草纲目》卷四十三对鼍的描述为：“鼍龙，鮀鱼，土龙，形如龙。”《说文》对“虬”的解释是“似蜥蜴，长一丈，水潜，吞人即浮，出日南”，这种动物非鼍莫属。《抱朴子》记载：母龙曰蛟，子曰虬，其状鱼身如蛇尾，皮有珠，这种隐喻描述也符合鼍的特点。民间分类和科学分类不同，后者随着知识积累形成“界门纲目科属种”的等级，前者止于日常生活需要，两者都历史地变化。《大戴礼·易本命》中，动物分为羽、毛、甲、鳞、倮等五虫。禽类是羽虫，以凤凰为首领；走兽类是毛虫，以麒麟为首领；甲壳类是甲虫，以龟为首领；有鳞类是鳞虫，以蛟龙为首领；羽、毛、甲、鳞以外的动物是倮虫，以圣人为首领。一些危险动物还有具体名字，例如，蛇是长虫，老虎是大虫。依照五虫分类，各种龙或蛇大体可归入鳞虫。依据符号系统论，鳞虫的意义由倮虫、毛虫、羽虫、甲虫等其他虫类决定。对于早期先民，鳞虫是基本范畴，其对应的实体与人们基本生活需要的事物分类有关，包括对象属性最多，使用最频繁，词语形式最简单，被儿童最先掌握。但是，有限的符号注定要被新知识注入新意义，五虫分类必然会再细分。随着知识的增长和积累，蛇、鼍、蜥蜴等具体范畴陆续产生。正是在现代动物分类系统下，才会产生龙的原型动物之争。关于西方龙的研究有类似争议，dragon 在不同文献中与 whale，big fish，crocodile，serpent，serpent dragon，snake dragon，fish dragon，reptile，sea fish，monster 等词语相互混淆。如果参照中东原始分类系统，不会产生龙的原型动物争议。

神兽不是古代社会特有现象，现代社会仍常见其变体。动画形象为理解神兽形成过程提供了线索。以机器猫为例，哆啦 A 梦究竟是机器、猫(毛虫)、还是人(倮虫)？它是人工制作机器、具有猫的外形、以人的情感和方式与人交往，但它的名字与这三者都无关。它最初是闯进藤本弘的书房的家猫，画家桌上的不倒翁玩具赋予了它直立姿态，电视传播把它从静态的漫画形象变成能说会道、神通广大的影视明星。对于父母，动画是孩子的娱乐工具和增长知识的媒体，机器猫借此成了出版商的招财猫。但是，对于迷恋机器猫的儿童，观看相关连续剧是重要的仪式活动。儿童们的专注神情表明了动画形象的价值，因为它们以儿童化的交流方式与儿童生活体验的基本维度发生了联系。它是漫画家和媒体合作为特定儿童创造的神，儿童为之痴迷，甚至把它放在床头陪伴入睡。动画真实地介入了儿童成长，具有安抚儿童的神秘力量。新闻报道某小男孩从自己家的六楼窗户上持伞跳下，当场死亡，报道称该男孩痴迷能持伞空降的某动物形象。伞是人类独有物品，某些兽类，例如猫，可以高空跳楼无恙，但持伞空降的动物整合了飞行员、降落伞、兽类等不同元素。正如龙整合了多种动物的属性，现代动画整合了机器、人类、动物等多个范畴属性，两者分别成为先民和现代儿童的神祇。在五虫分类中，龙和动画不属于任何范畴，只能归为“神兽”。在隐喻视角下，龙和机器猫是多个隐喻的复合，如同几个单纯词整合成一个复合词。动画以儿童化的思维和语言日复一日地介入儿童生活，儿童难免会将兽类独有特点导入自身，小男孩的悲剧与殉道本质上相通。

反观各种国际体育赛事的吉祥物，不可能成为神兽。大多吉祥物兼具人性和兽性的混种特点，在一般意义上可纳入动画形象的范畴，但它们很少能进入运动员或观众的意义系统。吉祥物设计必须同时考虑受众的国际性和举办方的地方性，难以和生活体验的基本维度产生联系，而且赛事的竞争性本质凸显的是群体间差异而非集体情感。国际体育比赛后，吉祥物大体可以扔进垃圾桶，但在赛场上升起的国旗必须被珍藏，区别就在于是否能象征集体情感和社会团结。

三、产生神兽的认知机制

隐喻为理解符号的模糊性或多义性提供了科学解释。隐喻是通过相对熟悉或具体的事物理解相对陌生或抽象事物，其认知机制是人关于喻体和本体的体验相似或体验同现，相似性是个体感知到的，不一定仅限于物理相似。个体之所以能感知到相似性，因为范畴本身就边界模糊，范畴内部有典型成员和边缘成员，范畴是个基于家族相似性的成员集。前述《大戴礼记》隐含了范畴理论，以典型成员命名五大虫类，每个虫类包含 360 种具体的虫。隐喻涉及两个体验域，而这两个体验域借助范畴边界模糊性还会联系更多邻近的体验域。隐喻意义具有内在模糊性，神兽无法分类的原因与此有关。在隐喻视角下，龙文化演生的核心是确立喻体和本体的多属性以及映射所凸显的属性。

动物像似符体现了人类认知机制。各古代文明中的星宿体系多以兽类命名，且有些动物类似，这种类似也是促使人们提出源头之间的部分原因。殊不知，这正是人类心智的表现，以动物而不是植物或静止物体范畴化星宿符合认知规律。孙悟空有七十二变，各种神仙妖魔鬼怪也多变，但他们的变化都遵循“活性”(animacy)原则，很少有角色变成席慕蓉笔下的“一棵树”，况且诗人笔下的树叶其实是“凋零的心”，一棵树象征恋人不为外界所动的决心。从认知机制看，兽类和星宿在“活性”方面类似，“活性”是两者产生认知映射的基础。古典人类学者用“变形”(metamorphosis)描述人的各种地位转变过程，包括人死后从世俗到神圣，成人礼中的少年从被回避到被接受等，现代认知心理学发现“变形”受范畴属性结构限制。根据《论衡·谈天》，“二十八宿为日月舍，犹地有邮亭，为长吏廨矣；邮亭著地，亦如星舍著天也”，该描述是基于天象和人类生活的结构隐喻关系。各地先民认识星空的方式高度相似，要么聚焦少数亮度最强的恒星，再通过它们认识周围恒星，由点及面；要么聚焦连星成象的恒星团，再通过象认识其成员，由面到点，两个过程形成了秩序井然的辰宿列张(冯时，2001：258)。所以，中华文明中的星象(image)、星宿(house)和西方文明中的星座(constelation)都与一组星有关，都是先民对一组相邻星的整体认识，符合认知心理学的体验完形规律。历法以观星为基础，由此产生的星、象概念反映了普遍的认知过程。

神兽人类化是以动物形象认识神秘领域的必然结果。星体和兽类都是心智范畴化的结果，斗转星移与地面生活息息相关，星体对地面生活有能动性(agency)。探究星空的过程必须符合认知经济性，其结果便是星体群组成的动物图像。动物可大致分为兽类和人类，为什么星座或星象主要是兽类？另一个相关问题，为什么神兽总体上早于人格神产生？首先，一些兽类在特定能力上超过人类，一些猛兽常置人于危险境地，另一些兽类具有物候灵性。所以，原始人不一定认为人类比兽类有优势，人定胜天的理念产生于科学兴盛时代。其次，动物范畴内可区分人兽之别、人际之别和兽类之别，人际之别用来区分敌我，兽类之别用来区分危险、肉食和宠物。儿童需要识别每个人的脸，尤其是母亲的脸，但对于动物一般只需识别种类即可，这是人类进化习得的特点。再次，对于星空识别，把不同个人或某种动物的不同个体用于识别星空难以操作化。动物种类之别更明显，更具操作性。麦克雷南提出的动植物神、星体神、人格神的历史演变顺序是一种假象，动植物只是作为星体的表达工具而传染了文化意义，传染即转喻。人类化是人类探索未知世界的基本心理过程，即赋予非人类实体以人类的特点、情感、意图等的心理过程，它是人类与生俱来的心理倾向(Hutson，2012：165-181)。以史密斯的观点看，文化要素的传染性导致神兽的人类化。在隐喻视角下，动物原本处于自在自为状态，被人类作为像似符用来理解斗转星移的神秘领域，人类化过程是人类领域向兽类领域的认知映射，像似符借此成为象征。从认识论看，人类所有知识都以人为中心，动物关于人类的知识同样以自己为中心。人类化的对象包括所有非人类的实体，但更多是兽类，心理学称之为以兽类为中心的人类化(animal-centered anthropomorphism)，包括把人类心理状态归于兽类以及随后确认兽类独有的心理状态等两个步骤，正是后者使人类把自己和兽类区分开(Waal，1999)。恋人间的爱屋及乌涉及人类化，也涉及情感意义传染，但爱屋及乌与社会无关，因为亲密关系不契合、甚至破坏公共性、公开性和集体情感。

现代人强调人兽之分，但人兽之异同是个知识谱系问题。若比较人、兽的异同，可产生三组特点：人类独有特点、人类和兽类的共同特点、兽类独有特点，人类化与第一组特点有关。中国古人习惯用“虫”泛指一切动物，人兽皆虫的认识到两汉时期被人贵论取代。例如，《荀子·王制》记载，“水火有气而无生，草木有生而无知，禽兽有知而无义，人有气有生有知亦且有义，故最为天下贵也。”人贵论出现后，“畜生不如”就成了骂人话。从人兽皆虫到人兽之分反映了人从自身立场出发对自然界更精细化的知识积累。然而，人的立场是主观的，人兽的动物性客观存在。从范畴层次看，人类和兽类都是基本范畴，动物是上位范畴，男人或女人、蛇或鼍分别是人类和兽类的下位范畴。将人类的心智映射到自然界就会产生泛灵论，将人类组织映射到星空就会产生包括神兽的神祇等级，将兽类的力量映射到人类就会产生巫术，将兽类的卑下映射到人就会产生骂人话。人类化有程度之分，神兽体系内部的高下之分与此有关。龙不能像人一样说话，它借助殷商克夏成为商朝文化系统的主导符号，与之曾经比肩甚至更重要的其他神兽随着中原王国的形成而降居工具符号，无声的龙通过天象和气象向商王传递天命。

人类化是把人类独有特点赋予非人类，那么人类如何运用在此过程中获得的关于兽类独有特点的知识？答案是兽类化（zoomorphism）。兽类化是赋予人类或物体以兽类独有特点的心理过程（Werness，2004：px）。现代人创造出各种像人一样的动画形象和外星生命，原始人早就创造出具有动物特点的人。《山海经》中的各种怪兽纵然令人困惑，但人们仍然能看出熟悉的动物原型；各种"神"纵然外形诡异，但都拥有"人面"。说到蛇，大部分人的第一反应是恐惧，因为蛇爬行迅速，很难抓获，毒性能致人快速死亡，只有极少数人能驾驭蛇。《山海经》中的各种神或英雄无一例外都带有蛇形装饰物或道具，以弗雷泽的巫术分类看，操蛇、珥蛇、衔蛇、把蛇或践蛇等行为兼具接触巫术和模仿巫术的要素，二者难以分开。力大如牛、狼吞虎咽、忠实走狗、河东狮子吼、蛇蝎心肠、夜猫子、猪脑袋、狐狸精等都是兽类化产生的词语，巫觋手中的眼镜蛇、部落供奉的图腾兽、儿童的虎头鞋、黑帮成员身上的恐怖野兽纹身等同样如此。神兽同时涉及了人类化和兽类化，其最终产品就是不符合分类系统的非人非兽。

人类化和兽类化看似相反，实则相互联系，其联系媒介就是人类和兽类的共性—动物性（animality）。神秘领域同时存在人类兽类化和兽类人类化，前者是巫觋（例如《山海经》中的人神），后者是图腾或神兽（例如龙）。

动物性是人类化和兽类化的结构空间，两者都是变形。变形（metamorphosis）是所有脊索动物的祖先特征，出生或孵化后的动物身体结构由碘甲状腺原氨酸诱导的细胞生长和分化发生明显而急剧的变化过程（Denser，2008）。古典社会学派借用该概念描述一些仪式过程，而现代心理学派阐述了"变形"的心理机制。死去的亲人音容笑貌犹在，但在失去语言和肢体能力的瞬间具有了物体的特点，非人非物的状态破坏了分类系统。涂尔干（Durkheim，1964：398）说死亡诱导了阴阳两隔，悼念仪式把死者从昔日亲人转变成往后敌人，因为死者让人恐惧。在基本范畴层面，死者和生者都是人，葬礼使死者在人的范畴内变形，从此生者只能隔着坟墓和死者交流，生者和死者在具体范畴上彼此区别。神兽兼具兽类和人类的特征，兽类化和人类化是变形的两面，两者通过共同的动物性而结合，两者都产生反直觉的非人非兽或半人半兽，是从人类和兽类的不同视角的相反过程而已。超自然力都是变形的结果，变形是结构化的，受边界约束，两个或多个有某种联系的范畴构成了变形的结构空间(Boyer，2001：68)。变形的结构空间就是本体和喻体之间的喻底，神灵是基于某(几)种类似属性的两种范畴之间的映射。在这个意义上，古典心理学派泰勒和弗雷泽关于巫术是基于相似和联系原则的实践技术的判断具有合理性，普里查德批评他们错把原始人的观念联系当作真实联系(Evans-Pritchard，1965：29)。在隐喻视角下，观念联系就是人们感知到的真实联系，是基于人和自然互动而产生的体验。普理查德的批评是基于客观主义，反映了他那个时代的理性主义哲学思潮。例如，太阳神有交通工具，由此产生了对应的隐喻名称。古埃及太阳神阿图姆(Atum)乘船，古巴比伦太阳神马杜克乘龙，中国太阳神乘鸟。同一事物的不同隐喻名称反映了被凸显的属性，而喻体的选择具有时代特点，赤乌、阳乌、金乌等名称比金轮和火轮更久远，后者是有车时代的人们对太阳的理解。符号既简化也具体化信仰，产生符号的原初联系链渐渐遗落，仪式就是感知、理解符号的活动。

自然和社会是人类的生存宇宙，动物粘合了天文和人文。分类是理解自然和社会所产生的知识，分类研究成就了涂尔干、莫斯、道格拉斯等人类学者。社会学派认为社会本身就是信仰对象，人类把社会映射到自然，于是自然就社会化了，日月星辰、山川湖海、鸟兽虫鱼等因此具有了社会性，并且社会进化与神祇结构功能进化相关。在隐喻视角下，映射是双向的，以动物命名氏族是社会自然化，以星空神兽为信仰对象是自然社会化。例如，十字架出自木头，但木头能用来烧火取暖，十字架只能用来祈祷。十字架既是自然社会化，也是社会自然化。在阐释学派的视野下，道格拉斯的“神圣模糊性”、特纳的“阈限”和“共融”都说明了分类系统的矛盾。矛盾的解决之道是用分类系统中的现有范畴来间接地理解那些难以分类且重要的神秘力量，吉尔兹意义上的符号由此产生。符号只能在产生它的分类系统内来阐释，脱离该分类系统将无法释义，这就是深描和浅描的区别。心理学派的造神模板包括两种信息：其一，违反实体范畴的特定预期，即包含与实体范畴提供的信息相冲突的信息；其二，保留实体范畴的其他预期(Boyer，2001：62)。这两种信息至少来自两个范畴，导致神兽难以分类。所以，神兽同时具备人性和兽性，并且往往具备多种兽类特点，都无法分类，因此落入超自然的范畴。神兽既是自然动物，也是星象学符号，还是信仰对象。东宫龙有鼍的身躯，但出现在天空；它是动物，却是皇帝的庇护神。中东的公牛是财富，也是美味，还曾经是指示春分的神祇。虽然难以分类，模糊的动物为人们理解天文和人文的复杂关系提供了最简模式。

隐喻是理解抽象事物的必然途径，现代人同样如此。以天猫商城为例，其早期名字是淘宝商城，为了拓展海外业务，网站的命名必须国际化，于是该网站域名中的汉语拼音 taobao 被 tmall 代替。天猫是后者的音译，与猫毫无关系，但该命名产生之初就决定了阿里巴巴集团旗下其他产品的命名方式，飞猪、闲鱼、蚂蚁、菜鸟、神马、平头哥(蜜獾)等产品就是例证。有意思的是，天猫商城的竞争对手京东商城以“狗”为标志，与“go”和“购”同音。猫狗自古是家畜中的竞争对手，“狗”既显示出打败竞争对手的愿望，也鼓励了消费者的购买行为。如果某公司以“牛”为标志，其竞争对手很可能以“马”为标志，因为牛马不同槽。现代人若能心领神会天猫和京东狗的二元关系以及两大商业集团的竞争，自然能理解星体、动物和人所联系的原始知识体系。

第二节 授时主星本体属性之隐喻差异

地上动物和天上星辰的认知映射导致科学和人文的关联。动物契合天体的运动属性，以动物命名星空的认知机制是动物喻体和星象本体之间的映射。当人类把各种骇人的自然现象变形为能思考的精灵时，宗教就开始萌芽了(Müller，1887：30)。神兽一旦被创造，就会比自然动物更深地介入人类的生活，就像子女的降生会彻底改变父母的生活。所以，对神兽进行人类学分析，可以条分缕析其中的民间朴素科学。从隐喻视角看，所谓的图腾社会和动物星空何其相似。图腾联系了原始人的动物分类、婚姻制度、自我身份、群体分类等，星空神兽联系了原始人的宇宙观、生业方式、权力结构、社会等级、情感投射等。自然界万事万物被识别出的过程产生了各种范畴，范畴间的相似、相邻、相关、因果、相反、相同、包含等各种关系构成了当时当地的知识状态。各文化中的神仙鬼怪就像不同语言的词汇一样受到各群体所处的经济条件和历史过程的直接影响，文化既提供解释也介入上述过程。理解自然的范畴被用来理解社会，氏族以动物命名，同一动物氏族成员不能通婚，命名星空的动物成了神祇。自然和社会被同样的范畴界定，两者统一于知识体系，只不过社会比自然更复杂，这是涂尔干式的知识二元性（Durkheim，1964：18-19）。身在自然中，看、听、说、品、闻等感官可描画出大体一致的自然；身在社会中，社会是丛林、染缸、舞台、棋局等主观各异的感受。如果授时主星不同，以哪种喻体凸显授时主星的哪种属性必将影响星象学的符号化及其人文意义。

一、中位的方位隐喻

作为中国原始星象学坐标点的北极星有极其重要的天文、人文意义。星空是各地先民的共同体验域，但哪片星空和哪些星体成为观测对象取决于地方生态环境。从知识谱系看，理解北极星与理解太阳、月亮、天狼星等都可以产生类别、时间、空间、数量、原因等基本范畴，但具体范畴会有差异。中国先民也使用了黄道坐标，但赤道坐标更广泛，濮阳西水坡星象图是该识星体系的直观呈现。岁差导致极星变迁，约 6000 年前，斗魁比其他拱极星更适合成为北极星，斗魁四星的名称（天枢、天璇、天玑、天权）、诸多猪首形器的出土证明了这一点，帝星（小熊座 β 星）在约 3000 年前时成为新的北极星（冯时，2001：第 1 章）。北斗的北极星身份主要靠天文推算和考古证据，而帝星的北极星身份有文献证据。例如：

> 泰一者，执大同之制，调泰鸿之气，正神明之位者也。《鹖冠子》
>
> 泰一，天皇大帝也。《鹖冠子注》
>
> 为政以德，譬如北辰，居其所而众星拱之。《论语·为政》
>
> 德者无为，犹北辰之不移，而众星共之。《论语集解》
>
> 皇帝敬拜泰一。《史记·孝武本纪》
>
> 鸿有泰一之道，中庸之德。《唐才子传·卢鸿》
>
> 配帝居之悬圃兮，象泰一之威神。《文选·扬雄》

北极星在文字时代的众多名字出自星体的不同属性在认知映射中的凸显。前面已述，太一是北极星，联系了皇权，还是中华文明中统领宇宙的“非常道”。北极星还被称为泰一、天皇大帝、上帝、天主、太乙、紫微星、尊星、太乙天尊等，不同名称从不同视角凸显某一个属性，这表明人们想尽可能详细地理解北极星。太一是道教的核心概念，它在中国哲学和政治理念中也很重要。北极星由北极位置决定，该位置上的星宿受岁差影响而变化。综合考古发现、天文测算和文献记载，斗魁、右枢(天龙座δ星)、帝星是中国历史上最主要的北极星。其中，新石器时代中晚期先后以北斗和右枢为北极星，帝星是西周、春秋战国和秦汉时期的北极星。自高庙时期就广泛出现的十字纹和八角纹实际上是具象的天文数理，《山海经》中的四方神、四海神、四风神、九州九野、四兽四象等概念内在地包含了天文地理的“中位”——北极坐标点。两至正午的太阳和北极星都处于宇宙的中位，可相互参照，即“昼参诸日中之景，夜考之极星，以正朝夕”(《周礼·考工记》)。烈日经过的天下之中——建木——只是通神之地，北极星神和太阳神在此实现阴阳合一。中位是最原始的基本范畴之一，北斗和太阳都可以产生东、南、西、北中等方位范畴和日夜、四季的时间范畴，宇宙观可谓自然天成，地中的阴阳合一才能产生四方“咸顺不逆”的历法。濮阳西水坡大墓贵族处于墓室中央、两边配以龙虎的葬俗凸显了“中位”理念，甲骨文“帝”的造型以天之中为核心，指向四方和四隅，涉及皇权的任何场景都完整地呈现了无字时代延续下来的“中位”传统。

授时主星的本体属性决定了祭拜风格。从位置属性看各种神，有的神有固定道场，有的神无处不在，有的神从固定道场变得无处不在，后来也可能落入神坛。图腾象征部落，其道场只能在部落领地以内；气象神可能有多个道场，风神、雨神和雷电等都有难以捉摸的本体属性。祖先也有相对固定的祭祀地点，如祖坟、家门口、祠堂、客死之地，很少人在祖先未涉足的地方祭祖。祖先是基于血缘的家庭主义概念，人们不可能邀请别人祭拜自己的祖先，传教与祖先崇拜格格不入。另一些神无处不在，天、帝、上帝、太阳神、月亮神等都属于此列，信徒们可以在任何地方祭拜。王权与天的联系促使皇帝亲自主持祀天，而普通百姓只需祭祖。当入主中原的皇帝无法以德配天时，百姓只需遥望北极呼喊老天爷，甚至骂老天爷。

无论是否有固定道场，绝大多数观测台指向天空，其目的可能是通过缩短物理距离以接近星空。中国无字时代的祭祀遗址要么在山顶(如东山嘴、牛河梁、石峁外城东门)，要么是比周围高的人工高台(如高庙旋梯、红山祭坛、城头山祭坛、良渚祭坛、屈家岭圆形土丘祭坛)，地势均孤绝高耸而遗世独立。观测台吸引了最有才华的建筑师和艺术家，使用最珍贵的原材料，所有卓绝努力同时体现圣俗之分和神人之通。

从时间属性看，节日(holiday)之词透露了历法意义。北极星的时间属性涵盖四方、四时，绝非一时一城。根据《史记·乐书》，太一祭祀的时间是四个季节中某日的黄昏至天明，春歌《青阳》、夏歌《朱明》、秋歌《西皞》和冬歌《玄冥》的祭祀主题以四季物候映射北极星的本体属性(斗柄在四个季节的朝向)。甲骨卜辞记载了商王随四季分别居住在四个方向的居室，周王同样如此(丁山，2011：161)。以殷商的上帝-下帝-人帝的等级观之，更换居室的标准是斗柄朝向，这是居住方面的模仿巫术，后来的明堂和宫殿布局与此有关。冬至夜晚的火祭大多是太阳崇拜的孑遗，火以体感相似的形式隐喻太阳，人们以这种形式助力太阳的复活或归来。彝族火把节和西方圣诞节涉及了相同的心理和历法，与文化传播无关。黄金价值最初可能与太阳崇拜有关，金灿灿与日同辉，古埃及法老和三星堆巫觋的黄金面具都是太阳崇拜的衍生物。圣诞节与中东原始文化中的冬至助日仪式有关。传说圣诞节老人以鹿为骑，鹿在冬至日前后或冬天的脱角现象也有历法意义，鹿与冬至的联系衍生了其在北半球的普遍文化意义。春天的火祭与太阳无关，祭祀对象是大火(龙星)，“季春出火，民咸从之”(《周礼·夏官》)意指一年中大火初次升起后，准备放火焚烧田地，农耕时节到了。

中位是空间范畴，道是基于各种天地映射关系的哲学抽象。王权从天而降是古代文明的普遍法则，即君权神授，中东古文明的王权来自太阳神，中华古文明的王权来自北极星神。兴隆洼文化大墓的墓主两侧摆放实物或器物猪首，濮阳西水坡墓主身处龙、虎之间，四周还有象征四神的人牲，双槐树北斗九星上端的天枢指向北极星，这些写实图像呈现了先民们对“中位”的理解。陶寺和二里头是黄河流域古国和王国时代的两个代表，前者展现了最初的“中国”概念，立表、圭尺和玉琮游标等工具与地中观念有关，陶寺是晋南之“中”；后者开启了东亚青铜时代和有中心的多元王国时代，既承接也辐射四方文化(何驽，2015)。北极星崇拜自古就有，地中理念会驱使英雄去探索四方，地中也会随之变迁。只有在四方宾服的政治前提下才可能形成《保训》求取四方之地中的理念，这是中华文明夷夏东西格局后的重大变化(冯时，2015)。殷商都城的建筑规划符合四邑拱卫的理念，即都邑制，西周何尊铭文上的“宅兹中国”证明了“地中”是天降王权之地。清华简《保训》篇描述了周文王遗训周武王事关王权的核心价值是“中”，因为黄帝、尧、舜、上甲微等古帝“践天子位”的奥秘在于求中、得中、保中。

“中”不仅指方位“地中”，也指德行之“中”，即中庸。《中庸》成文于战国时期，中是天下之大本，和是天下之大道，“致中和”导致天地秩序和万物生育，开篇阐述的天命、率性、修道之间的因果链条就是基于北极星崇拜的天人合一。中东文明都有神祇家族争夺最高权的神话素，这是太阳神巡天导致王权轮换的必然结果。中华文明中的最高神在北极的中位岿然不动，不偏不倚，地中是太乙、太阳在两至正午重合之地。地中圭表测影可获得日行迹的最高点和最低点，惟其如此才能获得阴阳合一。老子倡导“无为而治”，因为道是不可违背的自然规律，孔子倡导“为政以德，譬如北辰，居其所，而众星拱之”（《论语》），北极星是为政的参照。王权从天而降的地点必须与北极星的位置一致，即地中，接受王权的帝王必须替天行道，即允执厥中。龙是人帝的庇护神，但它只是上帝和人帝之间的使者。所以，道的本质是基于“中位”的宇宙最高准则，也是王权规则和道德准则。

道串联了中国皇权史。一旦接受了地中的隐喻意义，四方文化必然在中原区系交流、碰撞、冲突、融合、扩散。涂尔干把图腾与原始人关于时间、空间、好坏、善恶、因果等范畴联系起来，他在澳洲图腾中看到分类与社会结构的联系。社会结构也可能与天象知识有关，后者完全可以产生那些范畴。并且，天象知识和社会结构的关系绝非社会学派式的单向因果，而是双向互相影响，天象变化引起地面政权更迭的事实并不罕见。符号一旦产生就在产生它的社会制度中扎根，并与人互动（Douglas，1970：25）。所以，人不是社会关系中的被动傀儡，有野心的玩家以替天行道的方式改变原有社会关系。殷商克夏导致虎和龙在符号系统内的东升西降，龙作为商的族星充当上帝和人帝之间的使者。有意思的是，如火般耀眼的大火有时候会遭遇同样耀眼但行踪无定的火星（即荧惑），“荧惑守心”被阐释为帝王的恶兆和篡位者的吉兆。由于龙象征皇权，火星靠近大火导致双星耀天，这如同国有二君。所以，“荧惑守心”是政治冲突和改朝换代的天象隐喻。该天象与帝王之死或问鼎皇权之战的联系被多次记载，《史记》中的秦始皇、《汉书》中的汉成帝、《北史》中的隋炀帝等均不能免俗。政治斗争最初是释义天象的喻体，但天象隐喻一旦形成，将会反过来引发政治斗争，野心家将揭竿而起，或者帝王将寻找替罪羊。政治隐喻具有强大的影响力，它是萨林斯所说的“历史现实”之媒介环节，符号的出现是采取行动的正当理由。全天最红、亮度最接近的大火和火星在名字上仅一字之隔，但符号意义失之千里，前者象征得道，后者象征寡道。所以，天道是中国帝王的道德准则，末代帝王往往被贴上失德失道的标签。天道貌似迷信，实际上关联了原始社会星象学成果。

二、定于中的二元渐变论

二元论是人类的心智结构，动物隐喻是二元论的一种模式。古典人类学认为原始人无法区分星体、动物和人类，若依此理解，美国人不能区分驴象之争和两党政治，中国人不能区分猫狗之争和商业关系。以列维为代表的结构主义学者透过动物图腾现象提炼出人类文化表象背后的心智——以二元关系为原则的无意识。列维认为，最早的语言由于混淆感知到的物体和物体在超现实中激起的情感而无所不包，严格意义的分析性拆解后来才产生，所以，隐喻不是语言的后续装饰，而是语言的基本模式，是和二元关系处在同一个层面的初级推论思维形式（Levi-Strauss，1991：102）。列维并未解释隐喻的心理机制，但上述观点闪耀了认知心理学色彩。

授时主星的属性决定了中国文化二元论的特点。星空是客观自然现象，但不同文明由于机缘巧合凸现了不同星体或者相同星的不同属性。中国原始社会产生过太阳历、太阴历、北斗历、火历、参历、岁历等，从二元论看，这些历法都是渐变论，而不是对立论。一首双身或一身双首的神兽呈现了循环往复的动态变化，旋纹、涡纹、卍纹等的要义也体现在太极图中。道教宇宙生成论认为，“道生一，一生二，二生三，三生万物”，一是宇宙本源，“一生二”并非均分，而是按“S”曲线方式分为彼此制约、消长和转化的阴和阳，“二生三”的结果是一阴、一阳、阴阳合和。一是整合性概念，阴、阳是分析性概念。

太阳的隐喻意义最能体现中国文化的二元渐变论。太阳既有日周期，也有年周期，东西方凸显了不同的周期。中东星象学采用了黄道坐标，太阳神是最高神，每天东升西落的隐喻意义是复活-死亡。例如，古埃及太阳神夜夜与冥界魔鬼搏斗才能在第二天升起，太阳神的起点和终点都是深渊，落日进入蛇的冰冷洞穴，烈日才是法老的庇护神。黄道12星座是太阳年周期的符号化，除了宝瓶座和天秤座，其他都以动物命名，每个星座对应太阳停留约一个月的星空范围。太阳巡天是古代中东产生“王权从一个城邦到另一个城邦”理念的喻体，天上星体众多，各自庇护着不同城邦，但只有伟大君主雕像的头上才挂着太阳。例如，汉谟拉比(Hammurabi)法典的上部分刻有太阳神向他授权的画面，他的古巴比伦王国曾掌控了整个两河流域。太阳神可能曾经是古羌族、东夷族等的最高神，“万物出乎震，震，东方也”(《说卦》)隐含了太阳神崇拜。羲和传说中，十个太阳轮流值班，太阳每天沿着东、中、西三地的扶桑、建木、若木三棵树巡天。正午太阳在天之中，夏至日影被用于寻找地中。关于这三棵树的地点记载前后略有不同，但都具有山水相连、物产丰富、风景优美、人兽共居、帝王垂青的特点。它们是：东方甘山(甘水；少皞之国)、都广山(黑水；众帝所从上下也)、西方昆仑(昆仑虚；帝之下都)。在《山海经》和民间传说中，落日与死亡、危险没有明显联系，成语“日出而作”和“日落而息”与十日神话一致。旭日也从水面升起，那是太阳值月前后的浴池(浴日于甘渊；日出扶桑，入于咸池)，烈日也没有庇护作用，但烈日的地标建木是天下之中，帝王在此通神或升天。山水相连内在地包含了阴阳关系，甘山和甘渊，都广山和黑水，昆仑和昆仑虚三组词在各经文中成对出现。水供沐浴，人的沐浴和太阳沉入水面借助共同的水媒介产生了相似性，夕阳产生了休息、享受、美好之意。

季节更替在中国文化中比昼夜交替更具意义。太阳的日周期和年周期在西方文化中分别产生了善恶论和王权轮换论，中国文化主要强调太阳年周期，与北斗绕极运动的年周期大体一致。斗柄一天仅移动约1°，这个细微移动难以观测，但斗柄的季节变化非常清楚。太阳和北斗的年周期都不可能产生二元对立论，而是二元渐变论。《老子》中的有无相生、难易相成、长短相形、高下相倾、声音相和、前后相随等词语均包含了二元渐变论，老子等哲学家的贡献是把中国原始社会的知识体系凝练为“道”，并用文字阐述其要义。“道”的本质是基于“中位”的宇宙最高准则，哲学根植于生活体验，其大体脉络是生计—星象—历法—数理—哲学。太阳的年周期形成两分两至，日影长短变化往复，北极星以其不偏不倚的中庸之德(wobbling pivot)更替，人们可以根据这两颗主要授时星安排生活，在寒冬中等待越来越近的春天，在春天中准备寒冬的再次到来。救赎、罪行、善恶等不是中国文化要素，适应、调整和希望才是重要的精神信仰，所有体验都在二元渐变论中得到理解、付诸情感。二元渐变论隐含了相互依存而定于中的命题，龙、虎、鸟、鹿四兽拱卫北极星，季节更替而循环往复，中位是最高原则。

三、关于龙的一般理论

隐喻为符号学阐释框定了合理范围。符号的释义容易陷入字面理解和灵活理解的两难，前者过于死板，后者漫无边际。弗里德曼(Friedman, 1958)认为字面释义、灵活释义是悬崖、深渊，并倡导一种中间路线，某符号的意义必须是与字面意义有关的深层意义。从各地古代文化看，各自生态环境中大部分常见动物都神祇化了，古埃及有牛、猫、蛇、甲壳虫、鹰、羊、鳄等，两河流域有鹰、蛇、牛、羊、狮、鱼等，古印度有象、牛、蛇、猴、狗、猫、虎等，古中国有鼍、虎、鸟、鹿、龟、猪等。这些动物对于原始人是吉尔兹意义上的生活常识，直接、明显、通透、易于实践，放在餐盘就是食物，放在祭坛就是天神，一套动物体系连接了圣俗两界。符号透露思维，载体链就是思维链，但深远时空淡漠了社会记忆，现代人难以理解动物统一圣俗的意义。神兽的释义既要参考动物的完形感知，也要审视该动物完形感知中的显著属性。不同生活体验的人对动物的显著属性认识同中有异，蛇恰恰是给人带来极化体验的少有动物。汉语中，蛇蝎心肠、蝉蜕蛇解、握蛇骑虎等成语的本体都不同。以危险性为例，蛇神既可能带来庇护，也可能带来毁灭，这两种属性符号化为法老的庇护神瓦吉特、世卫组织的徽章、中东文化的冥界神。

龙成为常见神兽与爬行动物的生物属性有关。首先，爬行动物遍布人类生活环境，除了南极洲，爬行动物在地球上的平原、丘陵、高山和高原等环境中都能生存。它们大多昼伏夜出，以夏蛰或冬眠方式度过酷热或严寒，生命力极强。所以，世界上动物无数，只有部分动物被识别和命名，但蛇、鳄、蝎等爬行动物普遍地被范畴化，认知机制说到底是满足生存需要。蛇是唯一对原始人性命攸关的夺命动物，进化史赋予了人类普遍的恐蛇反应，蛇符号也遍及世界神话（Isbell，2009）。蛇蝎等对人类和很多其他动物构成威胁，人类在认知上必须认真对待它们。中国古人见面问候“无它乎”，对蛇的敬畏和恐惧进入了问候语，“它”成了动物的代词。其次，敬畏和恐惧能激发情感，难以归类的属性提升了神秘性。蛇能致命，死亡体验与神秘领域有关。此外，爬行动物在民间分类系统中无法整齐归类，似鱼非鱼，蛇和鼍还是水陆两栖动物，是道格拉斯意义上的危险和禁忌。难以归类的东西破坏认知秩序，违反人的直觉，它们被归入怪物之列。西方文化把各种神兽大体归入怪物，龙是其中一种。既然蛇能致命，还难以分类，能操控它们的人被认为拥有超自然力。所以，蛇是为数不多的造神范畴，操蛇者一般被认为拥有神力，神力赋予世俗权力。文化活动就是把工具性的、非人的、有机的物理世界转化成唤起情感的、表达性的、以人为中心的意义（Jaeger and Selznick Source，1964）。最后，蛇的生物属性与人类生活的诸多基本维度有联系。蛇有剧毒、居于黑暗洞穴、身体冰冷、蜕皮再生、繁殖力、水陆两栖、敏捷、攻击性、食肉性、匍匐前行、蜷体等可能被各地先民用于理解抽象知识。蒂特玛、阿佩普、亚姆等冥界魔鬼都是蛇，利维坦和撒旦既是蛇，也是冥界魔鬼。蛇与龙在西方文化中是近义词，它们是太阳神的头号敌人。蛇是居于黑暗洞穴的冷血动物，太阳西沉进入洞穴后地面变冷，空间临近和体感相似导致隐喻和转喻的产生。蛇是爬行动物的典型范畴，以其多种属性映射了人类体验的基本维度，并借此成了常见神兽。一旦与同样令人敬畏的权力结合，蛇就介入了人类社会生活，成为最重要的神兽。

不同属性产生了不同的隐喻结构，蛇就有了不同的隐喻意义。人类学者沃尔夫（Benjamin L. Whorf）认为语言影响人们看世界的方式，该观点适合隐喻概念。形成范畴的场景或人类生活体验不同将导致同一范畴在不同文化中的原型、成员内部结构和范畴边界模糊性等的差异，不同范畴组成了特定领域的认知模型，认知模型差异构成了文化模型差异，范畴的意义只能在特定文化模型中的特定认知模型下才能理解（Ungerer and Schmid，1996：19）。不同文明对同一颗星体的不同属性有所偏倚，一个属性被凸显与其他属性被隐藏往往同步产生，这是隐喻的系统性特点。例如，当太阳的光明属性被凸显时，太阳灼伤的属性被隐藏；当蛇毒的致命性被凸显时，其疗伤作用被隐藏。蛇的喜阴、傍水、有毒等属性在中东文化中被凸显，而诸如蜷体、变温、蜕皮、无四肢等属性基本上被忽视或隐藏。苏美尔创世神话凸显了蛇傍水、喜阴、冷血的属性，于是，苏美尔龙既是创世神，也是太阳神的头号敌人。古埃及法老陵墓都详细描述法老或太阳神打败龙的过程，这事关法老再生和太阳重新升起。这些神话通过文化交流成了中东关于太阳和太阳神的共同神话素，并影响了西方文化。其中，人类和龙都是耶和华的创造，龙就是邪恶和黑暗，打败龙是人类和最高神的立约。龙令人恐惧，最高神令人敬畏，两者几乎旗鼓相当，太阳神唯有打败龙，才能照常升起，光明、生命和秩序才能延续。反观中国各地遗址，除了三星堆的铜蛇和金沙的石蛇，其他区系很少发现完整的蛇遗迹，而文献记载只强调蛇身，几乎不提蛇首。《山海经》中的各路神（巫觋）皆人面蛇身或龙身，汉代石像上的伏羲女娲也是人首蛇身，因为他们的身躯呈“S”形。兽首是断定兽类的首要原则，在缺少面部特征的情况下，判定“S”形是蚯蚓、蛔虫、蚕等动物未尝不可，但蛇是“S”形动物范畴内的典型成员。伏羲女娲图中包含男女、规矩、日月、东西、天地、正反“S”形等多重二元要素，它们是阴阳合一的不同能指。自然界最能像似“S”形的动物非蛇莫属，所以阐释者倾向于识别出蛇身，其中的思路和人们在陶寺鼍首龙盘上识别出蛇一样。在皮尔斯符号三元论视角下，蛇和鼍在中国文化中是基于视觉外形体验相似的隐喻，在中东文化中是基于生理心理体验相似的隐喻。

兽类进入人类精神世界的途径取决于皮尔斯符号三元论中载体、对象、阐释的关系。载体只有部分特征再现对象的部分特点，对象的特征限定了如何被载体再现的条件，载体决定阐释如何理解对象。载体在历史中变迁，但对象保持相对稳定，尤其是文化要素。前文阐释了兴隆沟第一地点H35祭祀坑中的猪首石堆塑、多个遗址中一首双身或一身双首的想象动物、濮阳西水坡中的龙虎蚌图、屈家岭文化中的太极图陶轮以及文字时代的道教思想等，变化的是载体之器(能指)，信仰对象(所指之道)基本未变。原始人书写墓志铭和祭祀的载体经历了从兽骨、蚌壳、石块到玉石的变化，玉石比一般石头更天生丽质和珍贵，后来系统化为《周礼》六器。从工艺看，兽类形象从古朴、粗糙变得复杂而精致，陪葬品越来越丰富，玉匠们既是献身神的艺术家，也是广受尊敬的知识分子。进入青铜时代后，文字系统日渐成熟，这些兽类作为能指的功能被文字取代，但其所指的神圣性仍然留存，能指与所指的分离使它们显得更加神秘莫测。这是兽类从像似符抽象为象征的过程，也是地天相通到绝地天通的过程，其联系链隐藏在历史的裙褶中。

涂尔干和列维从不同方面预见了符号和隐喻的关系。涂尔干反对心理学解释，但他对图腾的分析违背了这个原则，个体内化和接受社会的过程必须和心智有关。例如，他认为时间和空间使范畴意义发生变化，最初表现社会现实或社会条件的范畴会以隐喻的形式运用到其他领域，这些范畴在增进人们对物理或生物世界的理解的过程中非常有用，但它们与现实没有联系(Durkheim，1964：17-18)。他似乎在同等意义上使用隐喻、符号和修辞，符号的基本功能是忠实地向社会成员表征社会(Durkheim，1964：225)。涂尔干的观点几乎就是认知科学基本范畴理论的先声，但他似乎弄错了范畴化的顺序，导致刚性的社会结构论。在隐喻视角下，社会只能用隐喻概念释义，喻体是自然，本体是社会，由此出现自然社会化和社会自然化。列维在20世纪50年代就在《图腾论》中声称“图腾就是隐喻”，这终结了长达一个世纪的图腾研究范式。当时认知心理学的隐喻研究尚未起步，如此简短有力的结论足见他删繁就简和高屋建瓴之学术敏锐。列维强调图腾制度的心理学基础，反对社会学派和阐释学派的解释。不过，如果认知模型是文化的，隐喻必须置于特定的文化模式内理解，那么社会学派和阐释学派就有对话空间，对话基础在于符号的社会性，被集体所珍视和传承。前面已述，穆勒经常并列使用语言、文化和自然崇拜，澳洲土著混淆亲属成员、星星、植物、动物、天体、自然力量等，类似现象在现代社会同样存在。例如，苹果是水果、诱惑、手机，猫是动物、喜欢熬夜的人，还是京东的竞争对手。就隐喻而言，现代人和原始人的心智完全一致。

作为常见神兽的龙既联系也区分古文明。索绪尔的符号任意性原则必须受到认知机制的制约，自然界中被符号化的事物不是任意的，成为能指的动物也不是任意的。以蛇为典型的爬行动物最常见，诸多生物属性契合人类生活体验的基本维度，它们被转换成各文明最常见的神兽——龙，由此形成了兼有异同的动物符号系统。所有文化都有分类学，最早产生的基本范畴被用于理解抽象领域，天人合一不是中华文明的独有现象，但授时主星的本体属性产生了不同的隐喻意义。《老子》中的“人法地，地法天，天法道，道法自然”归纳了人类向自然讨生活过程中的知识形成特点：基于生活需求探索自然、范畴网络化的认知特点、从具体概念（萌现概念）到抽象概念（隐喻概念）的提升。先民的分类框架并未区分鼍或蛇（中国龙），蛇或鲸鱼（中东龙），这些危险动物作为爬行动物的范畴成员成为人们理解自然的符号。现代社会各种动画形象是神兽的现代变体，它们体现了动物对于人类理解陌生世界的符号价值。隐喻是普遍认知工具，但由此产生的概念结构是文化的，隐喻的认知机制与隐喻的文化意义是两个不同问题。既然隐喻的认知过程是通过具体或熟悉的事物认识抽象或陌生事物，符号的载体、对象、阐释三要素之间的非本质关系必然导致同一抽象概念的始发模型差异和同一始发模型产生的隐喻差异。区分隐喻的认知机制与隐喻的文化意义有利于从文化普遍性和特殊性方面全面理解神兽。

小　结

隐喻视角揭示了动物符号与社会生活各方面联系的性质。动物符号与体验生活的抽象过程和抽象程度有关，自然和社会之间的类比(analogy)产生神话思维。类比并非隐喻本身，而是隐喻涉及的必要心理过程。符号都为人创造，也被人变动。“二月二，龙抬头”提示中国即将到来的春意盎然和万物复苏，而天狼星的出现提示尼罗河泛滥的开始，这些天象最初可能是先民偶然发现的农时指示符之一。随着天人合一的发展，像似符或指示符成为象征，有了各自的神秘性。所以，“二月二，龙抬头”天象不仅提示春意盎然和万物复苏，还伴随着敬龙祈雨求丰收、开笔礼求鳌头、撒灰画龙降服毒虫等活动。天狼星的出现不仅指示尼罗河的泛滥开始，还伴随一系列与生命神和母神伊西斯(Isis)崇拜有关的仪式。星体或星象相关的仪式是在历史中逐渐形成的，历史提供素材，仪式赋予历史真实性。符号由于范畴边界模糊性或隐喻内在模糊性而具有多重意义，这是神兽产生的认知基础。神兽形成之初就是混种动物，不断更新的社会现实创造出新符号，于是一些旧符号被淘汰或修改，这些变化都会体现在神兽的外观上。以隐喻观之，新知始于隐喻，新知创造的社会生产力可能淘汰一些体验域，消失的体验域导致死隐喻。此外，人类在和环境互动的过程中既把现实理解为一个总体，也理解为无限的组成部分或事件，并通过理解总体和部分的关系来理解生活体验、适应环境，隐喻复合是总体理解复杂体验的最简模式，这是认知经济性。

对于人类学，神兽的价值不仅在于其隐喻意义，还在于其所属认知模型的范畴结构。中东龙基于蛇的生理属性映射出落日，中国龙基于鼍的外形映射出东宫星象，太阳和东宫星宿都是重要天象。中国龙和虎、鸟、龟、猪、鹿等是一个体验域里的组合关系，意相补；中东龙和怪物、魔鬼、失败者、邪恶、黑暗是一个体验域的聚合关系，意相近。各文明经历了漫长时间在特定时空中创造出各自独立的龙，它们在符号系统中的出现和意义变迁折射了文明之异同、变迁、接触和冲突。

余　论

动物形象在从简单到复杂、具体到抽象的知识史中扮演了基础性角色。原始社会的知识分子首先要为群体建构宇宙观、生命观和社会观，三观通过基本范畴相互联系。宇宙观涉及人们赖以生存的自然环境，包括日月星辰、季节更替、鸟兽虫鱼、草木天地等，生命观涉及人的生理、心理体验过程，包括生老病死、喜怒哀乐等，社会观涉及人在社会中的身份认同，包括是非、善恶、成败、荣辱的确认和态度。这些知识分为实证和神秘领域，两者边界随着知识史变化。实证领域产生确切的因果关系、相关关系，能用于演绎和预测。现代科学只能解释部分宇宙，何况先民。神秘领域有很多，只有关乎集体生计的那部分与神兽有关，情感和实践衍生于集体性。集体生计因社会发展阶段而变化，果腹充饥和追求长寿是不同性质的生计。总体看，天人合一是农耕原始社会的普遍特征，天是最重要的神秘领域，各文明由于生态环境差异锚定了天的不同部分，常见的爬行动物既联系也区分了各种天人合一。

知识体现在共时和历时的符号系统中。首先，知识的主要构件是各种范畴，星象属于抽象范畴，其认知基础是身体感知和周围环境互动过程中形成的具体范畴。语言是符号的一种，经历了口头传统向口头、文字并重的演变。语言是范畴化的结果，修辞学中的各种辞格大多涉及认识映射，即以一种具体而熟悉的范畴概念化那些抽象而陌生的生活体验，神兽以言语、图画、声音、动作等多模态隐喻象征神秘领域，星空只是其中一种。其次，符号的能指-所指关系、组合、聚合关系随时空差异而变形、扩展。神兽原型一般是常见动物，它们不一定危险、罕见、好看或长寿，有些甚至很卑微。想象动物也有原型，是基本动物隐喻的复合。借助形似、音近、意通、数同、物候等属性，它们简洁、通透而自然地象征关乎生计和生存的神秘力量。

星空神兽是天人关系的本土隐喻。人类必须靠天吃饭，进入心智的耀眼星光激发思考，思考产生知识，知识引导生业进步和社会复杂化。星象学的主体概念是动物隐喻，巫觋是最早的知识分子，动物形象是他们的工作符号。世界各地星象学兼具异同，“同”源自一个星系经验和概念体系的动物形象，“异”源自生业嵌入性和动物生态差异。在感官中，动物和星象都有“活性”，天人关系以动物形象为媒介。动物学首先是认识和分类自然界的知识，然后以“象”为星象学提供隐喻概念。“象”是天人相通的认知基础，连接了天上星象和地面动物，动物形象从思维上粘合了日常体验、礼乐、王权和星象学，它们赋予统治者以顺时施政的文化领导权。星象学在中华文明传承有序，动物形象连贯、系统地出现在无字、有字时代，它们是礼器纹饰，也是祀天文献中的神话素。历经盖天说、浑天说和宣夜说后，中国古代星象学已经与现代天文学接轨，模型描述基本代替了隐喻描述，星象动物渐渐遗落在故纸堆中。

各区系中疑似龙的释义印证了中原王国独大之前的满天星斗文化格局。东亚地区有多个辐射力强大的文化在黄河、长江和西辽河等流域比肩而立，且交流互动频繁。约 10000 年前稻作和粟作开始出现，约 8000 年前出现了兴隆洼、磁山裴李岗、高庙、跨湖桥等文化，约 7000 年前出现了赵宝沟、仰韶、大溪和河姆渡等文化，约 6000 年前出现了城子山、红山、仰韶庙底沟、油子岭-屈家岭和崧泽等文化。农耕文明必然产生对应的知识体系、社会结构和生活方式，它们首先体现在符号中，文字从中衍生。三大流域文化既各成序列，又相互影响，各区系显示了类似的宇宙观、贵族葬俗和纹饰，史前相互作用圈或上层远距离交流网的动力之一来自星象学。在无字时代，不同文化记录和传承知识体系的媒介取决于当时当地生态环境中的材料、生产力水平和工匠精神，但人神皆通的像似符是共同特征。这些符号体现了中华文明对祖先、知识、教化等的敬重，所谓的祭祀地，血脉相通的祖先在此长眠，集体珍视的知识在此传承。

符号学视角下，先秦龙文化的演生是一部中华文明史。人们必须向自然讨生活，动物在人们理解自然的过程中以始发模型或喻体的形式进入了人类社会文化史，动物符号系统是中华文明的底层架构。动物是先民理解抽象事物的具体范畴，一些动物成为与星空有关的神兽，后者的知识属性值得我们顶礼膜拜。原始人眼中的神兽如同现代人眼中的天文学词汇，是相同所指的不同能指。龙是基于爬行动物产生的神兽，爬行动物的普遍性导致龙的普遍性。总体来看，所有族群的历法都可见多个授时星，每颗授时星的知识犹如一个学科，每个历法是基于多学科、跨学科、跨部落交流的卓越成果。头顶星空日日可见，“天行有常，不为尧存，不为桀亡”(《荀子》)，为了获得更精确的历法，跨族裔、跨地区的交流不可避免。猪、龟、龙、虎、鸟的汇合既提升历法知识的复杂化和专业化，也促进通用符号的产生，中华文明实现了满天星斗的族群认同向一体化的文化认同演变。所以，年代越晚，动物形器越齐全，形制越统一。从考古发现看，中国龙的原型是鼍，作为星象学符号的出现时间比虎、鸟、龟、猪更晚，地域更小，器物制作水平更低。随着社会进步，动物不再是理解星空的唯一符号，濮阳西水坡的龙虎图思想被约四千年后的随县曾侯乙漆箱上的龙虎图完整地继承，后者还用文字标示了各星宿的名字，汉代墓葬已经配有更详细的星象图，更发达的星象学为亡灵归天提供了更详细的路线图。把龙泛化到其他神兽与现代人由今推古式的牵强追认有关，还与殷商知识分子在文字出现后的文化领导权建设有关。殷商开启了龙在文化领导权中的晋升之道，其他神兽相形见绌。龙从一个族神上升为国家神，成为皇帝的专有符号后，其实证意义被相关禁忌制度构筑的神秘氛围遮蔽。历朝皇帝都贵为天子，但他们在继承前朝龙的同时也改变它的某个细节，其颜色、纹饰、爪子个数、上升或下降、出现地点等越来越精细化。接受天命符号的同时添加新的要素，这是中国帝王和中东君主的共同做法，其中可见符号与历史的交织。

全球化需要关于相似符号的跨文化交流能力。探索时代、航海时代、日心说等从不同角度描述了15世纪以来的全球化，西方人把太阳升起的方向分为近东、中东和远东，东西方文化接触是全球化的重要部分。爬行动物广泛分布，复杂多样的生物属性能映射人类生活诸多基本维度，各文化凸显和隐藏了不同的生物属性，由此产生了意义云泥之别的隐喻。隐喻的意义涉及目标域和始源域，相似符号的跨文化理解涉及两个符号系统，因为符号的意义受其组合关系和聚合关系决定。道格拉斯(Douglas，1970：43-44)注意到如果两种不同符号系统相持，它们将形成一个整体，一方的符号被迫脱离自身所属系统而被对方表征为某单一要素。本人的巴西经历证实了她的观点，也促使本人反思如何在跨文化交流中合理地呈现和释义符号。在呈现中国文化的龙形象时，首先要限定目标域——星空，龙和虎、雀、玄武一起构成了绮丽星空，每只神兽还可细分为数种其他神兽，它们是无字时代服务农耕的星象学符号；其次要解释星象学赋权的原始社会文化机制，社会变迁和斗转星移的机缘巧合把龙提升为主导符号，并通过事实、思想或类似品质渐渐浓缩了皇权、知识和仪式。符号具有意义浓缩、不同意义的统一、意义两极化等特点，不同时代可能在符号多义性中选择最合适的意义，或者建构新的意义(特纳，2007：19-21)。在模型描述主导的现代星空，中华大地上的斗转星移和四季交替亘古未变，当角宿开始在东方升起时，主流媒体不失时机地科普“二月二，龙抬头”与春天、农耕的关联。可见，龙在现代中国仍有重要意义。

万年中华文明以天文学为知识基石之一，以农耕为主要生计，以敬天法祖为主要伦理，在顺应自然过程的中，从北斗、右枢、帝星的演变而定于中的天人合一富有内在的伦理性，天道、文德、祖先、中庸、忠孝等文化要素为多元一体中华文明提供持续、包容而稳定的发展动力。

参 考 文 献

汉语文献

1. 埃文斯-普理查德. 阿赞德人的巫术、神谕和魔法[M]. 覃俐俐，译. 北京：商务印书馆，2006.
2. 安东尼奥·阿马萨里. 中国古代文明[M]. 刘儒庭，王天清，齐明，译. 北京：社会科学文献出版社，1997.
3. 安徽省文物考古研究所. 安徽含山凌家滩新石器时代墓地发掘简报[J]. 文物，1989(4)：1-9.
4. 安徽省文物考古研究所，含山县凌家滩遗址管理处. 安徽含山凌家滩遗址考古取得重大收获[EB/OL]. (2022-12-5)[2022-12-20]. https://www.ahkaogu.com/index.php? m=content&c=index&a=show&catid=10&id=1311
5. 安徽省文物考古研究所. 安徽含山县凌家滩遗址第三次发掘简报[J]. 考古，1999(11)：1-12.
6. 安徽省文物考古研究所. 安徽含山县凌家滩遗址第五次发掘的新发现[J]. 考古，2008(3)：7-17.
7. 敖汉旗博物馆. 敖汉旗南台地赵宝沟文化遗址调查[J]. 草原文物，1991(1)：2-10.
8. 巴且日火. 论三星堆文明与彝族先民的渊源关系[J]. 中华文化论坛，2005(1)：136-142.
9. 布朗. 原始社会的结构与功能[M]. 丁国勇，译. 北京：中央民族大学出版社，1999.

10. 蔡青. 后石家河文化玉器艺术的特征与源流考[D/OL]. 西安：西安美术学院，2019[2023-03-22]. https://kns.cnki.net/kcms2/article/abstract?v=N6L1kuKE8iJDDPytX2y5Jdhxn611_tkWporRtTNfTiWN4Ogjhc1YEv1HfXzQkeKgHBuyckcPt7Y_gZmdXeid7XITzmi0oiCXX7GtwuR3T22ZvcKlLk87a5lL4XdEiZcp&uniplatform=NZKPT&language=gb
11. 蔡运章. 绿松石龙图案与夏部族的图腾[M]. 杜金鹏，许宏主编. 二里头遗址与二里头文化研究——中国·二里头遗址与二里头文化国际学术研讨会论文集. 北京：科学出版社，2006：135-142.
12. 曹慧奇. 浅谈先秦天文历法与《周易》“乾卦”及“五行”的关系[J]. 南方文物，2022(4)：27-33.
13. 曹卫平. 城头山古城遗址的原始宗教初探[J]. 武陵学刊，2013(1)：26-29.
14. 晁福林. 山海经与上古时代的“帝”观念[J]. 中国史研究，2016(2)：43-61.
15. 晁福林. 说殷卜辞中的“虹”[J]. 殷都学刊，2006(1)：1-14.
16. 陈惠江，达煌. 武安赵窑遗址发掘报告[J]. 考古学报，1992(3)：329-364，397-402.
17. 陈九金.《周易·乾卦》六龙与季节的关系[J]. 自然科学研究，1987(3)：206-212.
18. 陈久金. 关于岁星纪年若干问题[J]. 学术研究，1980(6)：82-87.
19. 陈久金. 论夏小正是十月太阳历[J]. 自然科学史研究，1982(4)：305-319.
20. 陈明辉. 裴李岗时期的文化与社会[D/OL]. 上海：复旦大学，2013[2023-03-22]. https://kns.cnki.net/kcms2/article/abstract?v=N6L1kuKE8iLRCtX4cLB7ByVh20Jca40O9chAbYRzPMBce4j-ghOm-xzFdyFcyqB37JmXULfckNpjphCtYpJEm16CzaAYcA3gFL8eIooNSunjVANoO2eGzw==&uniplatform=NZKPT&language=gb.

21. 陈小三. 试论镶嵌绿松石牌饰的起源[J]. 考古与文物，2013(5)：91-100.
22. 程琪龙. 认知语言学概论[M]. 上海：外语教学与研究出版社，2001.
23. 崔岩勤. 牛河梁红山文化遗址出土动物形玉器探析[J]. 赤峰学院学报，2017(5)：1-6.
24. 崔宗亮. 西水坡遗址仰韶时期墓葬研究[J]. 南方文化，2018(4)：233-239.
25. 笪浩波，瞿磊，王洪琪，杨力. 湖北保康穆林头遗址2017年第一次发掘[J]. 江汉考古，2019(1)：49-54.
26. 代玉彪，白九江. 重庆市巫山县大水田遗址大溪文化遗存发掘简报[J]. 考古，2017(1)：42-60.
27. 邓聪，张强禄，邓学文. 良渚文化玉器向南界限初探—珠江三角洲考古新发现的琮、镯、钺[J]. 南方文物，2019(2)：26-37.
28. 邓淑苹. 史前至夏时期“华西系玉器”研究(下)[J]. 中原文物，2022(2)：38-63.
29. 甸村. 辽宁牛河梁第五地点一号冢中心大墓(M1)发掘简报[J]. 文物，1997(8)：4-8+97+1.
30. 丁品，林金木，方忠华，陈武，陈庆盛，张学武，沈宁，李永嘉. 浙江余杭星桥后头山良渚文化墓地发掘简报[J]. 南方文物，2008(3)：29-49，28，封3.
31. 丁清贤，张相梅. 1988年河南濮阳西水坡遗址发掘简报[J]. 考古，1989(12)：1057-1066，1153-1154.
32. 丁山. 中国古代宗教与神话考[M]. 上海：上海书店出版社，2011.
33. 董家宁. 史前北斗信仰与猪神崇拜之关系初探[J]. 社会科学论坛，2013(8)：92-97.
34. 董作宾. 甲骨文断代研究例[M]. 北京：国立中央研究院历史语言研究所，1933.

35. 杜佳佳. 凌家滩玉器的考古学研究[D/OL]. 南京：南京师范大学[2023-03-22]. https://kreader.cnki.net/Kreader/CatalogViewPage.aspx?dbCode=cdmd&filename=1011400522.nh&tablename=CMFD2012&compose=&first=1&uid=WEEvREcwSlJHSldSdmVpaVVVQV RCdTROcmx0V3hMZ0NLSkJhaGVuSGo1ST0=$9A4hF_YAuvQ5obgVAqNKPCYcEjKensW4IQMovwHtwkF4VYPoHbKxJw!!
36. 杜金鹏. 关于大汶口文化与良渚文化的几个问题[J]. 考古，1992(10)：915-923.
37. 杜金鹏. 中国龙，华夏魂——试论偃师二里头遗址“龙文物”[M]. 杜金鹏，许宏，主编. 二里头遗址与二里头文化研究——中国·二里头遗址与二里头文化国际学术研讨会论文集. 北京：科学出版社，2006.
38. 杜战伟，韩斐. 论兴隆洼文化的分期与年代[J]. 考古，2019(3)：68-80.
39. 段宏振. 河北易县北福地史前遗址的发掘[J]. 考古，2005(7)：3-9.
40. 段天璟，高云逸. 左家山遗址出土“玉龙”的相关问题[J]. 边疆考古研究，2021(1)：131-145.
41. 范方芳，张居中. 从史前用龟现象看黄淮、江淮地区的文明化进程[J]. 中原文物，2008(4)：29-35.
42. 范方芳. 中国史前用龟现象研究[D/OL]. 中国科学技术大学博士学位论文，2008.
43. 范毓周. 河南巩义双槐树“河洛古国”遗址浅论[J]. 中原文化研究，2020(8)：15-20.
44. 方稚松. 殷墟卜辞中天象资料的整理与研究[D/OL]. 北京：首都师范大学，2004[2023-03-22]. https://kns.cnki.net/kcms2/article/abstract?v=N6L1kuKE8iK1QNUvskwCUZ6GmWO6qP6tpRk8tU57nwerGpvsZPqi7aoycqIYOR9i39jsUNDxUgaYZKzxccDUBslHVXa6wsrnUlBZJtyeGdq

ZQhlAHbVaMg==&uniplatform=NZKPT&language=gb.

45. 费玲伢. 新石器时代陶鼓的初步研究[J]. 考古学报，2009(3)：295-320.

46. 冯凭，吴长旗. 舞阳龟甲刻符初探[J]. 中原文物，2009(3)：51-58.

47. 冯时. 保训故事与地中之变迁[J]. 考古学报，2015(2)：129-156.

48. 冯时. 观象授时与文明的诞生[J]. 南方文物，2016(1)：1-6.

49. 冯时. 河南濮阳西水坡45号墓的天文学研究[J]. 文物，1990(3)：52-60.

50. 冯时. 红山文化三环石坛的天文学研究——兼论中国最早的圜丘与方丘[J]. 北方文物，1993(1)：9-17.

51. 冯时. 龙的来源——一个古老文化现象的考古学观察[J]. 濮阳职业技术学院学报，2011(5)：1-4+21.

52. 冯时. 律管吹灰与揆影定气——有关气的知识体系与时令传统[J]. 装饰，2015(4)：18-21.

53. 冯时. 试论中国文字的起源[J]. 四川文物，2008(03)：46-49.

54. 冯时. 星汉流年[M]. 成都：四川教育出版社，1996.

55. 冯时. 殷代农季与殷历历年[J]. 中国农史，1993(1)：72-83.

56. 冯时. 殷历岁首研究[J]. 考古学报，1990(1)：19-42.

57. 冯时. 中国天文考古学[M]. 北京：中国社会科学出版社，2001.

58. 冯时. 祖槷考[J]. 考古，2014(8)：81-96.

59. 冯时. 湖北秭归东门头石碑及相关问题研究[J]. 中原文物，2023(2)：37-51.

60. 冯时. 中国传统绳治思想考[J]. 中原文化研究，2023b(3)：13-22.

61. 傅斯年. 性命古训辩证[M]. 天津：天津人民出版社，1996：81.

62. 高江涛. 试析陶寺遗址的“毁墓”现象[J]. 三代考古，2017(1)：345-354.

63. 高天麟. 龙山文化陶寺类型农业发展状况初探[J]. 农业考古，1993

(3)：64-71.

64. 高炜，李健民 . 1978-1980 年山西襄汾陶寺墓地发掘简报[J]. 考古，1983(1)：30-42，100-103.
65. 葛兆光. 众妙之门——北极与太一、道、太极[J]. 中国文化，1990(2)：46-65.
66. 顾颉刚. 史林杂识初编 · 黄帝[M]. 北京：中华书局，1963.
67. 顾万发. 试论新砦陶器盖上的饕餮纹[J]. 华夏考古，2000(4)：76-82.
68. 瑰宝之韵——甘肃省博物馆馆藏精粹[J]. 发展，2011(1)：162-163.
69. 郭大顺. 文明发端 玉龙故乡[N]. 中国文物报，1993-01-31(4).
70. 郭静云. 夏商神龙祐王的信仰以及圣王神子观念[J]. 殷都学刊，2008(1)：1-11.
71. 郭明建，王刚，邱振威. 河北康保兴隆遗址发现旧石器末期至新石器早中期遗存[N/OL]. 中国文物报，2019-10-12. http://www.ccrnews.com.cn/index.php/Index/content/id/70594.html
72. 郭明建. 中国北方农业起源研究的理论和实践[J]. 华夏考古，2012(1)：134-142.
73. 郭沫若. 管子集校，郭沫若全集历史编 6[ ]M]. 北京：人民文学出版社，1982.
74. 郭沫若. 郭沫若全集考古编卷 2[M]. 北京：科学出版社，1983：388.
75. 郭沫若. 甲骨文合集[M]. 北京：中华书局，1999.
76. 郭沫若. 中国史稿 2[M]. 北京：人民出版社，1976.
77. 郭伟民. 一体化，还是多样性？——长江中游新石器文化进程反思[J]. 江汉考古，2021(6)：79-89.
78. 韩高年，陈凡. 马家窑彩陶鸟纹东来与东夷昊族神话西进[J]. 西北民族研究，2022(1)：25-38.

79. 韩建业. 试论跨湖桥文化的来源和对外影响[J]. 东南文化，2010(6)：62-66.

80. 何德亮. 山东史前乐器初探[J]. 中原文物，2003(4)：14-23.

81. 何介钧. 长江中游新石器时代文化[M]. 季羡林，主编. 武汉：湖北教育出版社，2004.

82. 何驽. 从宇宙观考古看中国文明形成[J]. 三代考古，2015(6)：3-46.

83. 何驽. 二里头绿松石龙牌、铜牌与夏禹、萬舞的关系[J]. 中原文化研究，2018(4)：31-39.

84. 何驽. 山西襄汾陶寺城址中期王级大墓 IIM22 出土漆杆“圭尺”功能试探[J]. 自然科学史研究，2009(3)：261-276.

85. 何驽. 中国史前奴隶社会考古标识的认识[J]. 南方文物，2017(2)：1-25.

86. 何钦法，罗仁林. 钱粮湖坟山堡新石器时代遗址试掘报告[J]. 湖南考古辑刊，1994(1)：17-33+4-5.

87. 贺刚，向开旺. 湖南黔阳高庙遗址发掘简报[J]. 文物，2000(4)：4-23.

88. 贺俊. 试论二里头文化的铜圆形器[J]. 文物春秋，2018(5)：11-17.

89. 黑龙江省博物馆. 北方特有玉器——三联玉璧[N]. 黑龙江日报，2017-08-10(6).

90. 胡厚宣. 殷卜辞中的上帝和王帝(上)[J]. 历史研究，1959a(9)：23-50.

91. 胡厚宣. 殷卜辞中的上帝和王帝(下)[J]. 历史研究，1959b(10)：89-110.

92. 湖北省文物考古研究所. 石家河遗址 2015 年发掘的主要收获[J]. 江汉考古，2016(2)：36-43.

93. 湖南考古所 . 2019—2020 年度泸溪下湾动物骨骼遗存整理顺利收官

[EB/OL]. (2020-1-14)[2020-1-20]. http://www.hnkgs.com/show_news.aspx? id=2315.

94. 黄华新. 认知科学视域中隐喻的表达与理解[J]. 中国社会科学, 2020(5): 48-64.

95. 黄洁. 国外认知语言学研究的最新动态[J]. 现代外语, 2012(2): 87-94.

96. 吉成名. 查海龙纹陶体和龙形堆塑研究[J]. 辽宁师范大学学报(社科版), 1998(3): 86-88.

97. 贾汉清. 从顾家坡墓地的发掘看史前时代文化交叉地带的部落冲突[J]. 华夏考古, 2004(4): 77-86, 96.

98. 贾洪波. 爵用平议——兼与《青铜爵的功用、造型及其与商文化的关系》一文商榷[J]. 江汉考古, 2003(1): 52-58.

99. 江章华, 王毅, 张擎. 成都平原先秦文化初论[J]. 考古学报, 2002(1): 1-22.

100. 姜亮夫. 楚辞学论文集・九歌解题[M]. 上海: 上海古籍出版社, 1984: 274-276.

101. 蒋洪力. 正午日形迹的天文学原理和时空分布规律[J]. 地理教学, 2016(7): 23-28.

102. 蒋立甫. 诗经中"天""帝"名义述考[J]. 安徽师大学报(人文社科版), 1995(4): 434-440, 474.

103. 金家广, 徐浩生. 浅议徐水南庄头新石器时代早期遗存[J]. 考古, 1992(11): 1018-1022.

104. 荆州地区博物馆、北京大学考古学系. 天门邓家湾遗址1987年春发掘简报[J]. 江汉考古, 1993(1): 1-13+50+97-98.

105. 考夫曼. 存在主义[M]. 陈鼓应, 孟祥森, 译. 北京: 商务印书馆, 1987.

106. 孔德. 论实证精神[M]. 黄建华译. 北京: 商务印书馆, 1996.

107. 孔庆典. 十世纪前中国纪历文化源流[D/OL]. 上海: 上海交通大

学，2009：214[2023-03-22]. https://kns.cnki.net/kcms2/article/abstract?v=N6L1kuKE8iLtVQkUSZlNFYmapicC-SwaLs7koRBBOv9ifqF3PNutEAkqdqgS8nCaOdi89uoevGd0LFC5PcCq9C9YNhkWXuNBAqEqasVCjBNBr3EUTTDVsg==&uniplatform=NZKPT&language=gb.

108. 兰廷成，赵大川. 钱塘江流域新石器时代驯猪研究——上山文化篇[J]. 猪业科学，2019(3)：126-128.

109. 李安. 郑州市文物考古研究院院长顾万发在发布会上介绍双槐树遗址[EB/OL]. (2020-5-15)[2020-5-20]. https://www.sohu.com/a/395260486_584699

110. 李炳海. 蛇：参与神灵形象整合的活性因子[J]. 文艺研究，2004(1)：81-89.

111. 李炳武，吴镇烽. 陕西珍贵文物集成[M]. 西安：陕西人民教育出版社，1999.

112. 李伯谦. 从中国文明化历程研究看国家起源的若干理论问题[J]. 中原文化研究，2016(1)：5-9.

113. 李伯谦. 文化因素分析法[N]. 中国文物报，1988-11-04.

114. 李宸. 大酋长之墓[J]. 考古，2015(4)：118-122.

115. 李存信. 二里头绿松石龙形器的清理与仿制复原[J]. 中原文物，2006(4)：92-96，封2，封3.

116. 李丹阳. 伏羲女娲形象流变考[J]. 故宫博物院院刊，2011(2)：140-155.

117. 李恭笃. 昭乌达盟石棚山考古新发现[J]. 文物，1982(3)：31-36，98.

118. 李国斌. 历法源于7000年前的湖南高庙文化[N]. 湖南日报，2017-03-24(5).

119. 李宏飞. 二里头文化第四期晚段遗存年代下限的探讨[J]. 考古，2018(11)：82-91.

120. 李冀宏，杨玉娟. 认知域与名词的可数性[J]. 外语教学，2008

(4)：43-46.

121. 李来玉. 思考中前行的中国考古学. 中国考古网，2017-01-13. http://www.kaogu.cn/zixun/kaoguxueluntan__2016zhongguok-aoguxin-faxian/20170113/56815.html

122. 李少龙. 青铜爵的功用、造型及其与商文化的关系[J]. 南开学报，1999(1)：77-83.

123. 李绍明. 三星堆出土青铜虎形牌饰[J]. 西南民族大学学报(人文社科版)，2008(3)：88-89.

124. 李维宝，陈久金. 滇南十月历文献《天文历法史》的发掘和研究[M]. 中国科技史料，1990(4)：12-19.

125. 李维宝，陈久金. 十月历、十八月历与阴阳五行[J]. 天文研究与技术，2019(2)：249-252.

126. 李维保. 彝族十月历新证[J]. 云南天文台台刊，1996(1)：194.

127. 李维明. 二里头遗址二里头文化一期遗存试析[J]. 中国历史文物，2009(1)：25-36.

128. 李小强. 农业的起源、传播与影响[J]. 人类学学报，2022(6)：1097-1108.

129. 李晓璇. 德运、天时与西汉时期的太一祭祀[J]. 中国文化研究，2022(3)：108-124.

130. 李新伟. 红山文化玉器内涵的新认识[J]. 中原文物，2021a(1)：96-104.

131. 李新伟. 良渚文化"神人兽面"图像的内涵及演变[J]. 文物，2021b(6)：51-61.

132. 李新伟. 仰韶文化庙底沟类型彩陶的"对鸟"主题[J]. 中原文物，2021c(5)：86-94.

133. 李新伟. 仰韶文化庙底沟类型彩陶的鱼鸟组合图像[J]. 考古，2021d(8)：71-81.

134. 李新伟. 中国史前社会上层远距离交流网的形成[J]. 文物，2015

(4)：51-58.

135. 李新伟. 中国史前陶器图像反映的“天极”观念[J]. 中原文物，2020(3)：81-93.

136. 李新伟. 中国史前玉器反映的宇宙观[J]. 东南文化，2004(3)：66-72.

137. 李学勤. 论二里头文化的饕餮纹铜饰[N]. 中国文物报，1991-10-20.

138. 李学勤. 西水坡“龙虎墓”与四象起源[J]. 中国社会科学院研究生院学报，1988(5)75-78.

139. 李永强，陈星灿，顾万发，黄富成，秦超超，胡亚毅. 河南新郑裴李岗遗址2018-2019年发掘[J]. 考古学报2020(4)：521-546.

140. 李友媒. 裴李岗遗址一九七八年发掘简报[J]. 考古，1979(3)：197-205.

141. 李泽厚. 历史本体论·己卯五说[M]. 北京：三联书店，2008.

142. 李醒民. 隐喻：科学概念变革的助产士[J]. 自然辩证法通讯，2004(1)，22-28.

143. 厉声. 先秦国家形态与疆域、四土刍见[J]. 中国边疆史地研究，2006(3)：1-8.

144. 辽宁文物考古研究所. 辽宁阜新县查海遗址1987—1990年三次发掘[J]. 文物，1994(11)：4-19.

145. 林继来. 从妇好墓出土玉器身上的⊕刻符谈起[M]. 杨建芳师生古玉研究会编，玉文化论丛(1)系列. 北京：文物出版社，2006.

146. 刘斌. 神巫的世界——良渚文化综论[M]. 杭州：浙江摄影出版社，2007.

147. 刘海静. “正朔”考[J]. 河南图书馆学刊，2020(8)：138-140.

148. 刘朝阳. 从天文历法推测尧典之编成年代[M]. 李鉴澄等，中国天文学史论文选. 郑州：大众出版社，2000.

149. 刘国祥. 巴林右旗史前玉器的发现及重要意义[N]. 中国文物报，

2011-07-22(7).

150. 刘国祥. 红山文化与西辽河流域文明起源的模式与特点[J]. 内蒙古文物考古，2010(1)：43-51.

151. 刘国祥. 牛河梁玉器初步研究. 文物，2000(6)：74-85.

152. 刘国祥. 兴隆沟遗址第一地点发掘回顾与思考[J]. 内蒙古文物考古，2006(2)：8-15.

153. 刘国祥. 兴隆洼文化居室葬俗再认识[J]. 华夏考古，2003(1)：43-51.

154. 刘辉，赵军，廖华云. 湖北松滋关洲遗址城背溪文化遗存发掘简报[J]. 江汉考古，2021(5)：18-49，17.

155. 刘军，刘威，钟锐钧，赵明. 武汉夫妻生死劫：丈夫蹭妻子病房幸存 6 位朋友去世[N/OL]. 南方都市报，2020-2-14[2020-2-20]. https://news.southcn.com/node_cde6f9580c/70421af950.shtml

156. 刘青. 甲骨卜辞神话资料[M]. 昆明：云南人民出版社，2008.

157. 刘文英. “易”的抽象和“易”的秘密[J]. 天府新论，1988(4)：43-49.

158. 刘尧汉. 文明中国的彝族十月历[M]. 昆明：云南人民出版社，1986.

159. 柳春诚. 浅谈青海古代“太阳”崇拜[J]. 青海民族研究，2006(2)：154-158.

160. 陆思贤，李迪. 天文考古通论[M]. 北京：紫禁城出版社，2005.

161. 栾丰实. 牙璧研究[J]. 文物，2005(7)：69-81.

162. 罗运兵，张居中. 河南舞阳县贾湖遗址出土猪骨的再研究[J]. 考古与科技，2008(1)：90-96.

163. 吕宇斐，孙周勇，邵晶. 石峁城址外城东门的天文考古学研究[J]. 考古与文物，2019(1)：46-55.

164. 吕宇斐. 东亚文明与中美洲文明天文考古录[J]. 中国文化，2016(2)：75-105.

165. 马俊才，闫海涛，王凤剑，任潇，冯晓波，张明哲，程永刚. 河南南阳市黄山新石器时代遗址[J]. 考古，2022(10)：42-60.
166. 马明志. 石峁遗址文化环境初步分析[J]. 中华文化论坛，2019(6)：31-44.
167. 穆东旭. 区域交流影响下的文化趋同与社会发展——东山村遗址崧泽文化墓葬的启示[J]. 东南文化，2018(3)：70-79.
168. 聂鸿音，黄振华. 岁星纪年十二次名义考[J]. 中国历史文物，2003(4)：57-60+64.
169. 聂鸿音，黄振华. 岁阴岁阳名义考[J]. 燕京学报，1999(6)：189-200.
170. 庞朴. "火历"初探[J]. 社会科学战线，1978(4)：131-137.
171. 庞朴. "火历"三探[J]. 文史哲，1984(1)：21-29.
172. 彭元江. 三星堆青铜树"一龙·九鸟·十二果"析[J]. 文史杂志，2011(1)：4-6.
173. 普晋，普忠良. 从彝语 gw^{55} 看彝族鸿雁鹤鹰系鸟崇拜文化[J]. 民族语文，2021(6)：79-87.
174. 钱益汇. 山东平阴县周河遗址大汶口文化墓葬的发掘[J]. 考古，2014(3)：3-12.
175. 秦存誉. 裴李岗文化墓葬及相关问题的再认识[J]. 南方文物，2021(2)：209-218.
176. 秦广忱. 乾卦"六龙季"(续)[J]. 周易研究，1991(4)：58-67.
177. 秦小丽. 中原国家形成进程中的南方文化因素[J]. 考古与文物，2020(5)：57-64.
178. 青海省文物管理处考古队. 青海柳湾[M]. 北京：文物出版社，1984.
179. 青铜时代早期玉器巅峰——石家河文化玉器鉴赏之玉人头像[EB/OL]. (2018-8-26)[2019-10-12]. http://www.wwjie.com/heti-anyu/3142.html

180. 清华大学出土文献研究与保护中心. 清华大学藏战国竹简《保训》释文[J]. 文物，2009(6)：73-75，F0002.

181. 曲风. 图腾：古代神话还是现代神话?[J] 河池学院学报，2004(3)：7-14.

182. 曲艳丽，刘景文. 吉林省出土玉器概述[J]. 北方文物，2014(2)：46-48.

183. 饶宗颐. 西南文化创世纪：殷代陇蜀部族地理与三星堆、金沙文化[M]. 上海：上海古籍出版社，2010.

184. 饶宗颐. 殷卜辞所见星象与参商、龙虎、二十八宿诸问题[M]. 张永山，编. 胡厚宣先生纪念文集，科学出版社，1998.

185. 任国杰. 童子问易[M]. 北京：人民出版社，2013.

186. 山东省文物管理处，济南市博物馆. 大汶口：新石器时代墓葬发掘报告[M]. 北京：文物出版社，1974.

187. 邵国田. 中国百年百大考古发现：兴隆洼遗址的发现、发掘与研究历程[J]. 赤峰学院学报(汉文哲学社会科学版)，2022(3)：10-19.

188. 邵晶. 论石峁文化与后石家河文化的远程交流——从牙璋、鹰笄、虎头等玉器说起[J]. 中原文物，2021(3)：59-66.

189. 邵晶. 石峁遗址与陶寺遗址的比较研究[J]. 考古，2020(5)：65-77.

190. 石兴邦. 有关马家窑文化的一些问题[J]. 考古，1962(6)：318-329.

191. 宋艳波. 海岱地区新石器时代的动物考古学研究[D/OL]. 济南：山东大学，2012[2023-03-22]. https://kns.cnki.net/kcms2/article/abstract?v=N6L1kuKE8iITuiumHBEENxsWy6WE0zSuPbQHunghC5efWIEwDbdi1invEZgeo2WIYQ5HHbrDlGpprGynZvA4mgobYaphTtsBCHq8w55xKYyoPTlK42Ep2A==&uniplatform=NZKPT&language=gb

192. 苏秉琦，殷玮璋. 地层学与器物形态学[J]. 文物，1982(4)：1-7.

193. 孙丹. 略论史前时期黄、淮河流域随葬猪下颌骨习俗[J]. 考古，

2017(10)：78-89.

194. 孙丹. 试论史前时期长江流域随葬猪下颌骨习俗[J]. 东南文化，2018(3)：62-69.

195. 孙国平，黄渭金，郑云飞，刘志远，徐志清，渠开营，张海真，李永嘉，许慈波. 浙江余姚田螺山新石器时代遗址2004年发掘简报[J]. 文物，2007(11)：4-24，73.

196. 孙华，黎婉欣. 中国上古太阳鸟神话的起源与发展——从古蜀文化太阳崇拜相关文物说起[J]. 南方文物，2022(1)：1-13.

197. 孙机. 蜷体玉龙[J]. 文物，2001(3)：69-76.

198. 孙守道，郭大顺，辛占山等. 牛河梁红山文化第二地点一号冢石棺墓的发掘[J]. 文化，2008(10)：15-33.

199. 孙闻博. "二重证据法"与王国维的史学实践[J]. 中国史研究动态，2022(2)：63-69.

200. 孙小淳，何驽，徐凤先，高江涛，黎耕. 中国古代遗址的天文考古调查报告[J]. 中国科技史杂志，2010(4)：384-406.

201. 孙永刚. 西辽河上游地区新石器时代至早期青铜时代经济形态研究综述[J]. 赤峰学院学报(汉文哲学社会科学版)，2014(10)：8-11.

202. 索秀芬，李少兵. 辽西地区新石器时代动物遗存[J]. 草原文物，2013(1)：43-49.

203. 施爱东. 龙与图腾的耦合：学术救亡的知识生产[J]. 民族艺术，2011(4)：6-23.

204. 唐际根. "祭祀坑"还是"灭国坑"：三星堆考古背后的观点博弈[J]. 美成在久，2021(3)：6-25.

205. 陶洋，张德伟，周伟. 湖北荆门市屈家岭遗址2015—2017年发掘简报[J]. 考古，2019(3)：15-16+126+17-32+2.

206. 特纳. 戏剧，场景及隐喻：人类社会的象征性行为[M]. 刘珩，石毅译. 北京：民族出版社，2007.

207. 田广林. 中国北方西辽河地区的文明起源[D/OL]. 东北师范大学

博士学位论文，2003[2023-4-28]. https://kns.cnki.net/kcms2/article/abstract?v = kWsdmM7l6rddak888yMeXVkgxqtFSgu6NVLVsmPFXddgwGzVtAo0ng9RxJtUrfC1ocXLA7w12VuRB252rjoY9ZwR576WBvpT6muXPOkX3EjBX-sQGtBwVA = = &uniplatform = NZKPT&language = gb

208. 田名利. 凌家滩墓地玉器渊源探寻[J]. 东南文化，1999(5)：18-29，4.

209. 田小冬，孙永刚. 红山文化彩陶勾旋纹初步研究[J]. 赤峰学院学报(汉文哲学社科版)，2018(3)：20-23.

210. 田小娟. 文物里的猪[J]. 文物天地，2019(2)：14-17.

211. 万建辉. 三星堆和盘龙城保持着紧密联系[N]. 长江日报，2021-3-22(5).

212. 王丁，桂娟，双瑞. "河洛古国"掀起盖头，黄帝时代的都邑找到了？[J]. 决策探索(上)，2020(6)：44-48.

213. 王冬力，李维涛，张靖. 论小河西文化陶鼓[J]. 吉林师范大学学报(人文社会科学版)，2018(1)：22-34.

214. 王国维. 观堂集林[M]. 北京：中华书局，2006.

215. 王宏伟. 指甲盖大小为何是"江南第一龙"？新华报业网，2019-11-14. http://news.xhby.net/js/wh/201911/t20191114_6404140.shtml

216. 王杰，陈超，朱乃诚. 湖北枝江县关庙山新石器时代遗址发掘简报[J]. 考古，1981(5)：289-297，385-386.

217. 王劲. 屈家岭文化溯源辩[J]. 江汉考古，2010(4)：63-75.

218. 王纪潮. 图腾的幻象[J]. 博览群书，2003(2)：26-33.

219. 王璐. 吉林左家山遗址30年前出土"龙"30年后又现"凤"[N/OL]. 吉和网—东亚经贸新闻，2015-11-12. http://www.kaogu.cn/cn/xccz/20151112/51979.html

220. 王鹏. 论勾云形器的艺术造型与思想内涵[J]. 北方文物，2020(3)：104-112.

221. 王苹，刘国祥. 从考古发现看辽西地区龙的起源[J]. 四川文物，

2014(6)：29-31.
222. 王青，李慧竹. 国外所藏五件镶嵌铜牌饰的初步认识[J]. 华夏考古，2007(1)：88-93.
223. 王仁湘. 关于史前中国一个认知体系的猜想[J]. 华夏考古，1999(4)：32-57.
224. 王仁湘. 良渚文化四神新体系猜想[J]. 南方文物，2021(1)：223-226.
225. 王仁湘. 史前中国的艺术浪潮——庙底沟文化彩陶研究[M]. 北京：文物出版社，2011.
226. 王仁湘. 四正与四维：考古所见中国早期两大方位系统[J]. 四川文物，2011(5)：36-46.
227. 王仁湘. 新石器时代葬猪的宗教意义[J]. 文物，1981(2)：79-85.
228. 王仁湘. 中国彩陶文化起源新论[J]. 四川文物，2017(3)：28-34.
229. 王仁湘. 宗函：龟甲之变[J]. 南方文物，2020(5)：272-275.
230. 王圣志，任卓如. 河南苏羊遗址发现距今 5000 年前后多元文化交流重要实证[N]. 长沙晚报，2021-12-19(4).
231. 王炜林，张鹏程，袁明，张伟，郭小宁，马明志，李明，丁岩，孙伟刚，王东，刘思哲，刘君幸，张明惠. 陕西高陵杨官寨遗址发掘简报[J]. 考古与文物，2011(6)：16-32.
232. 王炜林. 庙底沟文化与璧的起源[J]. 考古与文物，2015(6)：30-34.
233. 王文斌，崔靓. 语言符号和修辞的多样性和民族性[J]. 当代修辞学，2019(1)：43-54.
234. 王莹. 商至西周前期青铜器龙纹研究[D/OL]. 济南：山东大学，2009[2023-04-22]. https://kns.cnki.net/kcms2/article/abstract?v=N6L1kuKE8iLO2gWwdCNlg2V7oBUotPHo86TNhopLX5LHrsS0nTxoSb2hG7qwG8d62pwK0Hylxszq9LeJJ8RdlhrIsYH9yn6P9ojOSw7x6048zX7LOjbgxA==&uniplatform=NZKPT&language=gb.

235. 王永炎，张启明，赵宜军. 太极图反映了自然界最基本的周期运动——简谐振动[J]. 自然杂志，2009(2)：69-72.
236. 王育成. 含山玉龟及玉片八角形来源考[J]. 文物，1992(1)：56-61.
237. 韦兵. 道教与北斗生杀观念[J]. 宗教学研究，2005(2)：135-139.
238. 魏陈斌. 凌家滩玉龟玉版钻孔与二十八宿[J]. 巢湖学院学报，2018(1)：1-7.
239. 闻一多. 伏羲考[M]. 上海：上海古籍出版社，2006.
240. 巫白慧. 印度哲学[M]. 北京：东方出版社，2000：28.
241. 吴国盛. 迷人的哥白尼[J]. 读书，2021(4)：1-9.
242. 吴晓松. 湖北黄冈螺蛳山遗址墓葬[J]. 考古学报，1987(3)：339-358，399-406.
243. 悟无误. 中国古代观星授时发端发展和发现发明[EB/OL](2022-2-15)[2022-10-10]. https://zhuanlan.zhihu.com/p/467886238
244. 西乡旅游. 我县启动2019年田野文物安全巡查专项行动[EB/OL](2019-2-22)[2019-3-25]. https://www.sohu.com/a/296733074_726731.
245. 夏宏茹，高江涛. 试析陶寺墓地随葬猪下颌骨现象[J]. 中原文物，2022(5)：52-60.
246. 萧兵. 万舞的民俗研究：兼释《诗经》《楚辞》有关疑义[J]. 辽宁师范大学学报(社会科学版)，1979(5)：37-44.
247. 谢飞，周云. 河北阳原县姜家梁新石器时代遗址的发掘[J]. 考古，2001(2)：13-27.
248. 谢爱华. 复杂系统的隐喻描述与模型描述[J]. 自然辩证法研究，2005(11)：16-19.
249. 邢文. 保训之“中”与天数“五”[J]. 清华大学学报(哲学社会科学版)，2011(2)：57-64.
250. 熊增珑，樊圣英，吴炎亮，李松海，辛宇，高铁. 辽宁朝阳市半拉山红山文化墓地的发掘[J]. 考古，2017(2)：3-34.
251. 熊增珑，叶晓红，樊圣英，辽宁朝阳半拉山墓地出土玉璧研究[J]. 文物，2020(3)：82-91.
252. 许宏. 最早的中国[M]. 北京：科学出版社，2009.
253. 薛志强. 关于红山文化玉雕龙造型的考证[J]. 辽宁师范大学学报(社会科学版)，2007(5)：117-122.
254. 薛志强. 论兴隆洼文化在中国文明起源中的地位与作用[J]. 大连大学学报，2008(5)：11-15.
255. 薛志强. 中国东北西辽河地区“龙”起源的几个问题[J]. 东疆学刊，2012(2)：25-30.
256. 严文明. 甘肃彩陶的源流[J]. 文物，1978(10)：62-76.
257. 严文明. 论庙底沟仰韶文化的分期[M]. 仰韶文化研究，文物出版社，1989.
258. 严文明. 中国古代的陶支脚[J]. 考古，1982(6)：622-629.
259. 严文明. 中国文明起源的探索[J]. 中原文物，1996(1)：10-16.
260. 言明. 关于濮阳西水坡遗址发掘简报及其有关的两篇文章中若干问题的商榷[J]. 华夏考古，1988(4)：50-70.
261. 杨晶. 大汶口文化的骨牙“雕筒”[J]. 故宫博物院刊，2003(1)：50-61.
262. 杨权喜. 长江三峡工程坝区白狮湾遗址发掘简报[J]. 江汉考古，1999(1)：1-10.
263. 叶舒宪. 二里头铜牌饰与夏代神话研究[J]. 民族艺术，2008(4)：86-95.
264. 叶舒宪. 中国神话哲学[M]. 北京：中国社会科学出版社，1992.
265. 叶万松，李德方. 堰师二里头遗址兽纹铜牌考识[J]. 考古与文物，2001(5)：40-48.
266. 叶祥奎，张居中. 河南舞阳县贾湖遗址中的龟鳖类[J]. 人类学学报，1994(1)：32-38，96.

267. 佚名. 国宝“故事会”读懂南京城[N/OL]. 荔枝新闻, 2019-10-13. news. jstv. com/a/20191013/157096048962. shtml
268. 佚名. 湖南泸溪下湾遗址发掘获多项重要成果. [EB/OL]. 中国文物信息网, 2018-4-4. http://www.kaogu.cn/cn/xccz/20180404/61568.html
269. 佚名. 金沙遗址祭台对着天上星? [N/OL]. 成都商报, 2009-07-18. https://e.cdsb.com/html/2021-10/20/content_714647.htm
270. 佚名. 石破天惊 石峁古城[N/OL]. 石峁遗址国际学术研讨会讨论组发言节选. 神木新闻网, 2016-8-23. http://www. sxsm. com. cn/news/diyitoutiao/201608/t20160823_181502.html
271. 尹检顺. 湖南桂阳千家坪新石器时代遗址考古发掘简报[J]. 湖南考古辑刊, 2020: 1-15+15+17-36+324-336.
272. 尹检顺. 泸溪下湾遗址整理简介. 湖南考古网, 2021-12-6. http://www.hnkgs.com/show_news.aspx? id=2730
273. 尤含悦. 浙江史前文物中的鸟形纹样初探[J]. 美术大观, 2018(1): 90-91.
274. 于省吾. 甲骨文释林[M]. 北京: 中华书局, 1979.
275. 郁金城, 王武钰. 北京平谷上宅新石器时代遗址发掘简报[J]. 文物, 1989(8): 1-8, 16+98-99.
276. 约翰·安德鲁. 认知心理学及其启示[M]. 秦裕林, 译. 北京: 人民邮电出版社, 2012.
277. 张弛. 不变的信仰与竞争的社会——兴隆洼—红山文化雕塑的题材及展演形式[J]. 文物, 2022(7): 46-61.
278. 张丛博, 鲍弥佳. 中国最早的“北斗九星”遗迹在郑州[N/OL. 大河客户端, 2020-08-03. https://baijiahao.baidu.com/s?id=1673989901889364201&wfr=spider&for=pc
279. 张多. 本土化与泛化: 图腾学说引进中国的知识考古[J]. 民俗研究, 2023(3): 18-26.
280. 张得水. 新石器时代典型巫师墓剖析[J]. 中原文物, 1998(4):

28-35.

281. 张法. 鼍·鼍·夔：鼓在中国远古仪式之初的演进和地位[J]. 杭州师范大学学报(社科版)，2016(3)：1-10.

282. 张光直. 古代中国考古学[M]. 沈阳：辽宁教育出版社，2002a(第五章).

283. 张光直. 美术、神话与祭祀[M]. 郭净，译. 沈阳：辽宁教育出版社，2002b：110.

284. 张光直. 濮阳三蹻与中国古代美术上的人兽母题[J]. 文物，1988(11)：36-39.

285. 张光直. 中国青铜时代[M]. 北京：三联书店，1999.

286. 张居中，赵嫚. 舞阳贾湖遗址骨制叉形器的制作、使用与传播初探[J]. 南方文物，2015(4)：139-145.

287. 张居中. 中华礼乐文明的因素已在9000年前的贾湖萌芽[N/OL]. 文汇报，2022-12-18[2022-12-20]. https://www.whb.cn/zhuzhan/jtxw/20221216/500404.html

288. 张朋川. 中国彩陶图谱[M]. 北京：文物出版社，1990.

289. 张闻玉. 古代天文历法论集[M]. 贵阳：贵州人民出版社，1995.

290. 张星德，李能交. 辽西地区史前鸟形象作品的考古学观察与研究[J]. 北方文物，2020(1)：38-47.

291. 张绪球，何德珍，王运新，王宏，朱江松，刘昌银，孟世和，柳勇，熊学斌，周文，代修正，王福英，肖玉军. 钟祥六合遗址[J]. 江汉考古，1987(2)：1-31，101-102+106-107.

292. 张学海，李玉亭. 大汶口文化的新发现[J]. 华夏考古，2009(4)：59-62，77.

293. 张应桥. 试论汉墓壁画中的猪首怪人[J]. 文博，2009(4)：21-25.

294. 张远山. 饕餮纹角部面部解密：两龙纹[J]. 社会科学论坛，2019(5)：4-27.

295. 张远山. 陶器之道，开天辟地(下)[J]. 社会科学论坛，2014(4)：

4-34.
296. 张云鹏，王劲. 湖北石家河罗家柏岭新时期时代遗址[J]. 考古学报，1994(2)：191-229.
297. 张忠培. 窥探凌家滩墓地[J]. 文物，2000(9)：55-63，1.
298. 赵柏熹，郭静云. 从新石器到国家时代长江中游礼器所见“四方”观念刍议[J]. 人文论丛，2019(2)：128-141.
299. 赵宾福. 兴隆洼文化的类型、分期与聚落结构研究[J]. 考古与文物，2006(1)：25-31.
300. 赵殿增. 从古城址特征看宝墩文化来源——兼谈“三星堆一期文化”与“宝墩文化”的关系[J]. 四川文物，2021(1)：63-76.
301. 赵殿增. 三星堆考古新发现与古蜀文明新认识[J]. 四川文物，2017(1)：68-75.
302. 赵海涛，许宏. 中华文明总进程的核心与引领者：二里头文化的历史位置[J]. 南方文物，2019(2)：57-67.
303. 赵李娜. 甘青地区史前陶器“太阳—鸟”形象之文化人类学意义[J]. 西北民族研究，2012a(4)：186-192，185.
304. 赵李娜. 史前海岱社会太阳崇信观念之演进历程及文化人类学意义[J]. 管子学刊，2012b(4)：62-71.
305. 赵永恒，李勇. 二十八宿的形成与演变[J]. 中国科技史杂志，2009(1)：110-119.
306. 赵志军. 探寻中国北方旱作农业起源的新线索[N]. 中国文物报，2004-11-12(7).
307. 赵志军. 中国古代农业的形成过程—浮选出土植物遗存证据[J]. 第四纪研究，2014(1)：73-84.
308. 浙江省文物考古研究所. 浙江嘉兴南河浜遗址发掘简报[J]. 文物，2005(6)：4-15.
309. 郑若葵. 长江中游地区史前农业文化与古苗蛮文化关系初探[J]. 华夏考古，2000(2)：74-80.

310. 郑文光. 中国天文学源流[M]. 北京：科学出版社，1979：30-31.
311. 中国社会科学院考古研究所，山西工作队临汾地区文化局. 陶寺城址发现陶寺文化中期墓葬[J]. 考古，2003(9)：3-6.
312. 中国社会科学院考古研究所二里头工作队 . 1987 年堰师二里头遗址墓葬发掘简报[J]. 考古，1992(4)：294-303.
313. 钟书能. 汉英认知域的标记形式研究[J]. 外国语，2012(5)：35-45.
314. 钟雪. 试析陕西延安芦山峁遗址出土玉器[J]. 北方文物，2020(5)：36-44.
315. 周本雄. 山东兖州王因新石器时代遗址中的扬子鳄遗骸[J]. 考古学报 1982(2)：251-260，283-284.
316. 周及徐. 华夏古"帝"考[J]. 中国文化研究，2007.
317. 朱达，吕学明. 辽宁牛河梁第二地点四号冢筒形器墓的发掘[J]. 文物，1997(8)：15-19，98.
318. 朱达. 辽宁牛河梁第二地点一号冢 21 号墓发掘简报[J]. 文物，1997(8)：9-14+100+2.
319. 朱凤瀚. 近百年来的殷墟甲骨文研究[J]. 历史研究，1997(1)：115-139.
320. 朱凤瀚. 商周时期的天神崇拜[J]. 中国社会科学，1993(4)：191-211.
321. 朱乃诚. 二里头文化"龙"遗存研究[J]. 中原文物，2006(4)：15-21，38.
322. 朱乃诚. 论红山文化玉兽面玦形饰的渊源[J]. 文物，2011(2)：47-54.
323. 朱乃诚. 论肖家屋脊玉盘龙的年代及有关问题[J]. 文物，2008(7)：55-60.
324. 朱乃诚. 夏商时期玉虎的渊源与流变[J]. 中原文物，2019(2)：44-55.

325. 朱乃诚. 炎黄时代的图腾与龙及中华龙文化的起源与形成[J]. 信阳师范学院学报(哲学社会科学版), 2019(5): 71-85.

326. [法] 福柯. 词与物—人文科学考古学[M]. 莫伟民, 译. 北京: 三联书店, 2002.

外语文献

1. A. Goldenweiser. Totemism: An Analytical Study [J]. *Journal of American Folklore*, 1910 (23): 179-293.

2. Adam Kuper. Culture: The Anthropologists' Account [M]. Cambridge: Harvard University Press, 1999.

3. Albert Atkin. Peirce's Theory of Signs [M/OL]. Edward N. Zalta, ed. The Stanford Encyclopedia of Philosophy, 2013. https://plato.stanford.edu/archives/sum2013/entries/peirce-semiotics/>.

4. Andrew Lang. *Mythology* [M]. Spencer Baynes, ed. Encyclopedia Britannica. Edinburgh: Adam and Charles Black, 1884.

5. Antonio Gramsci. *Selections from the Prison Notebooks of Antonio Gramsci* [M]. Quintin Hoare, Geoffrey Nowell Smith, ed. N. Y.: International Publishers, 1971.

6. B. M. De Waal. Anthropomorphism and anthropodenial: Consistency in our thinking about humans and other animals [J]. *Philosophical Topics*, 1999 (27): 255-280.

7. Branislav Andelkovic. *Political Organization of Egypt in the Predynastic Period* [M]. Emily Teeter, ed. Before the Pyramids. Chicago: Oriental Institute of the University of Chicago, 2011. 25-32. 31.

8. Brent Berlin & Paul Kay. *Basic Color Terms: Their Universality and Evolution* [M]. L. A.: University of California Press, 1969.

9. Bronislaw Malinowski. *Magic, Science and Religion and Other Essays* [M]. Glencoe, Illinois: The Free Press, 1948.

10. Bronislaw Malinowski. *The Sexual Life of Savages in North-Western*

Melanesia [M]. Beacon Press, 1987.

11. Carl Roebuck. *The World of Ancient Times* [M]. New York: Charles Scribner's Sons Publishers, 1966.

12. CC. Wang et al. Genomic insights into the formation of human populations in East Asia [J]. *Nature*, 2021, 591: 413-419.

13. Charles S. Peirce. Harvard Lectures on the Logic of Science. Lecture I. MS [W] 94. MS [R] 340, 734[M]. 1865.

14. Claude Levi-Strauss. *Structural Anthropology* [M]. Claire Jacobson and Brooke Grundfest Schoepf, trans. New York: Basic Books, 1963.

15. Claude Levi-Strauss. *The Elementary Structures of Kinship* [M]. Boston: Beacon Press, 1949.

16. Clifford Geertz. *Local Knowledge: Further Essays in Interpretive Anthropology* [M]. New York: Basic Books, 1983.

17. Clifford Geertz. *Religion as a Cultural System* [M]. M. Banton, ed. Anthropological Approaches to the Study of Religion A. S. A. Monographs No. 3. London: Tavistock, 1966: 87-125.

18. Clifford Geertz. *The Interpretation of Cultures: Selected Essays* [M]. New York: Basic, 1973.

19. Clyde Kluckhohn and E. A. Hoebel. Covert Culture and Administrative Problems [J]. *American Anthropologist*, *New Series*, 1943 (45): 213-227.

20. David A. Palmer. Cosmology, Gender, Structure and Rhythm: Marcel Granet and Chinese Religion in the History of Social Theory[J]. *Review of Religion and Chinese Society*, 2019, 6(2): 160-187.

21. David Graeber & Marshall Sahlins. *On Kings* [M], Chicago: Hau Books, 2017.

22. Dirk Geeraerts. *Paradigm and Paradox: Explorations into a Paradigmatic Theory of Meaning and Its Epistemological Background* [M]. Leuven:

Leuven University Press, 1985.

23. Douglas McDermid. *The Varieties of Pragmatism*[M]. London and New York: Continuum, 2006.

24. E. Evans-Pritchard. *Nuer Religion* [M]. Oxford: Clarendon Press, 1956.

25. E. Evans-Pritchard. *Theories of Primitive Religions* [M]. Oxford: Clarenden Press, 1965.

26. Earl Barbie. *The Practice of Research* [M]. Wadsworth: Cengage Learning, 2007.

27. Edward B. Tylor. *Primitive Culture* [M]. London: John Murray, 1871.

28. Edward B. Tylor. Remarks on Totemism, with Especial Reference to Some Modern Theories Respecting It [J]. *Journal of the Royal Anthropological Institute of Great Britain and Ireland*, 1898 (28): 138-148.

29. Eleanor Rosch. Cognitive reference points [J]. *Cognitive Psychology*, 1975, 7 (4): 532-547.

30. Emile Durkheim. *Review of L'Irréligion de l'avenir, étude de sociologie* [M]. William Pickering, ed. Durkheim on Religion. London: Routledge & Kegan Paul, 1975.

31. Emile Durkheim. *The Division of Labor in Society* [M]. W. D. Halls. Trans. New York: The Free Press, 1984.

32. Emile Durkheim. *The Elementary Forms of the Religious Life* [M]. Joseph W. Swain, trans. London: George Allen & Unwin Ltd., 1964.

33. F. Ungerer & H. J. Schmid. *An Introduction to Cognitive Linguistics*[M]. New York: Longman, 1996.

34. Ferdinand de Saussure. *Course in General Linguistics* [M]. Wade Baskin, trans. New York: Philosophical library, 1959.

35. Friedrick M. Müller. *Contributions to the Science of Mythology Vol. I.*

[M]. London: Longmans, 1897.

36. Friedrick M. Müller. *Lectures on the Origin and Growth of Religion* [M]. New York: Ams Press Inc., 1976.

37. Friedrick M. Müller. *Physical Religion* [M]. London: Longmans, 1891.

38. Friedrick M. Müller. *The Science of Thought* [M]. London: Longmans, Green, and Co, 1887.

39. George H. Mead. *Mind, Self, and Society* [M]. Charles. W. Morris, ed. Chicago: University of Chicago, 1934.

40. George J. Frazer. Observations on Central Australian Totemism [J]. *The Journal of the Anthropological Institute n. s.*, 1899: 281-286.

41. George J. Frazer. *Totemism and Exogamy* 4 *Vols* [M]. London: Macmillan, 1910.

42. George Lakoff and Mark Johnson. *Metaphors We Live By* [M]. Chicago: The University of Chicago Press, 2003.

43. George Lakoff and Mark Turner. *More Than Cool Reason: A Field Guide to Poetic Metaphor* [M]. Chicago: University of Chicago Press, 1989.

44. George Lakoff and Zoltan Kövecses. *The Cognitive Model of Anger Inherent in American English* [M]. D. Holland & N. Quinn, eds. Cultural models in language and thought. New York: Cambridge University Press, 1987: 195-221.

45. Gertrude Jaeger and Philip SelznickSource. A Normative Theory of Culture [J]. *American Sociological Review*, 1964, 29 (5): 653-669.

46. Hans A. Pohlsander. *The Emperor Constantine* [M]. N. Y.: Routledge, 2004.

47. Hope B. Werness. *The Continuum Encyclopedia of Animal Symbolism in Art* [M]. London and New York: Continuum International Publishing Group, 2004, px.

48. Hugh Bredin. Roman Jakobson on Metaphor and Metonymy [J].

Philosophy and Literature, 1984, 8 (1): 89-103.

49. Ivan Szelenyi. The Intelligentsia in the Class Structure of State-socialist Societies [J]. *American Journal of Sociology*, 1982 (82): S287-S326.
50. James Fergusson. *Tree and Serpent Worship* [M]. London: India Museum, 1873.
51. James G. Frazer. *The Golden Bough* [M]. New York: Touchstone, 1996.
52. Jan Assmann. *Egyptian Solar Religion in the New Kingdom* [M]. Anthony Alcock, trans. London: Kegan Paul International, 1995.
53. John F. McLennan. *Kinship in Ancient Greece* [M.] John F. McLennan, ed. Studies in Ancient History. London: Macmillan, 1886: 195-246.
54. John F. McLennan. *Primitive Marriage* [M]. Edinburgh: Black, 1865.
55. John F. McLennan. The Worship of Animals and Plants [J]. *Fortnightly Review*, 1869 (4): 407-427, 408.
56. Joseph E. Grady. Theories are Buildings Revisited [J]. *Cognitive Linguistics*, 1997, 8(4), 267-290.
57. Kaoru Yamamoto. *Too Clever for Our Own Good: Hidden Facts of Human Evolution* [M]. University Press of America, 2007.
58. Karel van der Toorn, Bob Becking and Pieter W. van der Horst. Dictionary of Deities and Demons in the Bible (2nd Ed.). [M] Grand Rapids, Michigan: William B. Eerdman's Publishing Company, 1999.
59. Leonard W. King. *The Seven Tablets of Creation. Vol.* Ⅱ: *Supplementary Texts*[M]. London: Pinnacle Press, 1902.
60. Leslie A. White. *The Science of Culture* [M]. New York: Grove Press, 1949.
61. Lindsay Jones. *The Encyclopedia of Religion* [M]. Farmington Hills: Macmillan Library Reference, 2005 .
62. Lynn Isbell. *The Fruit, the Tree, and the Serpent* [M]. Harvard

University Press, 2009.

63. Melinda Yang et al. *Ancient DNA Indicates Human Population Shifts and Admixture in Northern and Southern China* [J]. *Science*, 2020, 369 (6501): 282-288.

64. Malcolm Hamilton. *The Sociology of Religion* [M]. New York: Routledge, 2001.

65. Marshall D. Sahlins. *Historical Metaphors and Mythical Realities* [M]. The University of Michigan Press, 1981.

66. Mary Douglas. *Natural Symbols* [M]. London: Routledge, 1970.

67. Mary Douglas. *Purity and Danger* [M]. New York: Routledge, 1966.

68. Matt J. Rossano. Making Friends, Making Tools, and Making Symbols [J]. *Current Anthropology*, 2010, 51 (S1): S89-S98.

69. Matthew Hutson. *The 7 Laws of Magical Thinking: How Irrational Beliefs Keep Us Happy, Healthy, and Sane* [M]. New York: Hudson Street Press, 2012.

70. Maurice S. Friedman, Religious Symbolism and "Universal" Religion [J]. *The Journal of Religion*, 1958, 38(4): 215-225.

71. Max Weber. *The Sociology of Religion* [M]. Boston: Beacon Press, 1993.

72. Meyer Fortes. *The Dynamics of Clanship Among the Tallensi* [M]. London: Oxford University Press, 1945.

73. Milton Singer. Signs of the Self: An Exploration in Semiotic Anthropology [J]. *American Anthropologist, New Series*, 1982, 82(3): 485-507.

74. P. Rozin. *The Evolution of Intelligence and Access to the Cognitive Unconscious* [M]. J. M. Sprague and A. N. Epstein, eds. Progress in Psychobiology and Physiological Psychology. New York: Academic Press, 1976.

75. Pascal Boyer. *Religion Explained* [M]. New York: Basic Books, 2001.

76. Pierre Bourdieur. Essay Towards a Reflexive Sociology [D]. Stanford: Stanford University, 1989.

77. Paul Ricoeur. The rule of metaphor[M]. London and New York: Taylor & Francis, 2003.

78. Robin Horton. A Definition of Religion and Its Uses [J]. *Journal of the Royal Anthropological Institute*, 1960 (90): 201-226.

79. R. Radcliffe-Brown. The Comparative Method in Social Anthropology [J]. *Journal of the Royal Anthropological Institute*, 1951 (81), 15-22.

80. Raymond Firth. *A Humanist Interpretation* [M]. New York: Routledge, 1996.

81. Rene Dirven, Ralf Pörings. *Metaphor and Metonymy in Comparison and Contrast* [M]. Mouton de Gruyter, Berlin, New York, 2003.

82. Robert A. Jones. *The Secret of the Totem* [M]. N. Y.: Columbia University Press, 2005.

83. Robert Bauval & Thomas Brophy. *Black Genesis: The Prehistoric Origins of Ancient Egypt*[M]. Rochester, Vermont: Bear & Company. 2011.

84. Robert Blust. The Origin of Dragons [J]. *Anthropos*, 2000(2): 519-536.

85. Robert J. Denser. Chordate Metamorphosis: Ancient Control by Iodothyronines Current Biology [J]. 2008, 18 (13): R567-R569.

86. Robert R. Marett. *Pre-animistic Religion* [M.] Robert R. Marett, ed. The Threshold of Religion. London: Methuen & Co., 1909.

87. Roel Sterckx. *The Animal and the Daemon in Early China*[M]. Albany: State University of New York Press, 2002.

88. Ryan McVeigh. Basic-Level Categories, Mirror Neurons, and Joint-Attention Schemes: Three Points of Intersection between G. H. Mead and Cognitive Science [J]. *Symbolic Interaction*, 2016, 39(1): 45-65.

89. S. E. Guthrie. How Is Religion Causal: And What Is It, Exactly? [J].

Historical Reflections, 1999 (25) 3: 405-412.

90. S. Peirce. *The Collected Papers of Charles Sanders Peirce Vol.* 2[M]. C. Hartshorne, P. Weiss, and A. W. Burks, eds. Cambridge, MA: Harvard University Press, 1931.
91. S. Peirce. *The Collected Papers of Charles Sanders Peirce Vol.* 5[M]. Charles Hartshorne, Paul Weiss, and Arthur W. Burks, eds. Cambridge: Harvard University Press, 1955. 283. (CP 5. 283).
92. S. Peirce. *The Collected Papers of Charles Sanders Peirce Vol.* 7 [M]. Charles Hartshorne, Paul Weiss, and Arthur W. Burks, eds. Cambridge: Harvard University Press, 1958. 583. (CP 7. 583).
93. Sherry B. Ortner. Theory in Anthropology Since the Sixties [J]. *Comparative Studies in Society and History*, 1984 (26): 126-166.
94. Sigmund Freud. *Totem and Taboo* [M]. New York: W. W. Norton, 1989.
95. Stephanie Dalley. *Myths from Mesopotamia* [M]. Oxford: Oxford University Press, 1987.
96. Thomas L. Thompson. *The Historicity of the Patriarchal Narratives: The Quest for the Historical Abraham* [M]. Valley Forge, Pa: Trinity Press International, 1974.
97. Thorkild Jacobsen. *The Sumerian King List* [M]. Chicago: University of Chicago Press, 1939.
98. Victor Turner. *Dramas, Fields, and Metaphors: Symbolic Action in Human Society* [M]. Ithaca, London: Cornell University Press. 1974.
99. Victor Turner. *The Forest of Symbols* [M]. Ithaca, London: Cornell University Press, 1967.
100. Victor Turner. *The Ritual Process* [M]. New York: Cornell University Press, 1966.
101. W. H. R. Rivers. *The History of Melanesian Society Vol.* II [M].

Cambridge: Cambridge University Press, 1914.

102. Wilhelm Schmidt. *The Origin and Growth of Religion* [M]. New York: Dial Press, 1931.

103. William Labov. *The Boundaries of Words and Their Meanings* [M]. C. Bailey & R. Shuy, eds. New Ways of Analyzing Variation in English. Washington D. C.: Georgetown University Press, 1973.

104. William R. Smith. *Kinship and Marriage in Early Arabia* [M]. Cambridge: Cambridge University Press, 1885.

105. William R. Smith. *Lectures on the Religion of the Semites* [M]. New York: Schocken, 1972.

专题/专业网站

1. 埃及旅游. http://www.touregypt.net/godsofegypt.
2. 词源学. https://www.etymonline.com.
3. 古诗文网. https://www.gushiwen.cn.
4. 汉字源. https://hanziyuan.net.
5. 美国国会图书馆水晶链接. https://www.crystalinks.com.
6. 器晤(王仁湘)微信公众号.qiwu3n3n.
7. 日行迹. https://www.perseus.gr/Astro-Solar-Analemma.htm.
8. 三星堆博物馆. https://www.sxd.cn/#/.
9. 上海博物馆. https://www.shanghaimuseum.net/mu/frontend/pg/index.
10. 世界历史百科全书. https://www.ancient.eu.
11. 天文之旅. https://www.astronomytrek.com.
12. 希腊神话. https://www.theoi.com.
13. 星座指南. http://www.constellation-guide.com.
14. 因特网哲学百科全书(IEP). The Internet Encyclopedia of Philosophy, ISSN 2161-0002, https://iep.utm.edu.
15. 中国国家博物馆. http://www.chnmuseum.cn.
16. 中国哲学书电子化计划. https://ctext.org.